信托研究与年报分析
2017

百瑞信托博士后科研工作站　著

中国财经出版传媒集团
中国财政经济出版社

图书在版编目（CIP）数据

信托研究与年报分析．2017/百瑞信托博士后科研工作站著．—北京：中国财政经济出版社，2017.9

ISBN 978－7－5095－7715－8

Ⅰ.①信…　Ⅱ.①百…　Ⅲ.①信托－研究报告－中国－2017
Ⅳ.①F832.49

中国版本图书馆CIP数据核字（2017）第211686号

责任编辑：周桂元　牛婧丽　　　　责任校对：黄亚青
封面设计：孙俪铭　　　　　　　　责任印刷：张　健

中国财政经济出版社出版

URL：http：//www.cfeph.cn

E－mail：cfeph@cfeph.cn

社址：北京市海淀区阜成路甲28号　邮政编码：100142

营销中心电话：88190406　北京财经书店电话：64033436　84041336

北京财经印刷厂印刷　各地新华书店经销

787×1092毫米　16开　17.25印张　280 000字

2017年9月第1版　2017年9月北京第1次印刷

定价：39.00元

ISBN 978－7－5095－7715－8

本社质量投诉电话：010－88190744

打击盗版举报热线：010－88190414　QQ：447268889

前 言

FORWORD

2016年信托业在经济下行的巨大压力下，主动适应经济新常态，加快业务转型步伐，紧跟监管部门节奏，大胆开拓新业务，主动回归信托本源，直面各种风险、挑战，信托资产规模持续增长、业务创新可圈可点、服务客户能力节节攀升，为实体经济稳健发展、投资者"获得感"稳步提升作出了自己特有的贡献。

分析2016年各家信托公司的年报数据及信托业协会发布的相关数据可以发现，第一，2016年信托资产规模突破20万亿元大关，增速有所提升，但与此同时信托业务收入增速却明显低于信托资产规模增速，其中虽然新增信托业务规模创新高，但新增主动管理类信托规模及其占比明显下降。第二，2016年信托项目净利润整体下滑，六成信托公司负增长，已分配信托项目利润下滑逾千亿元，利息收入、投资收益占比增加，已清算信托项目规模近7万亿元，加权收益率略有下滑，已清算信托项目收益率整体下滑，集合类信托收益率保持领先，被动管理类信托规模增幅明显，证券投资类规模井喷，而主动管理类信托数量、规模则双双下滑。第三，2016年信托行业自营净资产规模首次突破4,400亿元，但自营业务收入并没有延续高速增长的态势，2016年全行业自营业务收入规模不足400亿元，较2015年下降逾两成。第四，2016年信托业转型呈现五个特点：一是创新业务热度进一步升温、转型方向集中度提高、风控制度建设与业务转型并驾齐驱，在传统业务“山重水复疑无路”时，创新业务却是“柳暗花明又一村”，资产证券化、家族信托和PPP是2016年各家信托公司最为关注的转型方向；二是风控制度创新、定制化风险收益结构产品、大数据等方向也开始进入了信托业关注的视野；三是作为普惠金融重要组成部分的小微金融进入黄金发展期，同时，由于一个策略稳定的风险收益结构能为金融产品设计者提供广阔的想象空间，并设计出适合不同交易对手的不同风险收益结构的定制型金融产品，这类定制型产品是行业转型的一个重要方向；四是ABN产品的出现能够有效实现资产出表和破产隔离，推动银行间债券市场发展，有利于增强信托公司在资产证券化中的话语权；五是家族信托业务羽翼渐丰、展翅欲飞，2016年共22家信托公司、14家商业银行涉及家族信托项目，家族信托规模达441.8亿元。“千淘万漉虽辛苦，吹尽狂沙始到金”，相信只要坚持创新、坚持转型、坚持发展，中国信托业一定会走得更稳、行得更远。

古人云：“以铜为鉴，可正衣冠；以古为鉴，可知兴替；以人为鉴，可明得失。”百瑞信托博士后科研工作站自2009年始每年对68家信托公司的年报进行分析，遵循客观、中立、公开的原则，对每年信托业发展的全貌力图进行面面俱到且钩深探微的全方位式描述，意在为研判行业发展趋势、促进信托业转型发展、监管政策的制定实施等献计献策。2017年是《信托研究与年报分析》系列丛书连续出版的第九个年头，“路漫漫其修远兮，吾将上下而求索”，认真探求信托业的发展规律、促进信托业的健康发展一直是我们矢志不渝的追求。

《信托研究与年报分析2017》分为两部分内容：第一部分为2016年信托公司年报分析，包括六篇研究报告，分别从行业概况、信托业务、自营业务、人力资源、客户服务和创新业务六个方面对全行业68家信托公司在2016年的经营状况进行全景式扫描，对行业发展的新趋势、新动向、新问题、新特点、新挑战进行归纳、总结、分析。第二部分包括四篇研究报告，《慈善信托之近似原则的逻辑结构与法律适用》重点分析了近似原则的概念、要件以及适用中的注意事项，结合《慈善法》立法以及我国慈善信托实践提出可能的立法建议和政策参考。《慈善信托的开放式运作探讨》围绕慈善信托与集合资金信托计划的区别、慈善信托与公募、慈善信托设立后的追加加入和捐赠加入等，探讨了慈善信托开放式运作的必要性、可能性、可能存在的问题及对策。《量化投资基础——从理论到实践》介绍了量化投资的基本概念及相较于传统投资方法的优势，全面梳理了量化投资所应用的主要领域，以案例分析的形式解读了量化投资在多因子选股、大类资产配置等方面的应用。《FOF 基金一号优选策略分析报告》评价过去一段时间内各只基金的表现，依赖主动型基金评价体系，对于样本内的基金综合评分排序，选取不同风险类别中前期表现最好的几只基金构成投资组合，进行主动型投资。

在本书的编写过程中，国家金融与发展实验室理事长、中国社会科学院学部委员、博士生导师李扬研究员，中国人民大学校长、博士生导师刘伟教授，香港证券交易所内地事务科首席中国经济学家、中国银行业协会首席经济学家巴曙松教授，北京大学金融与证券研究中心主任、博士生导师曹凤岐教授，对外经济贸易大学原副校长、博士生导师刘亚教授，中央财经大学副校长、博士生导师史建平教授，南开大学经济学院院长、博士生导师梁琪教授，复旦大学经济学院博士生导师殷醒民教授，从学术和实践的角度提出了许多有针对性的真知灼见。在此，我们对他们严谨的态度和辛勤的付出表示感谢。

本书的编写人员为：王振京、石笑东、罗靖、高志杰、陈进、陶斐斐、张永、董瀛飞、马琳、李永辉。其中，王振京作为编委会主任，负责本书的选题、总体策划和审稿。在第一部分中，陶斐斐和陈进撰写了《行业概况篇》，石笑东和李永辉撰写了《信托业务篇》，罗靖和马琳撰写了《自营业务篇》，陈进撰写了《人力资源篇》，张永撰写了《客户服务篇》，董瀛飞撰写了《创新业务篇》。在第二部分中，张永撰写了《慈善信托之近似原则的逻辑结构与法律适用》，陈进撰写了《慈善信托的开放式运作探讨》，李永辉撰写了《量化投资基础——从理论到实践》和《FOF基金一号优选策略分析报告》。

在编写过程中，眼高手低之处时有、目光不及之处难免，加上经验不足、时间仓促、修为尚浅，书中难免存在疏漏，恳请专家及广大读者批评指正。

百瑞信托博士后科研工作站

2017年6月

目 录

CONTENT

第一部分 2016年信托公司年报分析

2016年信托公司年报分析之一：行业概况篇 / 3
2016年信托公司年报分析之二：信托业务篇 / 44
2016年信托公司年报分析之三：自营业务篇 / 71
2016年信托公司年报分析之四：人力资源篇 / 107
2016年信托公司年报分析之五：客户服务篇 / 135
2016年信托公司年报分析之六：创新业务篇 / 162
附 表 / 179

第二部分 信托研究

慈善信托之近似原则的逻辑结构与法律适用 / 199
慈善信托的开放式运作探讨 / 216
量化投资基础研究——从理论到实践 / 234
FOF基金一号优选策略分析报告 / 248

第一部分

2016年信托公司年报分析

2016年信托公司年报分析之一：行业概况篇

百瑞观点：

- 经济步入新常态，影响信托的资产获取与风险应对，也是行业升级和公司弯道超车的新机遇
- 信托规模决定了信托行业在大资管中的地位，信托经营业绩基本稳定
- 总收入首次出现负增长，净利润仍保持小幅增长态势
- 自有资本充足、资产减值准备、赔偿准备金不断积累，行业保障基金充裕，信托抗风险能力提升
- 行业增资扩股潮延续，信托公司股权转让增多，多家公司曲线上市成功
- 银行系信托公司表现突出，行业分化趋势愈加明显
- 信托业务从依赖房地产、政府平台与牌照套利，向强调资产获取、资产配置以及回归本源转变
- 监管趋严，传统业务模式难以为继，新业务尚难批量复制
- “一体三翼”的架构全面建成，行业基础设施建设日益完善
- 八大业务分类推出并试点实施，引领信托业务未来发展与转型方向

中国经济正在经历一个根本性的转变——从此前以投资为驱动、以工业为中心的增长模式，逐步转变为以消费为导向、以服务为中心的增长模式。中国的信托行业也正在经历一个转变——从高度依赖房地产融资、政府平台融资与牌照通道套利为中心的增长模式，向强调资产获取能力、资金配置能力以及回归信托制度本源的方向转变。

2016年是一个分水岭，是信托行业发展态势加速改变的一年；2016年是行业规模迈上新台阶的一年，信托行业迈上“20万亿元”台阶；2016年是监管发力的一年，是2007年信托业重新登记并实施“新两规”① 后的监管大年；2016年是转变之年，是68家信托公司继续加大力度谋求转型的关键一年。

行业概况篇围绕2016年信托行业发生的重要事件，依据从宏观到微观、从行业到监管、从机构到业务的逻辑顺序，逐一分析环境、行业、公司、业务及监管。环境主要是指行业外部和内部的环境变化；行业部分主要分析信托行业2016年的经营情况；公司部分主要研究68家信托公司的表现；业务部分着重于信托业务转型与发展；监管部分侧重于行业基础设施与监管导向。总体而言，2016年为信托行业变革深化之年，整体表现为：第一，环境有改善；第二，行业有发展；第三，公司有进步；第四，业务有亮点；第五，监管有作为。

一、环境有改善

（一）宏观经济影响信托行业

2016年全球经济增长不及预期，英国脱欧、特朗普当选、意大利修宪公投被否等事件冲击全球经济和金融市场。在全球经济周期、国内债务周期和新兴产业周期“三期叠加”背景下，国内经济同样呈现增长乏力态势，在基建、地产、汽车等领域支撑下国内生产总值（GDP）迈上“70万亿元”台阶，但仅比上年增长6.7%。2016年第三季度以来，国内经济出现稳中向好势头，零售消费平稳增长，投资增速企稳，工业企业利润逐步改善。预计2017年，货币政策基调仍然稳健，M2和社会融资存量增速仍将与2016年

---

① 2007年银监会发布实施《信托公司管理办法》和《信托公司集合资金信托计划管理办法》，与《信托法》共同构成新“一法两规”。

的13%一致。汇率方面，人民币实际有效汇率仍高估，2017年汇率弹性或继续增强。财政政策方面，为应对经济潜在下行压力，基建投资仍可能保持一定增速。

2016年信托行业资产管理规模再创新高，达20万亿元，信托行业监管政策释放部分红利。然而，受到宏观经济波动及周期叠加的影响，较之以往，信托业景气度有所下降，业务风险有所显现，信托公司面临着转型创新的压力。2010—2016年七年间，中国经济GDP增长率一路走低，从10.6%下降至6.7%；信托行业管理资产规模的同步增长速度也呈现下滑趋势，但是，2016年有所回升。从2016年信托行业各季度数据来看，季度环比的增速逐渐增高，2016年的第一、二、三、四季度信托规模环比增速分别为：1.70%、4.25%、5.11%和11.29%。这充分说明行业有一定触底反弹的态势。具体变化如图1－1所示。

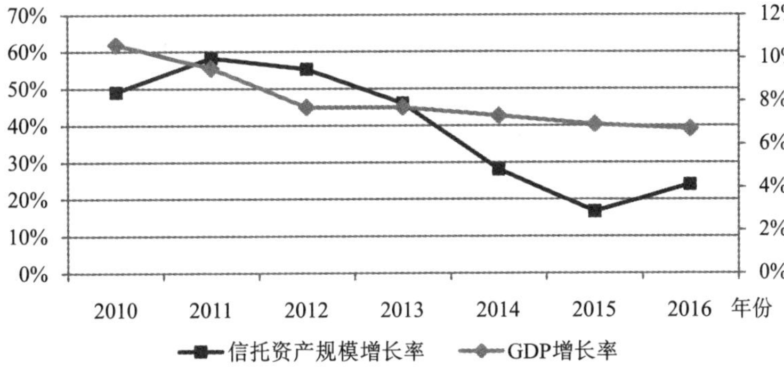

图1－1　2010—2016年信托资产规模增长率与GDP增长率走势图

通过对国外其他国家信托制度以及信托制度应用发展历程的梳理，可以明显观测到信托的发展与一国经济社会发展模式、发展水平、发展阶段息息相关。信托起源于英国，英国的土地信托最为发达；信托兴起于美国，注重资本市场的美国其证券信托较为发达；信托勃兴于日本，作为赶超型经济体的日本更注重发展金钱信托。譬如，20世纪二三十年代，日本加大基础设施建设，彼时电力、公路、铁路、矿山等信托贷款剧增。2007—2016年的十年间，中国经济中的房地产产业和基础设施领域因其产业链长、价值量大、投资拉动明显等特点，对国民经济的拉动非常明显，房地产信托融资与基础设施融资为信托行业发展累计了巨量效益。信托行业的快速发展与中国所处的经济发展阶段相适应，而且与房地产发展模式相适合。

未来，中国经济进入结构调整的新阶段，一方面经济增速放缓，另一方面居民财富继续累积。如何发挥信托的制度优势，继续为实体经济服务、为产业转型服务、为居民财富传承增值服务，应该是信托公司的要务。

（二）银监会对于信托行业更加重视

伴随着信托行业的发展，银监会对于信托行业的重视程度日益提高。2015年年初，分设信托监管部。2016年批复设立中国信托登记有限责任公司，着手建立新的信托监管评级框架。2016年年底，时任银监会主席首次出席信托业年会，并且在年会上对于信托行业三十年的发展给予了肯定。

尚福林主席指出，信托行业的发展变化主要体现在五个方面。一是信托业成为我国金融体系中的重要一员。信托公司充分发挥信托的制度优势，主动回归业务本源，逐步形成了独特的优势，各项业务获得了长足的发展，行业规模逐步扩大，服务质效逐步提高，风控能力逐步增强，与三十多年前相比，已不可同日而语。二是信托业成为服务实体经济的重要力量。信托公司积极贯彻落实国家宏观经济政策和产业政策，充分利用其业务经营综合性、灵活性、敏锐性的特点，以市场化方式聚集社会资金，有效弥补了传统银行信贷的不足，在支持“一带一路”建设、京津冀协同发展、长江经济带建设等国家重大战略方面，支持传统产业优化升级、战略性新兴产业发展、中小企业成长等国家重大政策实施方面都发挥了积极作用。三是信托业成为国民财富创造的重要途径。信托行业适应了客户投资、消费、财富管理、慈善等多样化、特色化、个性化的金融需求，为客户资产的保值增值提供了更多的渠道。截至2016年11月末，信托公司直接为超过43万名自然人投资者、近7万家机构投资者提供了信托服务。四是风险治理成为信托业管理的重要内容。我国信托业发展史是风险与治理的交替演进史。过去很长一段时间，信托行业片面强调业务的快速拓展，风险管理简单粗犷，屡屡陷入“大发展—大整顿”的怪圈。信托行业普遍重视公司治理机制和内控机制，积极构建与业务发展相匹配的科学风险管理体系，实现了风险可控下的稳步发展。五是信托业专业化监管迈出了重要一步。支持信托业发展的“一体三翼”架构全面建成，形成以监管部门为监管主体（银监会信托部），以行业自律（信托业协会）、市场约束（信托登记公司）、安全保障（信托业保障基金公司）为补充的多层次、多维度信托业风险防控体系，支持信托业转型发展。

（三）证监会对于信托公司上市认可度提升

国内上市金融企业类型和数量日益增加，信托作为非银行金融业重要组成，上市已成为监管、公司、股东关注的重点。信托公司通过上市可增强资本实力、提升治理结构、促进业务转型。2016年12月1日，江苏信托通过*ST舜船曲线上市，15日昆仑信托通过*ST济柴曲线上市，16日五矿信托通过*ST金瑞曲线上市。此外，湖南信托、浙金信托及山东信托（港交所）也都在积极争取之中。

长期以来，监管层对信托公司上市的态度并不明确，认为信托业存在信息披露不足、风控难度大、缺乏核心业务模式、盈利不可持续等特点，因此，对信托公司上市的审批一直慎之又慎。2015年4月银监会的《信托公司行政许可事项实施办法（征求意见稿）》中首次提出信托公司股权再融资的条件。拟申请首次公开募股（IPO）的信托公司，应具备的主要条件包括：公司最近1个会计期末净资产不低于10亿元；最近3个会计年度连续盈利，且3年累计净利润不低于10亿元；公司业务在行业内具有一定规模和竞争力等。上述条件并不苛刻，对申请借壳上市或挂牌新三板的信托公司要求则更为宽松。主要包括：公司最近1个会计期末净资产不低于10亿元，最近3个会计年度至少两年盈利，且3年累计净利润不低于5亿元；公司业务在行业内具有一定规模和竞争力等。但是，2015年6月正式出台的《中国银监会信托公司行政许可事项实施办法》中，有关信托公司再融资的内容被全部删除。信托公司IPO、挂牌新三板及借壳上市依旧没有明确的条件，这从侧面反映出监管层对于信托公司上市的态度还是不够明朗。

从1994年安信信托与陕国投信托登陆A股以后，数家信托公司尝试通过IPO、借壳等形式谋求上市。2016年江苏信托、昆仑信托、五矿信托实现曲线上市：一方面说明信托公司上市的政策"阀门"有所松动；另一方面，仍没有信托公司独立上市成功说明监管的意见仍未取得一致。信托上市模式主要包括：通过国资金控借壳ST实现曲线上市；新三板IPO；港股IPO；信托公司借壳上市；主板IPO。依据政策导向，上述五种模式的难度依次递增。总的来看，金融行业中，银行和证券公司上市公司占比很高，而信托公司和保险公司的上市公司占比较低。未来，随着资本市场发展以及信托公司壮大，上市信托公司预计将逐步增多。

（四）《慈善法》推出慈善信托，有利于信托获得社会广泛认可

2016年3月16日，第12届全国人大四次会议通过了《慈善法》（自2016年9月1日起实施），2016年8月27日，民政部、银监会联合发布《关于做好慈善信托备案有关工作的通知》，对于慈善信托备案的具体事项进行了明确。这标志着我国慈善事业的发展从此迈入了依照法律进行的规范发展新阶段，信托公司开展公益慈善信托的热情再次被激发。2016年9月25日北京市民政局发布了《北京市慈善信托管理办法》，对北京市民政局管辖范围内慈善信托的备案作了较为严格的规定。由银监会和民政部制定慈善信托实施的配套文件，可以预见，慈善信托的政策环境会更加清晰，会推动慈善信托蓬勃发展。

2017年2月14日，由中国慈善联合会慈善信托委员会编制的《2016年中国慈善信托发展报告》在京发布。报告显示，截至2016年年底，全国范围内共有18家信托公司和慈善组织成功备案了22单慈善信托产品，初始规模达0.85亿元。从合同金额来看，千万元以上的占23%，百万元级别的占41%，百万元以下的占36%；从领域来看，涉及教育、扶贫、儿童、扶老、环保等多个公益慈善领域，其中，科教文卫领域最受关注；从备案地域来看，我国东、中、西部地区均有设立慈善信托，其中，东部地区完成的备案最多，达14单。我国已开展的慈善信托主要有以下四种模式：一是慈善组织为委托人，信托公司为受托人；二是信托公司为受托人，慈善组织为项目执行人或公益顾问；三是慈善组织与信托公司共同担任双受托人；四是慈善组织担任受托人，独立开展慈善活动。报告指出，针对慈善信托制定具体的税收优惠政策迫在眉睫，并要着重解决慈善信托委托人的纳税抵扣问题，明确以股权或其他动产、不动产、无形资产、商品货物等财产设立的慈善信托的税收优惠政策。此外，建立非货币财产的信托登记制度、制定慈善信托受托人尽职标准，也是我国慈善信托在当前发展中亟待解决的问题。

慈善信托要大力发展，有以下问题需要明确。第一，慈善信托的税收优惠需要进一步明确。慈善法规定享受税收优惠，但具体的税收优惠还需要税务部门、财政部门等相关部门出台相应的政策文件才可以具体实施。第二，信托公司作为受托人时，无法开具捐赠发票，因为信托公司不具备开具捐赠发票的资格，这样不利于引导或吸引更多的人加入到慈善信托中。第三，慈善信托运作模式需要进一步探索和创新，一般慈善信托都采取信托公司和基

金会合作的模式，与之前的公益信托或准公益信托相比，除了设立备案以及资金起点等主要区别外，并无太大区别。信托公司与基金会合作，除了看中基金会在慈善活动开展领域的丰富经验外，更多是出于开具捐赠发票的考虑；而对基金会而言，对于这种模式中的会计处理、发票开具等事项还处于摸索阶段。

从长远来看，与家族信托结合是信托公司慈善信托业务未来发展的方向，家族信托和慈善信托都属于信托本源业务，并且在信托制度发达的国家，家族信托和慈善信托通常是结合在一起进行的。然而，在我国家族信托也刚刚起步，大部分家族信托的委托人仍停留在财产增值保值的阶段，从财产增值保值到财产的隔离保护与传承还有一段路要走，家族信托中的慈善信托可能更多地体现在财富的传承与保护阶段。总体来看，2017年慈善信托仍会有一定程度的发展，然而慈善信托春天的真正到来，仍需要政府监管、信托公司、基金会等慈善组织以及社会各界的共同努力。

（五）统一监管有利于信托理念普及

2015年股灾以后，关于协调监管的呼声日益高涨。一行三会在出台各项政策的时候，相比以前，更多地开始体现协同的理念。信托理念是现代金融业发展的基石，银行理财、券商资管、公募基金、私募基金、基金子公司资管、期货资管等等，从本质上讲，都是基于客户的托付来管理资产，都是《信托法》调整的法律关系。他们在金融市场中应该有大致相同的监管标准，而不是各行其是。资管产品统一监管有利于信托理念普及，有望促进社会对于信托的认识进一步深入。

2016年7月的《商业银行理财业务监督管理办法（征求意见稿）》（以下简称《理财新规》），2017年2月的《关于规范金融机构资产管理业务的指导意见（征求意见稿）》，均表明：未来，大资管的监管范围不仅限于银行理财产品与资金信托计划，还将券商、基金、基金子公司、期货和保险资管发行的资产管理产品全部涵盖在内。上述征求意见稿的核心监管条款主要包括：禁止表内资管业务，不得承诺保本保收益，逐步打破刚性兑付；禁止资产管理产品直接或间接投资于“非标准化商业银行信贷资产及其收益权”；单只不得超过基金资产和发行规模的10%的集中度限制；禁止期限错配等资金池；强化资本约束和风险计提，统一计提10%风险准备金；对结构化产品统一杠杆要求；消除多重嵌套，进行穿透；限制通道业务。

根据上述资管监管政策：第一，《理财新规》规定，商业银行理财产品可投非标资产，但在《关于规范金融机构资产管理业务的指导意见》中明确禁止投资“非标准化商业银行信贷资产及其收益权”（即非标资产），最终文件的确定将对信托未来业务有较大影响。第二，风险计提标准的提高可能减少信托公司的净利润。第三，对嵌套和通道业务的限制会降低行业单一资金信托规模，影响信托公司信托业务收入。第四，未来信托行业受益的政策红利将日益削弱，信托行业将更加强调回归资管本源并强调主动管理能力。

二、行业有发展

（一）行业规模决定大资管地位

信托业正式跨入“20万亿元时代”，截至2016年年末，整个信托行业资产规模达20.22万亿元。按照来源分：集合资金信托规模为7.34万亿元，占比36%；单一资金信托规模10.12万亿元，占比50%；管理财产信托规模2.76万亿元，占比14%。2010—2016年行业资产规模的具体数据及变化趋势如图1-2所示。

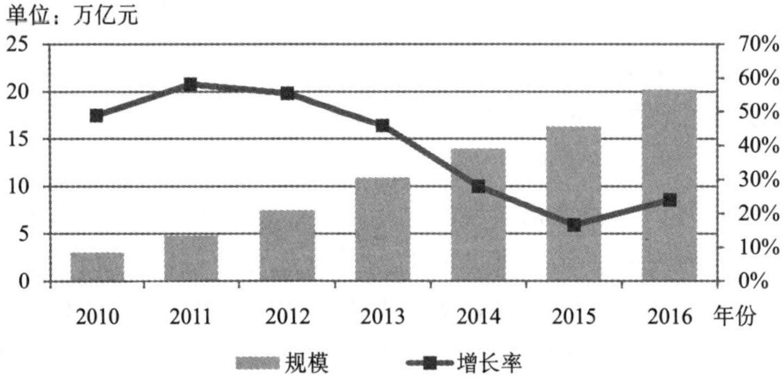

图1-2　2010—2016年信托行业资产规模及增长率变动图

从规模来看，信托业始终是资产管理行业的重要一员。资产管理行业暂时并无严格的官方界定，但是具体涉及的行业及业务主要包括：银行、信托、证券、基金、期货、保险等金融机构接受投资者委托，对受托的投资者财产进行投资和管理的金融服务。[①] 不同的持牌金融机构，分别受到银监会、证监会、保监会等监管部门的监管，总体来看，截至2016年年末，中国资产管理行业大约有102万亿元的规模[②]，其中上述“三会”的监管规模分别为：银监会监管的资管业务规模为48.6万亿元；证监会监管的规模为51.79万亿元；保监会监管的规模约为1.6万亿元。[③] 具体而言：银行理财产品存续规模总量为28.31万亿元[④]；信托行业资产规模为20.29万亿元；证券公司资产管理业务规模为17.58万亿元；基金管理公司及其子公司专户业务规模为16.89万亿元；私募基金管理机构资产管理认缴规模10.24万亿元，实缴规模7.89万亿元；基金管理公司管理公募基金规模为9.16万亿元；保险资产管理存量规模大约1.6万亿元；期货公司资产管理业务规模约0.28万亿元。图1-3为各资管行业管理资产规模分布图。

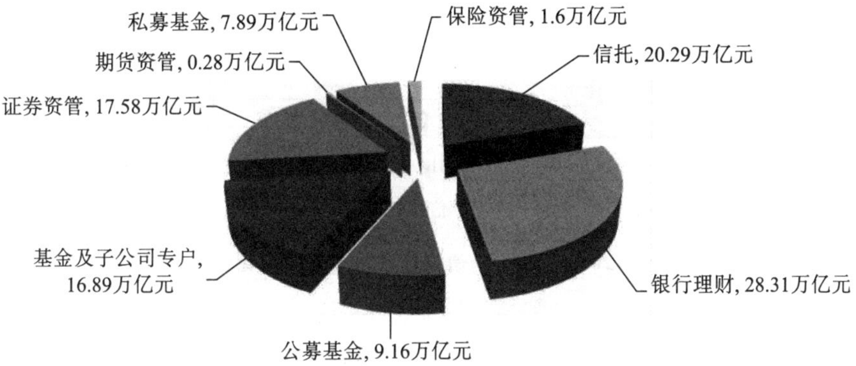

图1-3　截至2016年年末各资管行业管理资产规模分布图

从以上数据可以看出，信托在整个资管行业的规模占到了五分之一，同时也是银行理财之后最大的资管子行业。证监会体系的资产管理规模发展速度非常快，证监会监管的金融机构管理资产规模的总量已经超过了银监体系的管理资产规模。从具体金融子行业看，基金管理公司及其子公司专户及证

① 该界定来自于2017年2月《关于规范金融机构资产管理业务的指导意见（征求意见稿）》。

② 102万亿元中估计有一半规模属于相互嵌套。

③ 资料来源：证监会监管机构的相关规模数据来自中国证券投资基金业协会数据；保险资管规模数据来自中国保险资产管理业协会发布数据。

④ 资料来源：普益标准发布的《银行理财能力排名报告（2016年1季度）》。

券资管等管理资产的规模距离信托 20 万亿元的规模也已经很接近。私募基金资管规模和保险资管规模虽然仍不是很大，但是未来可能会有快速增长的潜力。

图 1－4 列示了 2012 年以来资管规模及信托规模占比的变化趋势。对比资管行业的历史数据，2012 年资管规模为 27 万亿元，其中信托规模 7.47 万亿元，占比 28%；到 2016 年资管规模为 102 万亿元，其中信托规模 20.29 万元，占比为 20%。可以发现，信托规模保持了持续增长态势，但占比确有微妙的变化。

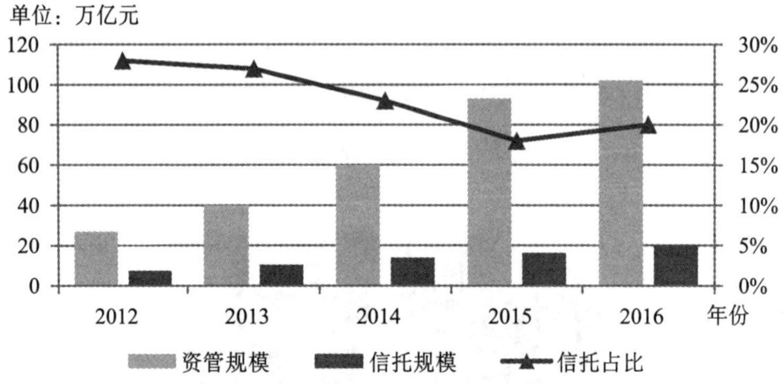

图 1－4　2010—2016 年信托规模占资管规模比例走势图

行业规模一定程度上决定了该行业在大资管中的地位。首先，整个资管行业快速发展的情形下，信托行业始终保持着快速增长的态势。其次，信托行业虽然在整个资管行业的占比从 2012—2015 年呈现逐年下降趋势，但在 2016 年有所回升，而且始终是仅次于银行理财的第二大资管行业。最后，需要看到，信托行业的年复合增长率低于资管行业的增长，竞争决定了此消彼长，大资管行业的变化速度越来越快。

（二）行业基本数据维持稳定

1. 整体实力持续增强，经营业绩趋稳

根据中国信托业协会披露的数据，截至 2016 年年末，行业展业公司数量依然为 68 家，信托行业固有资产规模为 5,570 亿元，净资产为 4,502 亿元。2016 年经营收入 1,116 亿元，其中信托业务收入为 749 亿元，占比 67%，投资收益为 270 亿元，占比 24%，利息收入为 62 亿元，占比 6%。2016 年行业利润总额为 771 亿元，人均利润总额为 316 万元。2012—2016

年的数据如表 1 –1 所示：

表 1 –1　　2012—2016 年信托资产规模、净资产、收入、利润对比表

年份	固有资产规模（亿元）	净资产（亿元）	营业收入（亿元）	信托收入（亿元）	信托收入占比（%）	利润总额（亿元）	人均利润总额（万元）
2012	2, 282	2, 032	638	472	74	441	291
2013	2, 871	2, 555	832	611	73	568	305
2014	3, 586	3, 196	955	647	67	642	301
2015	4, 623	3, 818	1, 176	750	59	750	319
2016	5, 570	4, 502	1, 116	749	67	771	316

数据来源：中国信托业协会。

通过对比行业资产数据与收入数据，可发现如下特点：首先，信托行业的固有资产规模以及净资产规模始终保持着快速增长的趋势，一方面是 68 家信托的股东认可信托价值，逐步加大投入；另一方面是各家公司在上一个周期自身快速发展实现了较好的积累。但是，信托行业的营业收入及信托业务收入在 2012—2015 年快速增长，而在 2016 年略有下滑。在资产规模增加情形下，收入略减，说明行业已经进入调整时期。其中，信托主业收入占比呈现先降后升的趋势，总体保持在 70% 左右，占比合理，突出了信托主业地位。具体趋势如图 1 –5 所示：

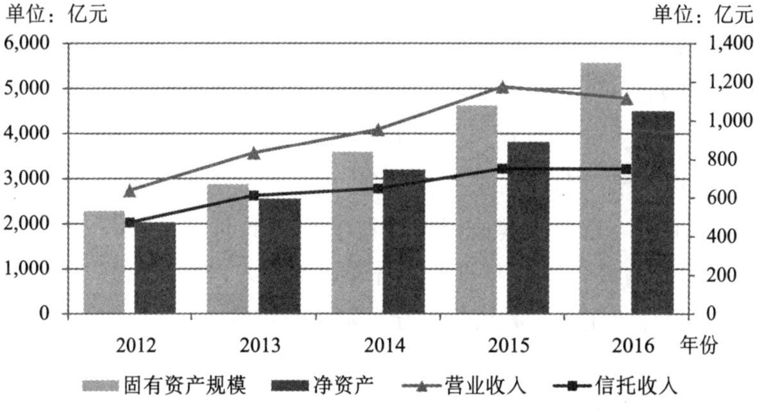

图 1 –5　2012—2016 年信托行业固有资产规模、净资产、营业收入及信托收入变化图

2. 总收入与净利润增速背离

根据68家信托公司年报数据统计，2016年信托行业总收入1,142.39亿元，较2015年的1,193.03亿元略有下降。自2009年以来，信托行业总收入持续增长，到2015年首次超过千亿元，但增长率自2011年以来持续下降，2015年扭转了之前的下降趋势，增速较2014年有所提升，这主要得益于2015年自营业务收入的增长。2016年行业总收入首次下降，从图1－6可以看出，2016年是在延续2011年以来的总收入增速下降趋势，只是由于2015年总收入的激增，才出现2016年总收入和增长率的双下降。展望未来，行业总收入应该会保持小幅稳定增长的态势。

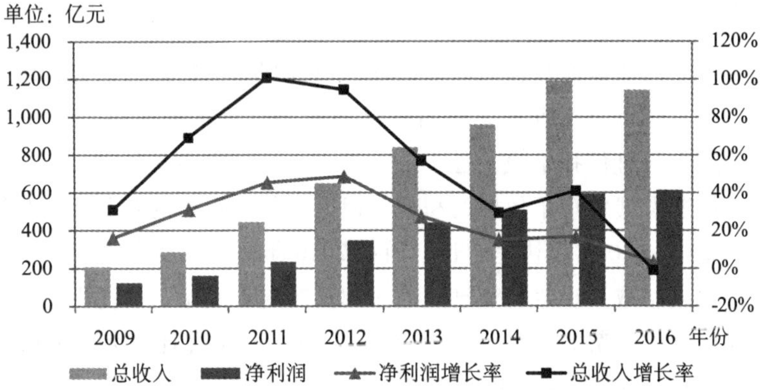

图1－6　2009—2016信托行业总收入、净利润及增长率变动图

从净利润看，2016年信托行业净利润612.84亿元，较2015年的593.17亿元增长3.3%，为2009年以来净利润增长率的最低值。对比总收入和净利润走势，可以发现，二者基本呈现相同的趋势，2009—2015年总收入增长率均高于净利润增长率，而到2016年，总收入实现负增长，但净利润仍保持了小幅增长。其原因可能在于，2016年各信托公司的营业费用较2015年明显缩减，2015年得益于自营业务收入猛增，信托公司总收入增长，许多公司计提了资产减值损失导致营业费用较高。

从具体公司看，总收入超过50亿元的信托公司有4家，分别是中融信托、平安信托、中信信托和安信信托，最高达到69.5亿元，较2015年的行业最高值102.9亿元下降较多；总收入超过20亿元的有16家，不足5亿元的有8家，收入最低的不足1亿元。总收入行业平均值为16.8亿元，中位数为12.4亿元，有23家公司超过行业平均值，与2015年的19家相比，有所增加。总体而言，信托公司总收入呈现下降趋势，行业集中度向位于中游的公司倾斜，表明中等规模的信托公司赶超机会来临。

净利润最高的为平安信托的37.97亿元，其次为重庆信托、中信信托和安信信托，均在30亿元以上，中融信托以23.65亿元位居行业第5。净利润超过20亿元的信托公司有5家，超过10亿元的公司有19家。净利润不足1亿元的公司也有4家，最低的不足4,000万元。净利润行业平均值为9亿元，行业中位值为6.78亿元，超过平均值的公司有19家。图1－7列示了2016年信托公司净利润分布情况。

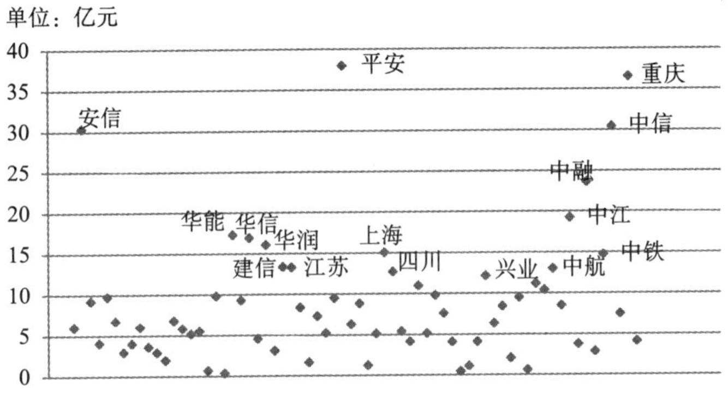

图1－7　2016年信托公司净利润分布图

3. 净资产收益率延续下降趋势

净资产收益率，又称资本利润率，是衡量企业运用资本获得收益能力的指标，也可以较好地反映股东的投入回报情况。根据信托公司年报数据，2016年信托行业加权平均净资产收益率为14.78%，较2015年有所下降。图1－8列示了2008年以来信托行业净资产收益率走势图，可以看出，自2013年开始信托行业净资产收益率开始呈现下降趋势，2016年的净资产收益率与2010年一致。净资产收益率的下降表明：第一，行业的盈利能力的确在下降；第二，信托行业告别快速发展期，进入平稳转型期；第三，信托作为金融工具与实体经济的收益率下行也具有一定相关性。但是，从各行业横向对比来看，信托业超过14%的净资产收益率，依然处于较高水平，并且净资产收益率的下降与大幅增资带来的净资产增长也有一定关系。

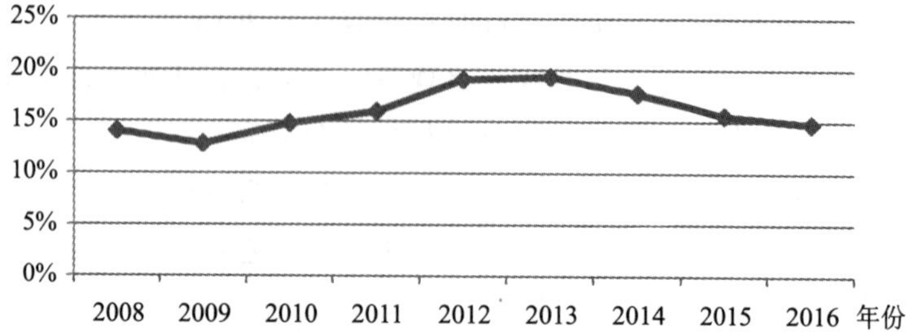

图1－8　2008—2016年信托行业净资产收益率走势图

68家信托公司的资本利润率分布情况如图1－9所示，可以看出，大部分公司的净资产收益率位于10%—30%，并且以10%—20%为主。净资产收益率超过20%的公司有13家，较2015年明显较少，而净资产收益率低于10%的公司达到18家，较2015年明显增多。可见，行业内信托公司的净资产收益率呈现整体下移的趋势。2016年净资产收益率较低的公司在2015年也处于较弱势位置。总体来看，信托公司除了资本实力差距明显，赚钱能力（净资产收益率）的差别也日渐明显。行业转型时期，信托公司的分化在加剧，马太效应凸显，但同时也为一些公司创造了跨越发展的机会。

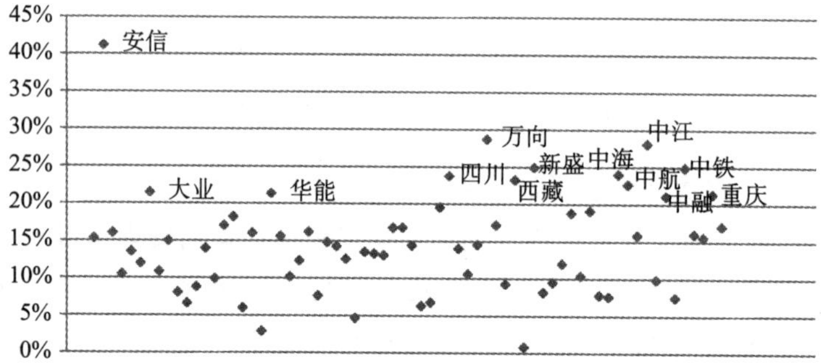

图1－9　68家信托公司净资产收益率分布图

4. 信托产品收益率与信托报酬率走低

2016年许多信托产品平均预期收益率降到7%以下，标志着信托产品收益率进入“6时代”。而在2016年1月份，收益率平均还在8.2%左右。2016年12月一个月，行业清算信托项目为1,882个，涉及金额为7,278亿元，向投资者支付收益为942亿元，平均年化综合收益率为7.6%，平均年化综合信托报酬率为0.73%。根据中国信托业协会每一季度统计的行业数据，其中涉及的各季度末月内信托项目的清算情况，可以大致看出信托年化收益率与平均年化综合信托报酬率的走势，如图1-10所示：

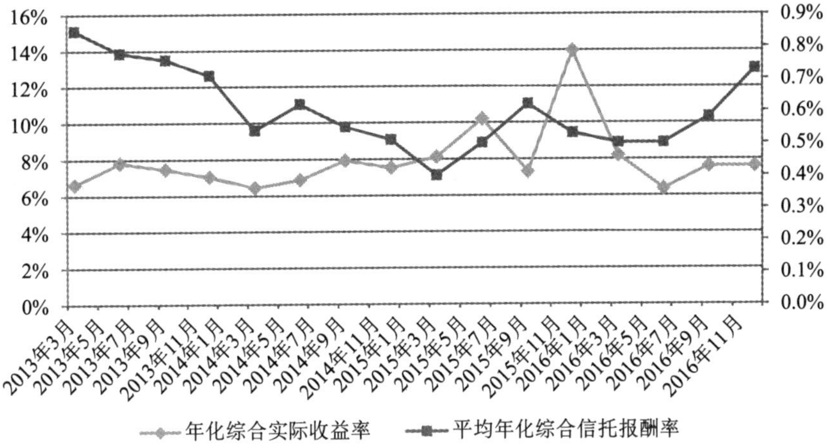

图1-10　2013—2016年信托化收益率与信托报酬率图

信托收益率逐步走低的原因主要在于：第一，市场资金较为充沛，流动性充裕，资金成本走低；第二，经济下行，房地产市场表现一般，信托可投的资产相对减少；第三，大资管的发展使得企业和政府平台等资金需求方的融资渠道增多；第四，随着风控的日益严格，未来信托的收益率可能会继续下滑；第五，产品收益下行迫使信托公司亟待调整业务模式，更多地向投资型、事务型的方向转型。

信托报酬是信托公司作为受托人，通过发行信托计划、管理信托财产而获取的报酬。信托报酬率的计算是以信托业务收入除以实收信托平均余额，这一指标反映信托公司在信托业务中所获得的报酬。根据2014—2016年的数据，平均年化综合信托报酬率一直稳定在0.4%—0.85%，整体趋势走低。主要原因在于宏观经济下行以及大资管竞争加剧，信托公司提供金融产品的收费有所下降。但是，信托公司对信托财产的主动管理能力在持续增强，在经济中发挥的作用一直很大，因此取得的报酬也比较稳定。

（三）信托功能日渐回归本源

信托，从制度层面看，是一种财产转移和管理的法律制度；从业务层面看，是一种财产管理的金融机构。因此，中国信托业的功能定位至少应该包括以下六个方面：财富管理、资产管理、资金融通、协调经济关系、社会投资及服务社会公益事业。而中国信托业协会的信托功能分类，则主要分为融资类、投资类和事务管理类三大类别。2016 年融资类信托规模余额为 4.16 万亿元，占比 20%，投资类信托规模为 5.99 万亿元，占比 30%，事务管理类信托规模余额 10.06 万亿元，占比 50%。2012—2016 年的纵向对比数据如表 1－2 所示：

表 1－2　　2012—2016 年信托功能划分规模占比表

年份	融资类		投资类		事务管理类	
	规模（万亿元）	占比（%）	规模（万亿元）	占比（%）	规模（万亿元）	占比（%）
2012	3.65	49	2.68	36	1.14	15
2013	5.21	48	3.55	32	2.15	20
2014	4.70	33	4.71	34	4.56	33
2015	3.96	24	6.03	37	6.30	39
2016	4.16	20	5.99	30	10.06	50

2014 年融资类、投资类和事务管理类信托恰好"三分天下"，但格局一直在发生变化：第一，2012 年与 2013 年融资类信托占到一半，说明信托在社会生活中主要发挥的是融通资金的功能；第二，从 2014 年开始，事务管理类信托的占比逐年提升，2016 年达到二分之一强，这说明信托在协调经济关系等方面的功能日益增强；第三，投资类信托规模在 2012—2016 年稳步增长，占比也一直稳定在 30% 左右，说明信托的资产管理职能一直是其重要的核心功能。具体趋势如图 1－11 所示：

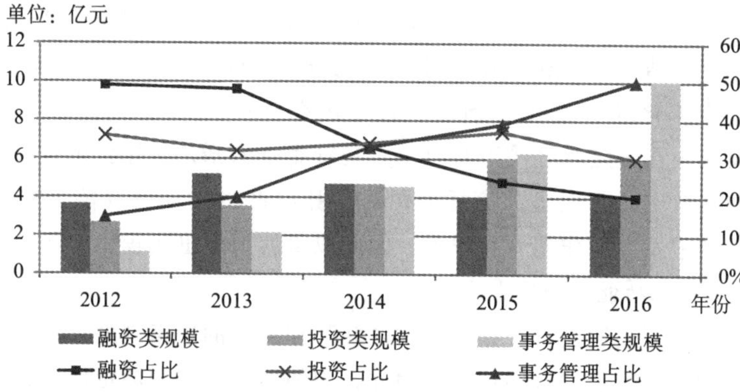

图 1－11　2012—2016 年融资类、投资类和事务管理类信托变化趋势图

随着信托回归本源以及投资属性的日益增强，信托资产功能分类“三分天下”的格局被完全打破，事务管理类信托的地位日益重要。展望2017年，融资类信托占比有可能会继续下降，而投资类信托占比大概率将继续保持在三分之一左右，事务管理类信托占比则有望进一步提升。

（四）行业风险得到有效疏解

2016年信托业在经济“新常态”背景下，同样面临一系列调整，包括传统业务萎缩、资管竞争加剧、积累风险逐渐释放、互联网金融冲击等。而行业发展放缓、风险逐步爆发、“刚性兑付”隐形机制等无一不与行业风险防范与管理息息相关。自2007年开始，历经多次整改的信托业步入快速发展期，行业规模从9,000亿元增长到20万亿元只用了十年时间，高速发展累积的风险也在逐步释放。

图1－12列示了2015、2016年各季度信托风险项目的个数和规模，可以发现进入每年的第四季度，风险项目的个数与规模都显著减少。2016年第四季度，信托风险项目个数为545个，比第三季度减少了61个；风险项目的规模为1,175亿元，比2016年第3季度1,418亿元减少243亿元。其中集合信托风险项目的规模也在第四季度呈现下降趋势。

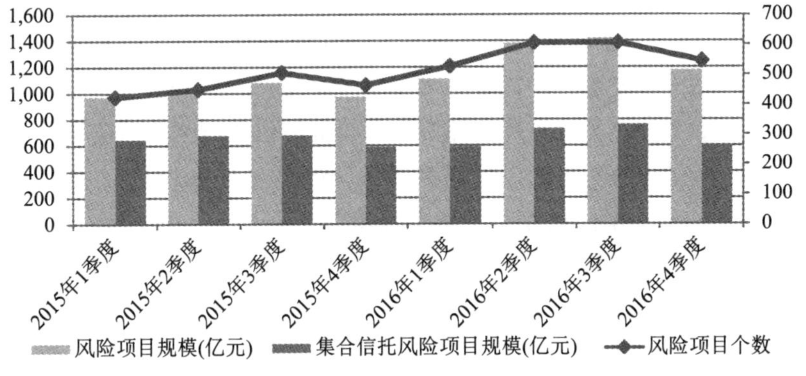

图1－12　2015—2016年各季度风险项目个数与规模

信托风险项目的逐步缓解与风险拨备有关。风险拨备主要用于防范预期损失，是金融机构为抵御风险而提取的用于补偿资产未来可能发生损失的准备金。信托风险拨备包括资产减值准备（固有和信托）、风险准备金、信托赔偿准备金等。整体看，信托业自有资本充足、资产减值准备计提逐步增加、信托赔偿准备金持续累积，同时，信托业保障基金提供了缓释风险的行业风险管控机制，上述均显著增强了行业抗击风险的能力。

根据《信托公司管理办法》的相关规定，信托公司每年应当从税后利润中提取5%作为信托赔偿准备金，但该赔偿准备金累计总额达到公司注册资本的20%时，可不再提取。根据信托业协会公布的数据，截至2015年年末，信托赔偿准备金余额达到157.39亿元，较2014年年末的120.91亿元增加36.48亿元，增长率为30.17%。截至2016年年末，信托赔偿准备金余额达到187.03亿元，较2015年年末的157.39亿元增加29.64亿元，增长率为18.83%。

信托风险拨备增强信托公司抵御经营风险能力的同时，也可能成为兜底和化解风险的不得已手段。随着信托制度红利日益削弱与市场竞争环境日趋激烈，信托公司大都面临急速扩张遗留的兑付压力。“刚性兑付”仍是行业隐性规则，信托公司为避免声誉风险，常选择兜底处理。兜底处理风险在年报财务报表中会留下些许痕迹：公司涉及诉讼；信托资产减值准备；固有资产减值准备；信托与固有交易；信托赔偿准备金等。

风险监管与防控也一直是行业监管的重点，行业风险监管措施的构建和不断完善对行业的健康发展与防范风险起到了直接推动作用。2016年3月《中国银监会办公厅关于进一步加强信托公司风险监管工作的意见》（以下简称“58号文”）要求，信托业务要重点关注融资类信托资产、风险责任划分不清的事务管理类融资性信托资产、投资类信托所涉非标债权资产、结构化信托产品优先级资产的风险分类情况。58号文与2016年信托业监管会议高度契合。2016年信托业关于防范风险的主要监管工作包括：推进行业顶层制度建设；防范跨行业、跨市场的交叉产品风险等。58号文延续99号文以及2016年信托监管工作会议的思路和内容。58号文等相关监管政策是对信托行业风险管理机制的全面提升，也带动了行业的纵深发展，促进信托公司的优胜劣汰。未来，具有更强风险承受与处置能力的、过去业务拓展中风险状况较好的那些信托公司将获得巨大的发展优势，从而在下一轮市场竞争中胜出。

（五）投向与特色业务日益广泛

长期以来，信托行业以“拼缝”为最大优势之一，其根本原因就在于信托可以作为银行贷款的重要补充。在利率对比的层面，信托是高于融资租赁的，更高于银行。因此，信托的资产选择就有特别的要求。2006年行业整顿伊始，信托（包括自有资金）很多资金投入到了资本市场，之后更多投入到能够承受更高资金成本的房地产和政府平台领域，2015年以来投向后两者的资金又呈现下降趋势。

信托在实现资产规模新高同时，利用充分发挥了多层次配置资源的信托制度优势，充分支持了实体经济各个行业的发展。信托资金在资产端的具体投向非常广泛，包括工商企业、金融机构、证券市场、基础产业、房地产业等各个领域。2016年信托各项投向的规模和占比如下：基础产业余额为2.73万亿元，占比15.6%；房地产余额为1.43万亿元，占比为8.2%；证券市场（股票）余额为6,257亿元，占比3.6%；证券市场（基金）规模为2,801亿元，占比为1.6%；证券市场（债券）规模为1.92万亿元，占比为11%；金融机构为3.61万亿元，占比为20.7%；工商企业为4.33万亿元，占比24.8%；其余投向规模为2.52万亿元，占比为14.4%，具体如图1-13所示：

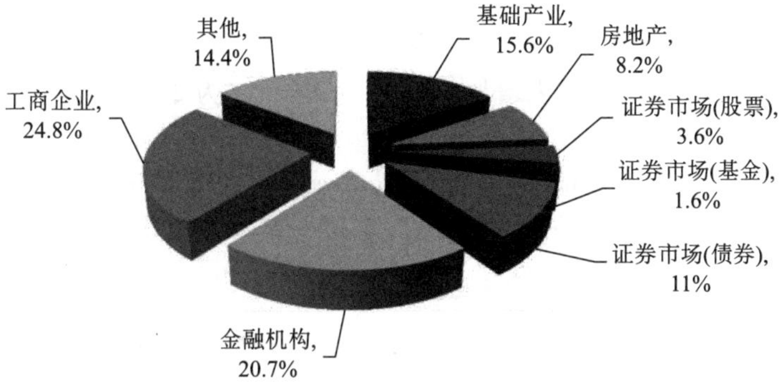

图1-13　2016年年末信托资金投向占比图

首先，工商企业及基础产业仍然是占比较大的领域，说明信托在支持实体经济方面依然发挥着重要作用；其次，信托投向金融机构、证券市场的份额也较多，原因在于信托作为投资模式最灵活的金融机构，在同业协同方面发挥重要作用；再次，信托直接投向房地产的比例仅为8.2%，纵向看处于较低位置；最后，信托资金投资与国民经济结构调整的阶段性特点具有一定的相关性。

2016年信托行业还有一些特色业务：银信合作业务余额为4.75万亿

元，占比23.51%；信政合作规模1.24万亿元，占比6.6%；私募基金合作规模5,309亿元，占比2.6%；PE规模为591亿元，占比0.3%；基金化房地产信托规模为63亿元，占比0.03%；QDII业务规模余额为493亿元，占比0.24%。如前所述，大资管行业包括了银行理财、证券资管、基金资管等各个方面，百万亿资管规模中预计有一半是相互嵌套的。根据分类监管，不同金融机构分别受银监会、证监会、保监会监管，监管协同性也不强，因此各家机构可能通过嵌套实现一些通道功能。信托作为传统资管机构，与同为银监会监管的银行之间长期进行投资合作，因此银信规模和占比都较高。私募基金、PE投资、QDII等特色业务是信托转型发展的方向，未来在规模占比方面可能会继续提升。

三、公司有进步

（一）逾三分之一公司继续增资

注册资本是信托公司发展的最根本保障之一，当信托行业进入转型期，风险资本计提、行业评级等均对信托公司资本实力提出要求。2016年行业迎来了又一轮增资扩股潮。截至2016年年末，全行业注册资本合计为2,038亿元，较2015年年末增加362亿元，增长率为21.6%；行业内68家信托公司平均注册资本为29.97亿元，较2015年的平均值增加5.32亿元。图1-14列示了2009—2016年信托行业注册资本及增长率的趋势图。

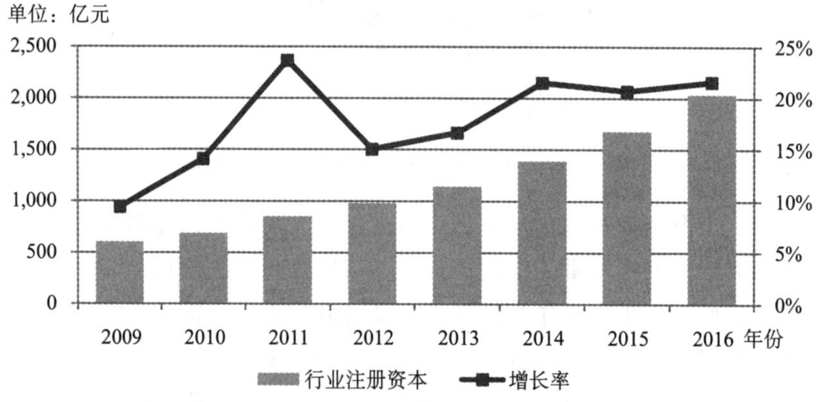

图1-14　2009—2016年信托行业注册资本及增长率趋势图

同时，信托公司的资本实力差距日益明显。重庆信托注册资本金为128亿元，长城新盛信托注册资本金仅3亿元，首尾相差近43倍。2011年《信托公司净资本管理办法》发布，规定信托公司风险资本的计算方式将风险系数与公司评级挂钩，并要求净资本不得低于各项风险资本之和的100%、净资产的40%，拉开了信托公司增资的大幕。2011—2015年，超过50家（次）信托公司进行了增资。2015年12月，信托业协会《信托公司行业评级指引（试行）》再次将资本实力放在重要位置。包括资本实力、风险管理能力、增值能力、社会责任等行业评级内容中，资本实力分值为28分，权重较大。2016年至2017年2月末，又有27家增加了注册资本。2016年至2017年2月具体增资的公司及规模如表1-3所示：

表1-3　　2016—2017年2月信托公司增资情况表

序号	信托公司	注册资本（变更前）	注册资本（变更后）	变更金额	变更日期
1	长安国际信托股份有限公司	13.46	33.3	19.84	2016年2月5日
2	光大兴陇信托有限责任公司	10.18	34.18	24	2016年2月26日
3	中国民生信托有限公司	30	70	40	2016年4月28日
4	华信信托股份有限公司	33	66	33	2016年5月30日
5	中江国际信托股份有限公司	11.56	30.05	18.49	2016年6月14日
6	西藏信托有限公司	5	10	5	2016年6月14日
7	广东粤财信托有限公司	15	28	13	2016年6月30日
8	陕西省国际信托股份有限公司	15.45	30.9	15.45	2016年7月20日
9	华润深国投信托有限公司	26.3	60	33.7	2016年7月21日
10	紫金信托有限责任公司	12	24.53	12.53	2016年8月18日
11	新时代信托股份有限公司	12	60	48	2016年8月30日
12	四川信托有限公司	25	35	10	2016年9月9日
13	中航信托股份有限公司	16.86	40.22	23.36	2016年10月14日
14	安徽国元信托有限责任公司	20	30	10	2016年10月19日
15	华融国际信托有限责任公司	19.8	23.7	3.9	2016年11月11日
16	上海国际信托有限公司	24.5	50	25.5	2016年11月14日
17	百瑞信托有限责任公司	30	40	10	2016年12月19日
18	华能贵诚信托有限公司	30	42	12	2016年12月21日

续表

序号	信托公司	注册资本（变更前）	注册资本（变更后）	变更金额	变更日期
19	中原信托有限公司	25	36.5	11.5	2016年12月22日
20	安信信托股份有限公司	17.7	20.72	3.02	2017年1月5日
21	中融国际信托有限公司	60	80	20	2017年1月19日
22	渤海国际信托股份有限公司	20	36	16	2017年2月24日
23	上海爱建信托有限责任公司	30	42	12	暂未完成工商登记
24	昆仑信托有限责任公司	30	102.27	72.27	暂未完成工商登记
25	大业信托有限责任公司	3	10	7	暂未完成工商登记
26	交银国际信托有限公司	37.65	57.65	20	暂未完成工商登记
27	华澳国际信托有限公司	6	25	19	暂未完成工商登记

信托公司增资的原因主要在于：第一，信托股东对信托行业未来发展及业务具有较强信心；第二，净资本约束下，扩大资本实力有利于信托业务创新转型、扩大固有业务规模、提高抵御风险的实力。但是也要看到，信托行业大范围、大规模的增资有可能会进一步降低信托业的资本收益率；信托固有投资规模的日益扩充有可能提升信托公司固有业务的地位；超大型公司有可能在竞争中进一步占据有利地位。

（二）多家公司涉及股权转让

2016年有多家信托公司进行了股权转让，这必然涉及信托牌照以及牌照价值问题。金融牌照就是金融机构经营许可证，主要由银监会、证监会、保监会、央行等部门分别颁发。金融市场的准入制度是金融监管事前监管①的核心，金融许可证则是市场准入制度的常态表现。我国需要审批的金融牌照主要包括商业银行、保险、信托、券商、金融租赁、期货、公募基金、基金子公司、第三方支付等10种，具体情况如表1-4所示。

信托公司作为价值较高的金融牌照之一，其股权被转让的主要原因在于：原股东方的整体战略布局的安排；对信托行业及被转让信托公司经营情况的综合考虑等。2016年有7起信托股权转让以及未定事宜发生，同时2016年也是信托股东位次调整集中的一年。涉及股权转让的七家公司为：

① 金融监管根据时段划分为事前监管、事中监管、事后监管。

表1-4　　金融牌照表

序号	金融牌照	数量	监管	最初发放时间	牌照审批现状	主要业务
1	商业银行	773	银监会	—	民营银行逐步放开	储蓄、信贷
2	信托	71（68展业）	银监会	1984年	冻结发放	信托业务
3	金融租赁	26	银监会	1986年	—	融资租赁
4	第三方支付	269	中国人民银行	2011年	收紧	网络支付、预付卡、银行卡收单
5	公募基金	95	证监会	1998年	放宽	公募基金、机构业务
6	基金子公司	67	证监会	2012年	放宽	类信托业务
7	基金销售	248	证监会	2001年	—	基金发售
8	券商	111	证监会	1988年	券商综合冻结	证券承销与保荐、经纪、证券投资
9	期货	161	证监会	1993年	冻结发放	期货交易
10	保险	135	保监会	1988年	收紧	财险、寿险、万能险

中诚信托、四川信托、华澳信托、杭州工商信托、上海信托、华信信托和国民信托。信托转让大多数不涉及控股权的更换，但2016年有两家更换了大股东，一家是上海信托，一家是国民信托。

在上海市政府支持下，浦发银行于2014年启动了收购上海信托控股权的计划。截至2016年3月，浦发银行完成上海信托97.33%的股份收购。尽管浦发银行在这项收购中整合了分散的11家股东，但由于收购是基于上海本土的国资国企改革和金融资源整合，该收购过程较为顺利。2014年上市房企佳兆业的实际控制人郭英成从郑建源家族手中接过国民信托控制权，交易对价近30亿元。随后，佳兆业将股权转让给富德生命人寿及其母公司富德金控。但是，信托公司股权半年之内两次转让违反了银监会关于信托公司出资人三年内不得转让所持股份的规定，该转让被北京银监局调查。2015年8月，保监会原则同意富德生命人寿通过受让方式收购国民信托93.44%股权，且要求富德生命人寿督促国民信托健全公司治理结构，防范风险，但仍然需要获得银监会批复。

2016年行业转型期到来，个别信托公司股东选择套现离开。麦格理资本将持有华澳信托的19.99%股权悉数转出；摩根士丹利将所持杭州工商信托的所有股份全部清空。兖矿集团、冀中能源、贵州盘江转让中诚信托股权。绿地金融投资控股集团以约9.5亿元收购及增资杭州工商信托获得其近20%股权，华澳信托新股东重庆财信企业集团持股49.99%。2016年2月，银监会同意华信汇通集团将所持华信信托15.42%的股份转让给沈阳品成投资有限公司；6月华信信托注册资本由33亿元变更为66亿元，华信汇通集团持股比例由44.58%增至46.19%；而9月，华信汇通集团又将所持19.9%的华信信托股份转让给北京万联同创网络科技有限公司。

从公司发展的角度来看，信托公司股权转让原因主要包括：第一，行业盈利增速放缓，部分外资股东或内资股东对信托牌照价值的认识有所改变；第二，部分信托公司的部分股东自身发展存在一些问题——存在减亏缩资压力、流动性方面的需求、产能过剩的调整等，因此需要套现获取现金流；第三，整体经济增速放缓，大资管行业竞争加剧，互联网金融异军突起，监管趋严导致套利受抑，均造成信托传统业务模式难以为继，而新业务尚难批量复制。

（三）银行系信托公司表现突出

从股东背景看，信托公司可以分为央企国企背景、地方政府背景、民营背景和金融背景信托公司。金融背景可以进一步区分为银行系、金融资产管理公司和全牌照金融集团，具体可见表1－5：

表1－5　　金融背景信托公司一览表　　单位：%

信托公司	股东	持股占比	背景细分
建信信托	建设银行	67.00	银行系
交银信托	交通银行	85.00	银行系
兴业信托	兴业银行	73.00	银行系
上海信托	浦发银行	97.33	银行系
光大兴陇信托	光大集团	51.00	金融集团
平安信托	平安集团	99.88	金融集团
中信信托	中信集团	80.00	金融集团
新时代信托	新时代远景投资有限公司	58.54	金融集团
新华信托	新产业投资股份有限公司	17.33	金融集团
金谷信托	信达资产	92.29	金融资产管理公司
大业信托	东方资产	41.67	金融资产管理公司
长城新盛信托	长城资产	35.00	金融资产管理公司

截至2016年年末，信托行业内银行系背景信托公司有4家，其中上海信托属于2016年新晋银行系信托公司。鉴于光大信托与光大银行关系紧密，通常将其视为银行系背景信托公司。因此，本部分对建信信托、交银信托、兴业信托、上海信托和光大兴陇信托5家银行系信托公司的经营情况进行分析。

1. 信托资产规模

信托资产规模被看作衡量信托公司体量和规模的重要指标，从2016年年报数据看，建信信托、兴业信托、上海信托和交银信托分别以1.31万亿元、9,446.21亿元、8,257.94亿元和7,139.61亿元位列资管规模的第2、第3、第4和第6位，光大兴陇信托以30,74.63亿元居第21位，但考虑到其2014年年末信托资产规模仅577亿元，居行业第58位，可以发现其增长之快。图1－15列示了2012—2016年68家信托公司信托资产规模平均值以及银行系5家信托公司信托资产规模走势图，可以看出：第一，银行系信托公司信托规模普遍高于行业平均值，2014年以来远超行业平均值；第二，行业平均信托规模保持平稳增长态势，但银行系信托公司信托规模增速自2014年以来明显加快；第三，光大兴陇信托自2014年被光大集团收购，信托规模迅猛增长，2016年年末信托规模是2014年年末的将近5倍。

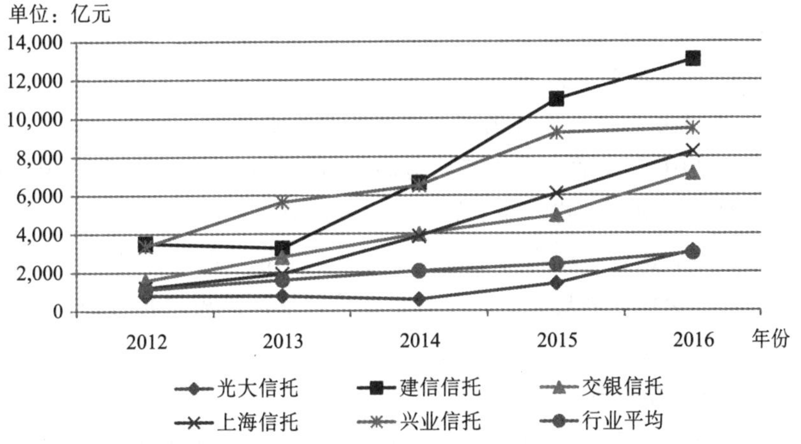

图1－15　2012—2016年银行系信托公司及行业平均信托资产规模走势图

市场普遍认为，银行系信托公司信托资产规模以单一类通道为主，但对比2012年以来这些公司集合信托规模占比可以发现（见表1－6），以2014

年为分界点，集合占比呈现增长的趋势，可见，银行系信托公司背靠股东资源正在拓展多种类型的业务，而非拘泥于单一通道业务。展望未来，银行系信托公司依靠强大的股东资源，可能取得更好的发展。

表 1－6　　2012—2016 年银行系背景信托公司资产规模以及集合信托占比

信托公司	2012 年		2013 年		2014 年		2015 年		2016 年	
	信托规模（亿元）	集合占比（%）	信托规模（亿元）	集合占比（%）	信托规模（亿元）	集合占比（%）	信托规模（亿元）	集合占比（%）	信托规模（亿元）	集合占比（%）
建信信托	3,507.8	9.45	3,258.2	21.94	6,658.4	26.79	10,968.4	32.90	3,062.0	30.97
兴业信托	3,360.5	8.47	5,650.0	4.74	6,511.5	21.40	9,220.2	20.37	9,446.2	19.03
上海信托	1,202.9	34.52	1,922.9	38.53	3,863.7	46.84	6,085.8	51.23	8,257.9	39.97
交银信托	1,579.5	9.01	2,799.2	5.56	3,979.9	12.05	4,951.6	15.23	7,139.6	19.76
光大信托	796.3	4.36	778.6	3.03	577.2	5.20	1,394.8	16.15	3,074.6	32.04

2. 经营业绩表现

以总收入作为衡量信托公司经营业绩的重要指标看，2013—2016 年 5 家银行系信托公司总收入增长率整体上高于信托行业总收入增长率，具体可见图 1－16。由图 1－16 可以看出：第一，光大信托因为重组的原因，总收入增幅变化较大，但 2015 年和 2016 年增长率明显高于行业均值以及其他几家公司；第二，行业总收入增长率 2013 年以来呈现下降的趋势，银行系信托公司总收入走势基本相同，但整体上高于行业均值，只有 2015 年例外，原因在于 2015 年总收入增长更多是得益于自有业务收入增长；第三，建信信托 2014—2016 年总收入增长率明显高于行业均值，在信托资产规模快速增长的同时也实现了经营业绩上的增长，发展势头良好。

总体而言，国内金融市场中银行还是处于主导性地位，银行系信托公司依托银行股东资源，表现突出，尤其是在信托资产规模增长方面效果显著，为进一步发展奠定了基础。

（四）行业分化不可避免

随着整体经济进入“新常态”带来的信托发展困境以及信托转型的不断推进，信托公司之间开始呈现分化的趋势。从正面看，一方面，表现在强者越强，一些处于行业前列的信托公司不仅能够较好地应对和解决以往发展中的遗留问题，实现轻装上阵，而且可以有更多的精力投入到创新业务的尝

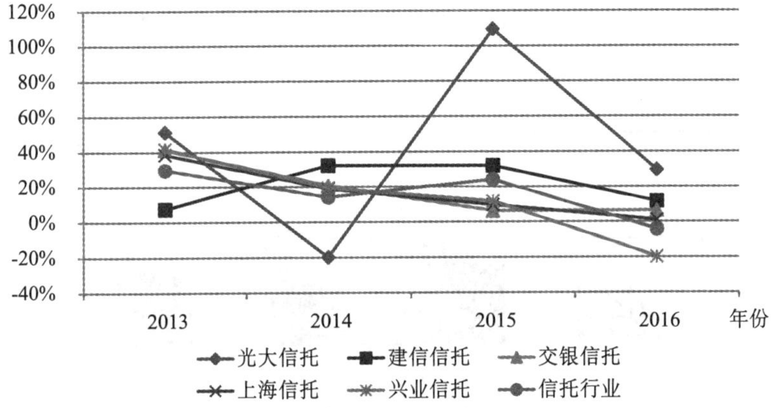

图1－16　2012—2016年银行系信托公司及信托行业总收入增长率走势图

试和探索中，打造新的核心业务和利润增长点；另一方面，行业转型时期也为那些可以把握住机遇、及时进行业务方向和布局调整的信托公司提供了弯道超车的机遇。与之相反，一些信托公司在内外部环境的压力下，则会遇到发展瓶颈，经营规模和业绩都出现明显下滑，进而带来人才流失、品牌形象受损等一系列问题。展望2017年，信托公司之间的分化会更加明显，如何把握机会、进行公司战略和业务方向的调整，是对信托公司特别是公司管理层的艰巨考验。

从年报数据看，对比2016年年末和2013年年末的数据①，也可以发现行业分化的趋势增大。这里选取注册资本、信托资产规模、总收入和净利润四个指标，分别计算2016年年末2013年年末行业前20位公司数值之和与行业后20位公司数值之和的比值（R_{20}），和行业前10位公司数值之和与行业后10位公司数值之和的比值（R_{10}），并对其变化进行分析，具体可见图1－17。可以看出：第一，2016年年末的比值显著高于2013年年末的比值，并且前后10位的比值较前后20位比值的变化更加显著，这说明行业的分化从数据上已经体现出来；第二，注册资本和信托资产规模的变化较总收入和净利润的变化更为明显，从净利润和总收入的比较看，净利润变化较总收入更为明显，这说明信托公司实力的分化较经营业绩更为显著，也可能预示着

① 鉴于信托行业的转型从2013年提出并被逐渐认可，因此，此处以2016年和2013年数据对比分析。

还处于分化的早期，未来经营业绩上的分化会逐步体现出来。

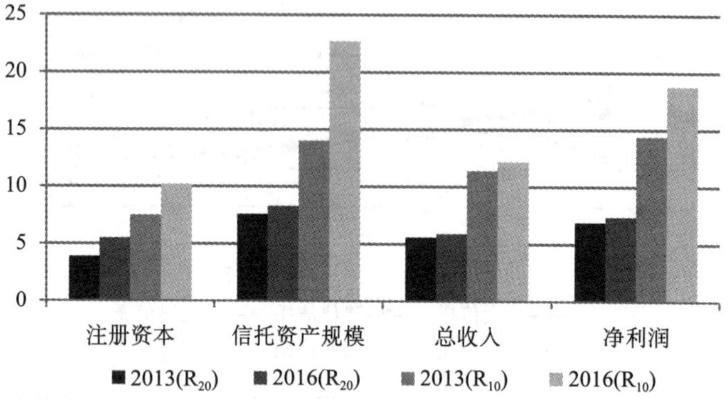

图1－17　2016年和2013年年末信托公司部分数据指标变化对比图

四、业务有亮点

（一）信托三大传统业务势在升级

传统的信托业务集中在房地产融资信托、基础设施融资信托、银信合作业务三个方面。这三个领域也是信托公司主要的收入、利润和规模来源，信托公司的业务同质化较为严重。虽然信托业务也逐渐显现出向差异化方向发展的趋势，但是房地产等业务仍是多数公司的核心业务。部分公司着力资本市场业务；某些公司看好新能源等领域；有些公司积极拓展标准化业务；更多公司尝试家族信托等财富业务。信托公司业务类型逐渐多元，但是在竞争日益激烈的大资管市场中，信托公司的传统三大业务领域如何转型升级也是重中之重。以下逐一分析支撑信托多年发展的房地产、政信和通道三大业务，总体而言，房地产业务从项目融资向地产投资基金升级，政信项目从放贷款向PPP升级，而通道业务要向多样化的信托ABS升级。

房地产基金信托的基本模式是：通过集合信托计划募集资金，认购有限合伙企业LP份额，参与房地产项目的开发投资，以分享合伙企业的投资收益。其中不可避免会涉及抵质押、明股实债、回购等有悖于投资的交易模式。但是，从贷款融资向投资的转变不是一蹴而就的。需要在房地产市场演化、监管政策博弈、资管竞争协作等各个方面逐步发展。房地产正经受严格调控，房地产企业的融资手段受限，预计房地产投资基金将获得较大市场机遇。未来，在地产投资基金领域累计投资运作经验后，信托可以在能源、健康、科技等更多行业参与基金运作，更好地服务实体经济并为投资者谋求长期回报。

政信合作有可能从统融资模式向PPP等模式转型。2014年43号文监管要求逐步剥离政府融资平台的融资职能后，传统的政府融资平台信托融资规模已经逐年下降。PPP项目处于窗口期，政策层面推进迅速，融资需求和规模都处于历史最好位置。截至2017年1月底，全国PPP项目总投资额达13.8万亿元，落地率提升至近32%，未来潜在的业务规模很大。信托公司长期以来在政信，尤其是基础设施建设方面累计较多资源和能力，能够更方便参与该类新的业务，民生信托、中信信托等已经参与。对于信托公司而言，发展此项业务还需要解决长期限、低成本的信托资金来源问题，只有这样的资金才能与PPP项目周期相匹配。

2016年以来，监管部门陆续出台的系列政策均强调交叉性风险的防控，强化穿透管理，严控嵌套投资，严防套利。信托公司与银行等金融机构同业之间的业务合作多年来持续增长，金融同业的合作模式也日趋复杂，潜在风险不容忽视。截至2016年年末，20.22万亿元信托资产规模中，银信合作占比仍高达23.51%。信托仍是唯一横跨信贷、资本市场及实业的金融行业，在业务协同方面具有天然优势。未来，通道业务可能有三大方向：信托为SPV的资产证券化；通过银行业信贷资产登记流转中心（以下简称“银登中心”）开展信贷资产和信贷资产收益权转让；基于信托平台的投贷联动以及债转股等。信托公司可通过上述多种方式参与金融同业协作，共担收益与风险，实现更高附加价值。

（二）多元化参与资本市场

信托参与资本市场初始以阳光私募证券信托形式出现。但是因资本市场投资价值爆发以及投资者多元配置需求的增加，一些信托公司也开始尝试主动管理，其中华润信托、云南信托都发展出了不错的证券投资主动管理业务。随着深港通、新三板、注册制等一系列资本市场制度红利的持续发酵，将进一步打开中国资本市场的未来发展空间。

信托公司通过发行新三板及增发并购类信托产品、设立PE子公司直接投资、与券商及基金公司等同业合作等各种方式，在定向增发、新三板等资本市场细分业领域逐步进行业务延伸。资本市场的发展是长期的，未来也将形成多层次市场，信托参与资本市场的业务也是多元化的。根据中国信托业协会的统计，信托在资本市场的业务主要涉及：PE股权投资，一级市场（定向增发）、二级市场（证券投资）等细分领域，2012—2016年的具体数据如表1－7所示：

表1－7　2012—2016年信托公司参与资本市场资产余额表　　单位：亿元

资产余额	2012年	2013年	2014年	2015年	2016年
PE股权投资	409	503	613	729	591
一级市场证券投资（定增）	83	96	766	1,291	1,382
二级市场证券投资	1,717	2,676	6,204	10,930	10,348

可以发现，对比20万亿的行业管理资产规模，PE类股权投资和一级市场投资都还处于很小的规模，但发展呈现快速上涨态势，如图1－18所示：

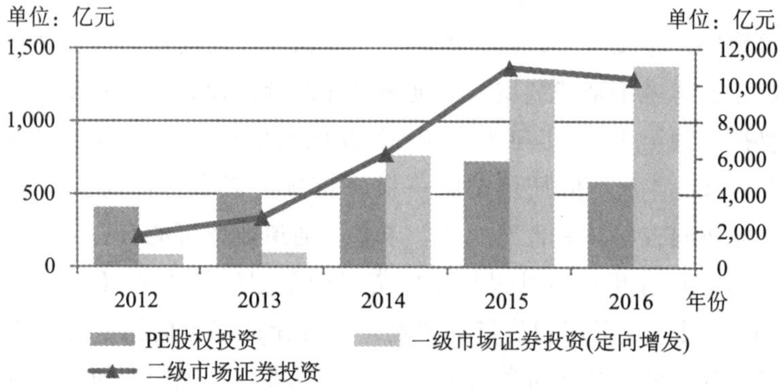

图1－18　2012—2016年信托公司资本市场项目变化趋势图

从规模来看，二级市场一直是信托公司在资本市场的主要领域。受制于资本市场的相关制度及客观发展阶段，信托二级市场证券投资业务主要还集中在阳光私募和配资业务这两个方面。2016年的规模为10,348亿元，略低于2015年的10,930亿元。长期看，包括一级市场、二级市场乃至一级半市场的整个资本市场都将给信托行业发展提供契机。

2008年银监会发布《信托公司私人股权投资信托业务操作指引》后，不少信托公司开始推进PE业务，但受制于信托持股企业IPO无法实现顺利退出，PE业务规模一直不大，2016年也才591亿元。2014年银监会发布

《中国银监会办公厅关于信托公司风险监管的指导意见》（银监办发〔2014〕99号）指出大力发展股权投资，支持符合条件的信托公司设立直接投资专业子公司，鼓励开展并购业务，积极参与企业并购重组。信托通过子公司进行PE愈演愈烈。

（三）基金化转型

基金究其本质是一种集合投资工具，集合资产组合的投资风险显著低于单一资产。基金化运作的核心也在于：通过筛选与产品风险收益特征相匹配的合格投资者，运用基金管理公司专业化投资能力进行集合投资，实现投资者资产价值增值的目标。申请备案私募基金管理人的信托公司比较多，基金化运作可以优化信托业务结构，尤其在去刚兑方面可能有较大效果。

信托公司之所以能开展基金化转型的原因在于：第一，基金化产品与信托“受人所托，代人理财”的本质功能具有一致性；第二，信托利用制度优势，提升自主管理能力，逐步向组合投资的方式进行转型，都可以有效借鉴基金的经验；第三，信托业刚性兑付的压力较大，向具有浮动收益特点的基金产品转型，有利于分散风险，并逐步打破刚兑。信托公司已在多个领域开展基金化业务，如资本市场并购领域、房地产领域、基础产业领域、新兴产业与新能源领域、医疗健康领域等。

基金化转型可能是信托公司从融资到资产管理的关键一步。传统的信托业务是一对一的模式，一个信托计划只能匹配一个项目，基金化的最大改变在于不以单一项目为导向。资产管理的要义是资产配置，基金化能够更好地发挥股权、债权、物权多种投资模式。当然，基金化业务需要更高的对大类资产配置的投研能力，通过构建股权、债权、固收、量化以及QDII等资产的组合包，运用TOT、FOF等对冲单一资产的风险。基金化转型更加强调“主动管理能力”，对项目本身的运作要有更强的把控能力。从前期的尽调到资金匹配，再到后期的投后管理与退出，要求更高投管能力以及对浮动收益更高的风险承受力。平安信托、安信信托等公司发力新行业基金已经初见成效。

（四）以家族信托为代表的财富管理

财富管理是基于客户需求的，不仅仅是理财产品，是包括客户咨询、财富增值、财产传承、慈善信托等多样化的需求。而财富管理的核心又是家族信托，中国家族信托业务需求正呈现爆发趋势。家族信托以家庭财富的管理、传承和保护为根本目的，与信托回归本源密切相关。信托公司可以通过专业化的资产管理、投资组合以实现财富的传承、配置、遗产规划、税务策划、子女教育、家族治理等多样化的目的。境外，家族信托已是高净值人士首选的家族财富管理方式。兴业银行与波士顿咨询公司的报告指出，在中国经济增速趋缓的背景下，高净值人群的财富增长仍将十分稳健，预计 2020 年中国高净值家庭的数量将增至 388 万户，可投资金融资产总额将占据中国整体个人财富的半壁江山，这将为中国私人银行业务提供良好的发展土壤。①

北京银行等机构联合发布的《中国家族信托行业发展报告（2016）》显示，家族信托规模仅 400 余亿元，预期至 2020 年可达 6,000 多亿元。家族信托的模式并不单一，譬如华润信托的路润泽世家家族信托系列产品就有三种模式：一是投资代表管理模式，由委托人本人或亲友担任投资顾问；二是投资顾问管理模式，由专业机构投资顾问出具投资指令；三是受托人全权管理模式，由信托公司对投资配置进行决策。

家族信托根据额度及实现功能的差异，主要可分为定制化的家族信托和标准化的产品。譬如，百瑞信托博士后科研工作站家族信托团队基于某高净值客户的子女教育、财产隔离、规避风险、养老等多方面的需求，为其量身定制了“百瑞安鑫 X 号家族信托”。这一定制化家族信托产品与常规家族信托相比，更是引入了“信托保护人”角色，这将为信托目的的实现提供更多保障。此外，基于高净值群体在财富管理方面具有一些共性，在“百瑞安鑫 X 号家族信托”实践基础上，百瑞团队通过分析高净值客户的典型需求并进行标准化设计，又推出了“百瑞安鑫标准化家族信托”业务。其门槛设置为 500 万元，封闭运营。受托人将在进行大类资产配置的基础上，构建低风险投资组合，在严格控制风险的前提下，力求获得稳健的投资收益。投资范围包括信托产品（包括受托人发行、管理的其他信托产品和其他信托公司发行、管理的信托产品）、基金以及债券、券商资管产品、基金子公司资管产品，具体投资操作由委托人授权受托人全权负责。投资原则将兼顾当前收益和潜在增值能力，考虑流动性和收益性，进行组合分散投资。

---

① 资料来源：2016 年兴业银行与波士顿咨询公司（BCG）联合发布《中国私人银行 2016：逆势增长、全球配置》。

从2013年平安信托首推家族信托产品之后，私人银行、信托公司、财富办公室、第三方理财机构等纷纷加入了这个市场，各方根据各自资源禀赋既合作又竞争。未来，这一市场仍将保持快速发展，而信托公司也将在该市场中扮演愈加重要的角色。

（五）海外市场异军突起

随着人民币的国际化，中国企业海外并购逐步兴起，中国居民境外投资的需求也随之旺盛。高净值人士对全球资产配置需求的提高推动了信托尝试进行境外投融资的布局，整个过程尚处于初级阶段。常见的模式主要包括：申请境外投资业务的相关资格（QDII、QDIE等）；在境外设立子公司；与境外投资机构合作开拓投融资业务。QDII主要投资资产包括：境外普通股、优先股等权益类证券，银行存款、存单、回购协议等货币资产，政府债券、公司债券、可转债等固收资产，基金及金融衍生品等其他资产。QDIE相比QDII，其投资范围更为广泛，可以涵盖境外非上市公司股权、债权、对冲基金及不动产、实物资产等多种类型的资产。

截至2016年年末，中国信托行业QDII类的业务规模为493亿元，同比2015年的357亿元增长38%。2012—2014年，该指标规模的数据分别仅为73亿元、74亿元和137亿元。该指标2013—2015年的同比增长速度分别为1.3%、85%、160%。可以看到，该项业务经历了快速扩张的阶段后，增速有所放缓。2016年以来，港股与美股表现强势，主投海外市场的QDII基金年收益表现不错，整体较优于主投A股市场投资基金。未来，随着信托公司更多地切入境外市场，QDII信托业务的规模预计会进一步增加。

中诚信托的全资子公司中诚国际资本有限公司设立深圳前海中诚股权投资基金管理有限公司，于2015年1月获得合格境内投资者境外投资（QDIE）试点资格，亦是唯一获批QDIE资格的信托系公司，已成功发行“睿投”及“精选”两个系列的跨境产品。受限于QDIE的资格获取及额度限制，信托公司此类业务开拓尚有较大局限，但是未来随着跨境资本流动的逐步开放，此类业务也将逐步开展起来。

2016年各家信托公司积极开拓业务创新，寻求行业发展的新动力，各种类型的创新类产品很多。譬如，信托受益权资产证券化、PPP业务、消费信托、慈善信托等创新类业务均为行业转型注入活力。未来，随着传统业务面临瓶颈，信托公司需要寻找新的业务增长点，大力发展创新类业务将是大势所趋。

（六）资产证券化新规利好信托ABS

2016年4月19日，中国银行间市场交易商协会发布《不良贷款资产支持证券信息披露指引（试行）》及其配套的表格体系。指引立足现有的资产支持证券信息披露框架，针对不良资产证券化的特殊性，额外要求增加对不良贷款基础资产的信披要求，基础资产价值评估相关的尽职调查，以及基础资产分布信息和预计回收情况等。截至2016年9月末，不良资产证券化已经发行14单，合计规模达到156亿元，参与的信托公司有华润信托、中信信托、建信信托、外贸信托、兴业信托、交银信托、金谷信托和中海信托8家。随着不良资产证券化试点的逐步扩大，会有更多的机构参与进来，信托公司作为不可或缺的受托人应当挖掘其中更多的机会。

2016年8月1日，银登中心发布《信贷资产收益权转让业务规则（试行）》和《信贷资产收益权转让业务信息披露细则（试行）》，作为《中国银监会办公厅关于规范银行业金融机构信贷资产收益权转让业务的通知》（银监办发〔2016〕82号）的细则，对信贷资产收益权转让进行了严格规定。业务规则明确信贷资产收益权转让由信托公司设立信托计划进行受让，让信托公司获取了在银行信贷资产收益权转让渠道上的独占性。信贷资产收益权在银登中心流转，82号文明确通过银登中心的交易不纳入非标资产统计，这也为信托产品的标准化流转提供了一种路径。展望未来，参与到银登中心交易的信托公司以及通过银登中心流转的信托产品会增多。

2016年10月10日，《国务院关于积极稳妥降低企业杠杆率的意见》（国发〔2016〕54号）发布，特别强调要提高银行不良资产核销和处置能力，拓宽不良资产市场转让渠道，探索扩大银行不良资产受让主体，强化不良资产处置市场竞争。加大力度落实不良资产转让政策，支持银行向金融资产管理公司打包转让不良资产。推动银行不良资产证券化。总体来看，不良资产处置仍会是未来一段时间的重点，信托公司应当在提高资产处置能力的同时，抓住时机，深化与银行的合作方式，在主动管理上寻求创造更多价值的机会，在此类业务上寻求突破。

（七）固有业务与子公司日益重要

2007年以来，信托公司去除“投资”两字之后，一直以信托为主业。无论是监管还是公司，均更为强调信托回归信托本源，但绝不是忽视固有业务。在公司实践中，各家公司一般较为重视固有业务和信托业务的协同联动。固有业务积累的投资模式、投资经验与投资技能，能够显著推动信托业务从融资为主向投资转型。此外在业务资源方面，信托公司以固有业务客户群为入口，对行业以及行业上下游进行深度拓展。

信托固有业务（包括子公司）对信托公司的利润贡献越来越重要。2007年《信托公司管理办法》中，信托公司固有业务主要包括：存放同业、拆放同业、贷款、租赁、投资等。投资业务则限定为金融类公司股权投资、金融产品投资和自用固定资产投资。参股银行、证券公司、基金公司是固有业务长期股权投资收益的三大主要来源。信托固有业务利润水涨船高的主要原因在于：首先，信托公司资产规模越来越大（注册资金增加加上积累），公司固有资金运作的收益逐年提高，在利润中的占比也逐渐提高；其次，信托业务作为信托公司表外业务，受到非常严格的监管，而信托固有资金的投资运作决策流程更加市场化，有可能会获得更多投资收益；最后，信托在多年发展中累计较强的投资能力及较多的投资资源，尤其是金融股权投资的分红日益显著。

从2014年开始，监管层多次鼓励信托公司设立子公司。2014年《中国银监会办公厅关于信托公司风险监管的指导意见》明确提出“大力发展真正的股权投资，支持符合条件的信托公司设立直接投资专业子公司。”2014年的信托业年会上，监管层也力推信托公司通过深化改革，设立全资专业子公司做专、做精，比如家族信托子公司、并购信托子公司、海外信托子公司、专业销售子公司等。2015年银监会下发《信托公司条例（征求意见稿)》提出，根据业务发展需要，信托公司可以申请设立全资专业子公司。虽然监管层并未对子公司设立、监管、运作作出具体规定，但是很多公司已经开始实践，中融信托、中信信托、平安信托、中诚信托、上海信托、兴业信托、陆家嘴信托等多家信托公设立了各种不同类别的子公司。主要类型包括：财富管理、PE、投贷联动、境外业务、消费金融、小微业务等创新领域。其中PE投资是信托子公司的首要业务方向，根本原因在于通过PE子公司开展股权投资时，可以有效化解信托IPO退出难问题。2016年银监会也表示，正研究制定《信托公司专业子公司管理暂行办法》，以支持信托公司以固有资金设立股权投资子公司，鼓励其开展对创业企业的综合投融资业务，以投资收益补偿贷款损失，实现相关业务可持续发展。虽然多数信托子公司还未形成业务收入和利润的重要来源，但其运作灵活性和发展空间正受到重视，更多信托公司将其作为转型支点。

五、监管有作为

2016年以来，监管部门严守风险底线，并且在信托基础设施建设方面取得了广泛成果。

（一）中国信托登记有限责任公司成立

2016年12月26日，中国信托登记有限责任公司（以下简称“中信登”）酝酿多年之后正式成立。中信登是经国务院同意、由中国银监会批准设立并实施监督管理、提供信托业基础服务的非银行金融机构，注册地为上海自由贸易试验区，公司注册资本30亿元人民币，由中央国债登记结算有限责任公司控股，中国信托业协会、中国信托业保障基金有限责任公司及国内18家信托公司等共同参股。中信登的成立意味着：第一，信托行业终于迎来统一登记，向“标准化”迈出了重要一步；第二，中信登能够显著增强信托产品的流动性；第三，中信登可以强化信托实现资产隔离。

中信登是提供信托业基础服务的设施平台，旨在为信托业提供信托登记、发行交易等基础服务，从而助推行业创新发展、转型升级。信托行业管理资产余额突破20万亿元，中信登作为行业最重要的顶层设计，对信托业未来的顺利发展尤为重要。根据《中国银监会关于中国信托登记有限责任公司开业的批复》（银监复〔2016〕410号），中信登可经营以下业务：“（一）集合信托计划发行公示；（二）信托产品信息及其信托受益权登记，包括：预登记、初始登记、变更登记、终止登记、更正登记等；（三）信托产品发行、交易、转让、结算等服务；（四）信托受益权账户的设立和管理；（五）信托产品及其权益的估值、评价、查询、咨询等相关服务；（六）信托产品权属纠纷的查询和举证；（七）提供其他不需要办理法定权属登记的信托财产的登记服务。”

中国银监会主席尚福林表示，中信登的正式揭牌将推动统一有效的信托市场逐步形成，市场纪律和约束将进一步强化。加上之前已经成立的履行行业自律职能的中国信托业协会，在信托公司自身不断加强风控能力的同时，支持信托业发展的“一体三翼”架构全面建成，形成了监管部门为监管主体，行业自律、市场约束、安全保障为补充的多层次、多维度的信托业风险防控体系，支持信托业的转型发展。

中信登首任董事长文海兴表示，信托登记实践与制度环境相依赖、相促进：信托登记、发行交易等需要依托信托相关监管规制的优化完善，也需要加强与人民银行、证监会等部委的沟通协调。信托财产登记等还需要相关司法、物权登记的支持。中信登通过提供登记、发行、交易、转让、结算、估值、评价、查询、咨询等各项服务，也能为规制建设和完善提供更多鲜活的素材和案例，有助于推动司法、监管等制度环境建设。

中信登以市场化方式运作，坚持依法合规和稳健经营的原则，定位为信托业的信托产品登记与信息统计平台、信托产品发行与交易平台及信托业监管信息服务平台三大平台，忠实履行监管部门赋予的信托登记和其他相关职能。中信登的宗旨是从我国信托业发展实际出发，注重回归信托“本源”，立足当前、展望未来，坚持服务行业、服务监管、服务投资者、服务实体经济、服务社会的使命，全面贯彻党中央、国务院重大方针政策及中国银监会各项工作部署，按照中国银监会党委对我国信托业发展“一体三翼”战略构想，稳中求进、科学规划、夯实基础、分步实施，依托信息科技系统，有序开展信托登记、发行、交易、转让、结算等各项业务，扎实打造“三大平台”功能，为我国经济社会发展和信托业转型升级作出积极贡献。

（二）行业评级实施

为加强信托行业自律管理，全面评价信托公司经营管理情况，引领行业规范健康发展，提升信托业整体实力，中国信托业协会秘书处在监管部门指导和各信托公司的支持和配合下，组织制定了《信托公司行业评级指引（试行）》及配套文件。这是协会首次推出对信托公司经营管理情况进行全面综合评价的具体办法，也是协会进一步加强行业自律管理的重大举措。行业评级以坚持定量、客观、公正、透明为原则。与监管评级相比，行业评级更侧重于评价信托公司为投资人和社会提供的服务，目的是增强信托公司社会公信力。

2016年3月1日，信托业协会向信托公司下发《关于开展信托公司行业评级的通知》，正式启动行业评级工作。信托公司行业评级虽然属于信托业协会组织的行业自律性质的评级，对于信托公司的业务资格准入和监管措施不产生直接的影响，但是行业评级属于可以对社会公开的评级。行业评级采用定量计算的客观标准，综合确定划分为A（85分及以上）、B（70—85

分）、C（70分以下）三级，评级结果的公布会对信托公司的声誉和品牌影响力产生影响。2016年信托业协会并未正式公布初次行业评级结果，只是向每家信托公司通报了各自的评级。不过媒体上还是有关于信托公司具体行业评级结果的报道，并且被评为A类的信托公司也通过不同的方式对自己的评级进行披露。因此，行业评级作为信托行业的一种自律行为，受到信托公司的特别重视。

由于行业评级每年进行一次，属于动态的评级，需要根据公司的资本及运营情况实时调整，因此，信托公司会通过增加注册资本、强化风险管理等方式，争取在行业评级中得到高分。行业评级的第一个方面就是资本实力，总分28分，可以认为行业评级是信托公司增资的直接原因之一。总体来看，以资本实力为基础，强调风险管理和投资能力的行业评级体系，与监管层风险管理、业务创新齐头发展的导向是一致的，行业评级的实施对于信托公司加快创新转型可以起到正向激励的作用。

（三）信保基金发挥作用

国家提出完善金融市场化退出机制，监管强调保障金融市场安全高效运行。在此导向下，信托业逐步建立起了市场化的风险处置机制，以充分保护信托当事人合法权益，有效防范信托业风险，促进信托业持续健康发展。2014年国务院批准同意建立中国信托业保障机制。[①] 2014年12月，银监会、财政部联合发布《信托业保障基金管理办法》，随后银监会颁布《信托业保障基金有限责任公司监督管理办法》并批复保障基金公司开业，同步组建保障基金理事会，信托业保障机制正式运行。

保障基金是由信托市场参与者共同筹集、用于化解和处置信托业风险的非政府性行业互助资金。2015年2月，银监会印发《中国银监会办公厅关于做好信托业保障基金筹集和管理等有关具体事项的通知》，明确了保障基金筹集、收益分配和结算的具体标准与操作细则。2015年4月，信托公司开始第一期保障基金认购工作，截至2016年年末，全行业已累计完成八期认购工作，保障基金余额808.47亿元，其中：按新发行资金信托的1%认购769.93亿元，按净资产余额的1%认购38.10亿元，按财产信托实收报酬

① 邓智毅．2016年末信保基金超800亿元实现收益20.74亿元［N/OL］．21财经搜索，2017－03－13［2017－05－01］．http：//cbh.adsame.com/s？z＝cbh&c＝34980p＝1.

的5%认购0.44亿元，行业维稳基金初具规模。为满足信托公司流动性管理的实际需要，保障基金公司探索开展流动性支持业务，截至2016年年末，流动性支持业务存续规模353亿元，有效缓解了信托行业的流动性压力。

成立两年多来，信托业保障机制总体运行顺利，初步发挥了行业“稳定器”作用。既为信托公司提供了流动性支持便利，又提供了高风险信托公司的市场化风险处置方法和手段，构建了信托公司有序处置与退出机制，提高了信托业风险处置效率，有利于增强市场信心，防控风险传染和外溢。同时也向信托业传递了强化市场约束、优胜劣汰的信号，既有利于防范“政策性救助”带来的道德风险，又能促进信托公司进一步强化业务扩张中的自我约束意识和风险损失承担的责任意识，进而推动其风险管理能力的提升。除此之外，信托业保障机制还强调“卖者尽责”基础上的“买者自负”，在保护消费者合法权益的同时，加强了投资者教育，有利于促进信托业转型发展，回归信托本源。

（四）监管力推八大业务分类

2016年12月26日，2016年信托业年会如期召开，年会的主题是“信托可持续发展之路：业务分类与商业模式”。监管延续了2013年和2014年年会中“八大机制”、“八大责任”，提出了信托业务的“八大业务”。信托业务在第一个环节是按照信托目的划分，是公益（慈善）信托或其他；第二个环节是按照法律结构划分，是资产证券化或其他；第三个环节是按照信托财产类型划分，是财产权信托或其他；第四个环节是按照是否投向标准化金融资产划分，是标品信托或其他；第五个环节是按照信托资金投向划分，是债权信托（主动管理）、股权信托（主动管理）、同业信托（主动管理或被动管理）还是事务信托（被动管理）。信托业务监管分类试点工作从2017年4月21日起，在外贸信托、安信信托、中建投信托、重庆信托、平安信托、中融信托、中航信托、交银国际信托、陕国投信托、百瑞信托十家信托公司启动。

在八大业务中，第一类是债权信托，这一直是信托公司的主要业务，本质上类银行信贷业务，以利差收入为利润来源，交易对手信用风险为核心风险。对于信托或者委托人而言，债权信托是固定收益类产品，或者说是保本的，或者是浮动收益部分的比例分成。对债权信托要计提损失准备，还要占用资本，本质上是按照银行的信贷业务进行监管。未来，将债权信托发展为固定收益类产品，并与非保本型产品进行区分，有助于逐步缓解刚性兑付问题。第二类是股权信托，属于权益类信托产品，是以股权方式投资于非上市的各类企业。信托公司此类业务占比较低，监管导向较为鼓励。第三类是标品信托，这是首次提出的概念，是指投资于标准化产品的信托，证券类信托产品、主要投资于债券和存款的现金管理类信托属于标品信托。第四类是同业信托，是指资金来源和运用都在同业，包括通道、过桥和出表等。同业信托保障基金费率可以适时调整，引导信托公司业务结构进行调整。同业信托基本类似于信托公司与金融机构合作的事务管理类信托业务。第五类是资产证券化，这是近年市场的热点，未来资产证券化的范围和规模还将继续提升。信托作为 SPV 的应用将日益广泛，不限于信贷资产证券化。第六类是财产权信托，这种类型属于信托本源业务，解决财产的隔离和传承问题。各家公司积极推进的家族信托业务可以归于此类。这个方向一直是监管鼓励的业务类型，但是仍然需要信托财产登记及税收等相关配套制度的完善。第七类是慈善信托，2016 年《慈善法》的颁布扫清了相关制度障碍，监管与公司也比较积极，未来慈善信托发展可与基金会紧密结合，同时与家族信托相互配合。第八种是事务信托，其与传统意义上的事务管理类信托有本质区别，是指信托公司开展的事务性代理业务。

信托公司八大业务分类监管难点主要包括穿透原则、混合信托及 TOT。穿透原则适用于以下情况。一是债权信托、股权信托、标品信托应当穿透到最底层资产进行分类。二是同业信托其实质是“非标同业”，“交易标的为标品的同业业务”属于标品信托。只要来源于金融机构的资金投向被动管理型信托产品，或者交易标的为主动管理的非标金融产品，且直接交易对手属于持牌金融机构，则可直接归为“同业信托”，无需适用穿透原则。三是如果投资信托公司主动管理型信托产品的，或者对手金融机构提供的产品为通道业务的，应当按照“实质重于形式”原则，根据该笔业务实质进行分类（分别归入债权信托、股权信托和标品信托）。混合信托分类方式为：如一笔信托业务涉及两种或两种以上类别，应分别按照业务实质将对应业务规模计入相应分类。后续制定风险资本计算标准、保障基金认购标准时拟考虑均以实收信托规模为基础，按照信托文件约定以孰高原则进行分类，项目结束前不作调整。TOT 界定方式为：由于 TOT 是两层以上信托，如果两层信托都计入报表，将导致重复计算。因此，对于 TOT 信托，只有底层子信托按业务实质归入相应类别，而母信托可在附注中单独列示。

八大业务分类的确定为信托业务未来的发展与转型划定了界限，并将起到显著的引导作用。信托公司内部前台业务部门可能会根据八大分类进行调整，进一步促进行业转型与升级。

综上，信托业面临的外部环境整体上是机遇大于挑战，信托行业在大资管中占据重要地位，逐渐进入稳中有升、回归本源的发展时期；68家信托公司各显其能寻找自己的行业位置，但不可避免的是分化日益加剧；传统业务升级与新业务拓展齐头并进，虽然道路曲折，但前景可期；监管方面的顶层设计和行业基础设置也逐步完善。这些其实都指向一个方向——信托回归本源。“受人之托，代人理财”始终是信托业的核心理念。在中国各金融子行业中，信托公司的业务范围与运用方式最为广泛，既可投资于货币、资本、信贷以及实业，又可综合运用贷款、投资、存/拆放同业及租赁等各种手段。正因信托的灵活，信托组合了各种金融工具为企业提供了多样化的投融资服务，帮助实现了产融结合的目标，同时提供了一种面向高净值人士的优良投资品。国家大力鼓励金融支持实体经济，金融对经济结构调整和转型升级的作用也日益明显。未来，信托长期经营的优势，以及资源背景、金融价值将进一步释放。

2016年信托公司年报分析之二：信托业务篇

百瑞观点：

- 信托资产规模突破20万亿元大关，增速有所提升
- 信托业务收入增速与2015年基本持平，但明显低于信托资产规模增速
- 行业加权平均信托报酬率呈现持续下行态势
- 信托资产功能结构变化明显，事务管理类信托业务规模及占比明显提升
- 单一资金信托规模占比下降明显，但依然占据信托资金来源的“半壁江山”
- 期末主动管理型信托业务规模占比下降，信托公司主动管理能力或遭遇困境
- 不同领域信托资金的占比互有升降，信托资金投向转型初见成效
- 新增信托业务规模创新高，其中新增主动管理信托规模及其占比明显下降
- 信托与关联方交易、信托与信托之间的关联交易额度明显提升

2016年国内经济保持相对平稳增长，信托行业资产管理规模已超20万亿元，在资管主体中位列第2，加之监管层对增资、上市等行为的鼓励，各家公司“你来我往”，行业发展生机勃勃。具体到信托业务来说，信托公司积极开展传统业务模式转型，努力尝试创新型业务，加之券商风控新规、基金管理办法以及银行理财新规等监管政策的出台与实施，通道业务回流信托，行业多项指标表现亮眼，但也有一些方面不尽如人意。

一、信托业务整体发展态势良好

2016年宏观经济仍处于L型的底部，行业竞争不断加剧，在这种外部环境下，信托资产规模再创新高，信托业务收入保持稳定增长。

（一）信托资产规模增速有所提升，集中度稍有降低

1. 信托财产规模增速反弹

截至2016年年底，信托资产规模达到20.24万亿元，首次突破20万亿元大关，同比增长23.93%，增速较2015年提高了7.3个百分点。以此计算，68家公司平均信托资产规模为2,976.5亿元，较2015年增长了573.5亿元。事实上，自从2011年以来，信托资产规模的增速一直呈现出明显的下滑趋势，这一指标在2016年有所反弹（见图2-1），部分原因在于银行表外和理财监管趋严，通道业务从券商和基金子公司重回信托。

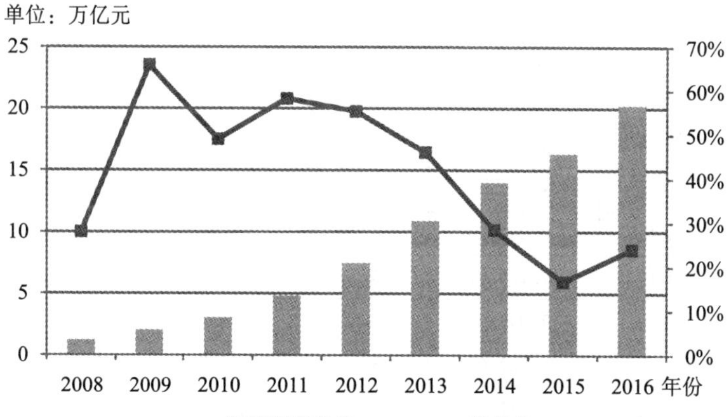

图2-1 2008—2016年信托资产规模与增速走势图

2. 行业集中度有所降低

全行业68家信托公司中，共有37家信托公司的信托资产规模超过2,000亿元，较2015年增加12家；排名前10位信托公司的信托资产规模为8.62万亿元，较2015年增加1.43万亿元，增长率为19.81%，较全行业信托资产规模23.93%的增长率低4.12个百分点；此外，前10位信托公司的资产管理规模在全行业中的占比为42.56%，较2015年降低1.47个百分点。可以看出，位于行业排名前列的信托公司的资产规模增速落后于行业平均水平，行业集中度有所降低。

3. 传统规模较大公司优势依旧，银行系信托公司发展较快

2016年年末，中信信托以14,248.9亿元坐上信托资产规模排行榜的头把交椅，建信信托以13,061.9亿元紧随其后。2016年信托资产规模排名前10位的信托公司较2015年没有新进或退出的情况，只是排名次序发生了一些变化：中信信托超过建信信托，排名行业第1；上海信托、交银信托、华能信托排名有所提高，而华润信托、中融信托、平安信托和华宝信托的排名有所降低（见表2-1）。

表2-1 2016年和2015年信托资产规模行业排名前10位的信托公司

排名	2016年			2015年		
	信托公司	信托资产规模（亿元）	占比（%）	信托公司	信托资产规模（亿元）	占比（%）
1	中信信托	14,248.89	7.04	建信信托	10,968.39	6.71
2	建信信托	13,061.97	6.45	中信信托	10,228.15	6.26
3	兴业信托	9,446.21	4.67	兴业信托	9,220.17	5.64
4	上海信托	8,257.94	4.08	华润信托	7,360.91	4.50
5	华润信托	8,082.30	3.99	中融信托	6,699.19	4.10
6	交银信托	7,139.61	3.53	上海信托	6,085.83	3.72
7	华能信托	7,093.90	3.50	平安信托	5,584.35	3.42
8	中融信托	6,829.67	3.37	华宝信托	5,575.24	3.41
9	平安信托	6,772.21	3.35	华能信托	5,278.47	3.23
10	华宝信托	5,269.85	2.60	交银信托	4,951.63	3.03
—	合计	86,202.55	42.56	合计	71,952.32	44.03

需要指出的是，信托资产规模排名行业前10位的信托公司中，银行系的建信信托、兴业信托、上海信托和交银信托均位列其中，其中上海信托和交银信托管理信托资产规模增速都超过35%，高速增长势头明显。

（二）信托业务收入平稳增长，占总收入比重显著提升

信托业务收入在年报中主要体现为信托公司从信托业务中收取的各项手续费及佣金收入。伴随着2016年信托资产规模增速的提升，最直接的反映是信托业务收入也会随之水涨船高，事实确实如此吗？统计年报数据显示，2016年68家信托公司共实现总收入1,142.4亿元，同比下降4.24%，其中，信托业务收入为746.93亿元，同比增长6.98%，增速与2015年持平。总收入呈下降趋势，而信托业务收入保持着平稳增长，这能够有效提升信托业务收入在总收入中的比重。2015年信托业务收入在总收入中的比重为58.52%，而这一比重在2016年上升至65.38%（见图2-2）。

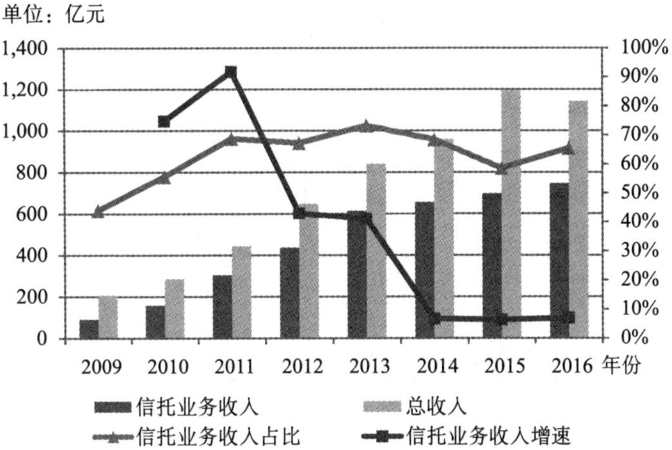

图2-2　2009—2016年全行业信托业务收入及其占比

这背后主要有三个方面的原因：一是信托资产规模增速有所提升，信托公司获取信托业务收入的基数变大；二是2016年股市债市汇市均在一定时期出现大幅度下跌，影响了信托公司自有资金的收益情况；三是我国整体经济仍未走出L型趋势的底部，加之央行在2016年推行较为宽松的货币政策，降低了资金的整体回报率。

具体到各家信托公司的信托业务收入排名方面，如表2-2所示，中融信托、安信信托和中信信托的信托业务收入都超过了40亿元。平安信托在

2015年排名榜首，而在2016年仅排名第4，且其信托业务收入大幅下滑36.56%；中融信托跃居榜首位置，安信信托紧随其后；上海信托和中铁信托进入榜单前10位，分列第7和第9位，呈现出较好的增长势头。排名前10位信托公司的信托业务收入总额占全行业的比重是40.21%，较2015年的37.51%提高了2.7个百分点，行业集中度有一定程度提升。

从信托业务收入占比来看，上海信托和中航信托的信托业务收入在总收入中占比较高，都在80%以上，信托主业地位较为突出。

表2-2　2016年和2015年信托业务收入行业排名前10位的信托公司

排名	2016年			2015年		
	信托公司	信托业务收入（亿元）	占比（%）	信托公司	信托业务收入（亿元）	占比（%）
1	中融信托	48.17	69.26	平安信托	53.31	70.50
2	安信信托	43.93	79.23	中融信托	44.24	71.80
3	中信信托	42.72	73.21	中信信托	33.53	32.60
4	平安信托	33.82	49.82	重庆信托	23.33	42.20
5	重庆信托	25.74	55.60	安信信托	22.08	73.00
6	华能信托	23.58	77.75	四川信托	17.66	67.60
7	上海信托	21.28	82.78	华能信托	17.25	61.20
8	中航信托	21.27	85.41	五矿信托	17.11	78.40
9	中铁信托	20.89	71.93	长安信托	16.78	57.40
10	四川信托	18.94	67.80	中航信托	16.63	80.80
—	合计	300.34	40.21	合计	261.92	37.51

（三）信托报酬率下降趋势依旧

信托报酬是指受托人因管理和运用信托资产而获得的报酬，信托报酬率是衡量信托公司盈利能力的指标，其变动趋势能够反映信托公司的经营能力和行业整体的变动。2014年以前，行业信托报酬率总体水平较高，主要是由于货币市场的无风险利率整体较高，信托公司在传统的基础产业、房地产等领域均获利丰厚；2014年以来，传统的融资类业务的报酬率明显下滑，加之行业竞争日趋激烈，信托公司的整体报酬率水平也随之出现下滑。2016年信托报酬率延续了前期的下行趋势，并创下近年来的新低，降至0.37%（见图2-3）。该项指标的逐年走低表明传统的信托业务已经越来越不赚钱，而创新型业务也未形成稳定的收入增长点。

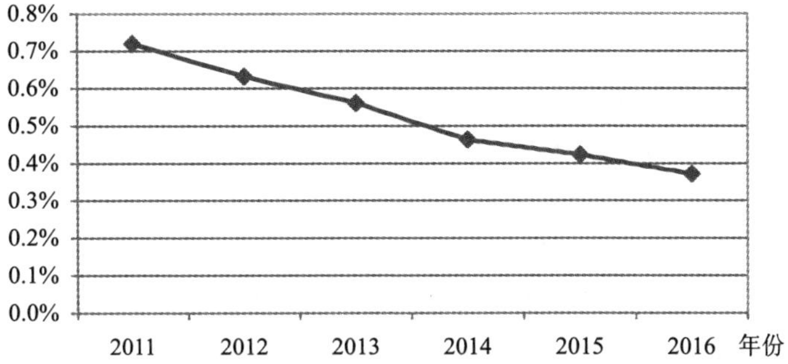

图 2-3　2011—2016 年信托报酬率变动趋势图

分析2014—2016年信托报酬率排名前10位的信托公司不难发现，东莞信托、杭工商信托、华宸信托、华信信托和重庆信托这5家信托公司已连续三年处于排行榜的前10位。其中，东莞信托的信托报酬率为3.16%，较2015年有较大幅度的提升，排名行业第1，远高于行业加权平均水平；2016年信托报酬率在1.5%以上的信托公司由2015年的2家增加到5家（见表2-3）。但需要指出的是，信托报酬率排名前10位的信托公司的信托资产规模大都相对较小，只有安信信托和重庆信托的资产管理规模位于行业中游，其他信托报酬率高的信托公司信托资产规模排名均较为靠后。

表 2-3　2014—2016 年信托报酬率行业排名前 10 位的信托公司　单位：%

排名	2016年		2015年		2014年	
	信托公司	信托报酬率	信托公司	信托报酬率	信托公司	信托报酬率
1	东莞信托	3.16	杭工商信托	2.85	杭工商信托	2.66
2	杭工商信托	2.38	东莞信托	2.82	华信信托	1.88
3	长城新盛信托	2.01	华宸信托	1.31	爱建信托	1.87
4	华宸信托	1.83	重庆信托	1.28	东莞信托	1.82
5	安信信托	1.55	北京信托	1.25	重庆信托	1.32
6	华信信托	1.45	华信信托	1.22	华宸信托	1.31
7	湖南信托	1.39	中原信托	1.15	新华信托	1.31
8	重庆信托	1.24	爱建信托	1.09	华融信托	1.28
9	中建投信托	1.21	中建投信托	1.07	国联信托	1.22
10	紫金信托	1.15	湖南信托	1.04	安信信托	1.02

二、信托功能结构持续优化，主动管理能力有所下降

（一）信托功能结构优化，事务管理类信托规模占比大幅增加

按照信托资产功能分类，信托业务可以分为融资类、投资类和事务管理类三种。2016年融资类、投资类产品规模占比降幅显著，事务管理类产品逐步成为主力。

1. 融资类信托

融资类信托业务是指以资金需求方的融资需求为驱动因素和业务起点，信托目的以寻求信托资金的固定回报为主，信托资产主要运用于信托设立前已经制定的特定目的。融资类信托业务能够最大限度地发挥信托公司投资范围灵活的优势，是信托公司传统的业务收入来源。

截至2016年年末，信托行业融资类信托业务规模为4.16万亿元，同比增长5.05%；占比为20.57%，较2015年24.32%的占比下降了3.75个百分点。2014年以来，融资类信托项目的规模占比一直呈现出明显的下降趋势，像2011—2013年那种占比维持在50%左右高位的场景已经一去不复返了。

2. 投资类信托

投资类信托是指以信托资产提供方的资产管理需求为驱动因素和业务起点，以实现信托财产的保值增值为主要目的，信托公司作为受托人主要发挥资产管理人的功能，对信托财产进行投资运用的信托业务。

截至2016年年末，信托行业投资类信托业务总额为5.99万亿元，较2015年基本持平，略微下降；投资类信托占比为29.62%，较2015年的37.00%明显下跌。

3. 事务管理类信托

根据信托业协会的定义，事务管理类信托主要是指委托人交付资金或财产给信托公司，指令信托公司完成信托目的，从事事务管理的信托业务。事务管理类信托业务主要是利用信托权益重构、名实分离、风险隔离、信托财产独立性等制度优势，为法人和个人委托人提供的信托事务管理服务并获得收益。

截至2016年年末，事务管理类信托的规模达到10.07万亿元，较2015年的6.31万亿元增长3.76万亿元，增长率为59.59%；事务管理类信托占

比为49.80%，较2015年的38.69%增加了11.11个百分点。事务管理类信托规模及其占比的快速增长反映了信托业务在制度领域进行创新、转型的逐渐深入，也非常契合监管部门对信托业回归信托本源寻找发展动力和机会的政策导向。

从图2-4中可以看出，2016年是传统信托业务结构调整的重要一年，信托公司朝着信托业务本源的方向深入推进。2013年之前很长一段时期，融资类信托一直是信托公司的主要业务；2014年年末，融资类、投资类和事务管理类信托的规模占比分别为33.65%、33.70%和32.64%，"三分天下"的态势明显；2015年支撑信托行业高速发展的融资类信托开始进入下行通道；2016年年末，事务管理类信托规模占比达到近五成，由"三分天下"变为"一家独大"。

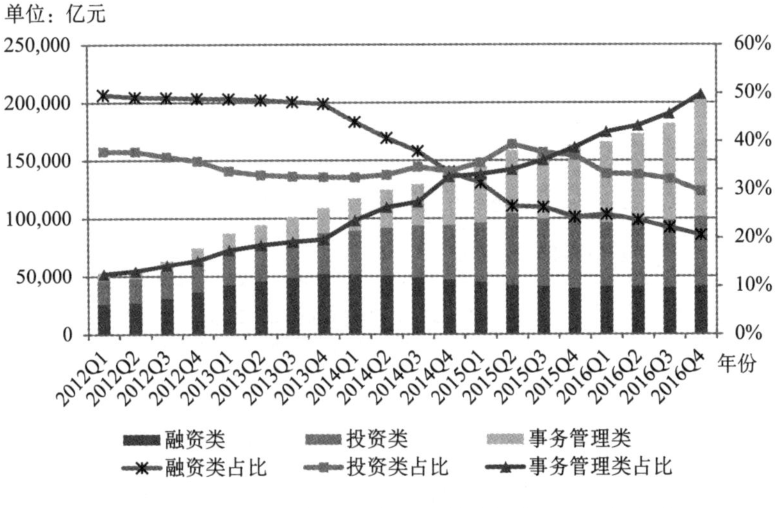

图2-4　2012—2016年信托功能分类及各类占比变化走势图

总的来说，融资类信托占比处于下降趋势，信托业务中的非融资功能逐渐显现并不断深化，传统债权业务被逐步弱化和压缩；在市场压力和政策引导的双重推动下，信托业的业务结构开始朝着更加符合信托本源和市场需求的方向进行优化，而事务管理类信托正好符合监管层对信托行业的功能定位。

（二）集合资金信托和财产权信托规模占比持续上升

按照来源划分，信托项目可分为集合资金信托、单一资金信托和财产权信托。根据各家信托公司2016年的年报数据，截至2016年年末，单一资金信托规模占比最高，达到50.05%，较2015年的57.36%下降明显，但依然是占据“半壁江山”；集合类信托规模占比36.28%，较2015年的32.78%有所上升；财产权信托规模占比为13.65%，较2015年的9.86%上升明显，首次突破两位数占比。

1. 集合资金信托

根据各家信托公司年报统计数据，截至2016年年末，信托行业集合资金信托规模已经达到7.20万亿元，较2015年的5.38万亿元，大幅增加1.82万亿元，增长率为33.83%，其占比也从2015年的32.78%提高至36.28%（见图2－5）。

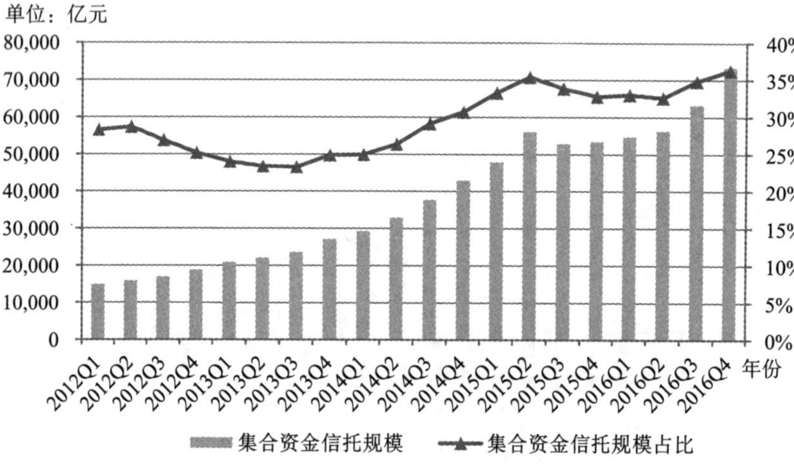

图2－5 2012—2016年各个季度集合资金信托规模及其占比

2016年集合类信托规模排名行业前10位的信托公司该类业务期末规模占到全行业的43.19%，较2015年有所下降。其中，集合信托资产规模超过3,000亿元的信托公司共有5家，分别是中融信托、建信信托、中信信托、上海信托和平安信托，中融信托和建信信托分别以4,543.69亿元和4,045.60亿元排名行业前两位。

对比2015年数据可以发现，中信信托由行业排名第7位上升至第3位；外贸信托由行业排名第3位滑落至行业第6位；中航信托取代兴业信托进入榜单，并排名行业第8位。除此之外，集合信托资产规模排名前10位的信托公司在2015年和2016年未发生太大变化（见表2－4）。

表 2-4　2016 年和 2015 年集合资金信托规模排名前 10 位的信托公司

排名	2016 年			2015 年		
	信托公司	集合类规模（亿元）	占比（%）	信托公司	集合类规模（亿元）	占比（%）
1	中融信托	4,543.69	66.53	中融信托	3,886.98	58.02
2	建信信托	4,045.60	30.97	建信信托	3,608.82	32.90
3	中信信托	3,735.64	26.22	外贸信托	3,129.55	68.65
4	上海信托	3,300.97	39.97	上海信托	3,117.60	51.23
5	平安信托	3,216.04	47.49	平安信托	2,507.35	44.90
6	外贸信托	3,102.97	65.15	华能信托	2,263.50	42.88
7	华能信托	2,548.06	35.92	中信信托	2,165.62	21.17
8	中航信托	2,484.43	52.33	中海信托	2,099.90	51.01
9	五矿信托	2,125.79	51.64	兴业信托	1,878.55	20.37
10	中海信托	2,036.59	58.97	五矿信托	1,660.57	59.18
—	合计	31,139.79	43.19	合计	26,318.49	48.90

2. 单一资金信托

根据各家信托公司的年报数据，截至 2016 年年末，单一资金信托规模达到 10.12 万亿元，同比增长 8.24%，虽然仍是信托公司的主要信托业务类型，但其占比却下滑明显。事实上，单一资金信托的规模占比自 2013 年第三季度达到 71.28% 的阶段峰值之后，一直呈现出明显的下降趋势（见图 2-6）。

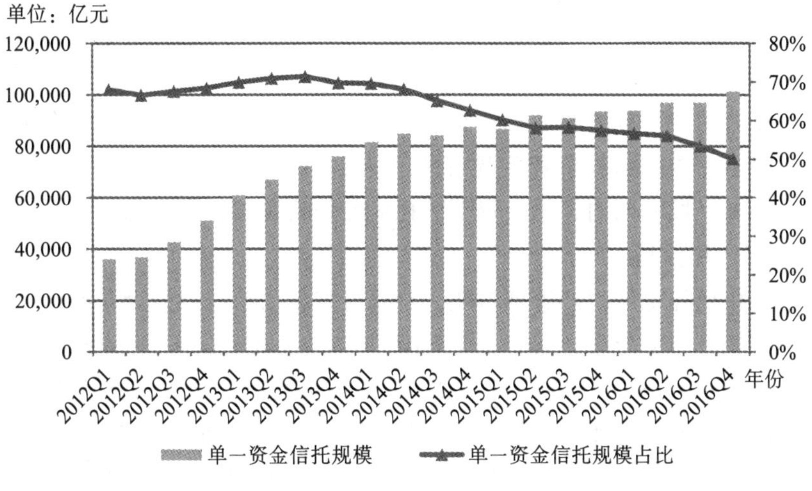

图 2-6　2012—2016 年单一资金信托规模及其占比的变化趋势

具体来看，2016 年单一资金信托规模排名行业前 10 位的信托公司的期末余额占到全行业的 48.02%，较 2015 年的 45.62% 略有提升；单一资金信托规模超过 5,000 亿元的信托公司共有 5 家，分别是建信信托、兴业信托、中信信托、交银信托和华润信托，其中建信信托以 8,255.40 亿元位居行业第 1；渤海信托取代北方信托进入榜单，位居第 10。不难看出，银行系信托公司在开展单一资金信托业务方面具有天然优势。

表 2-5　2016 年和 2015 年单一资金信托规模排名前 10 位的信托公司

排名	2016 年			2015 年		
	信托公司	单一类余额（亿元）	占比（%）	信托公司	单一类余额（亿元）	占比（%）
1	建信信托	8,255.40	63.20	建信信托	7,235.56	65.97
2	兴业信托	6,205.67	65.69	兴业信托	6,252.83	67.82
3	中信信托	5,971.04	41.91	华润信托	5,648.25	76.73
4	交银信托	5,656.36	79.23	中信信托	4,978.01	48.67
5	华润信托	5,502.76	68.08	华宝信托	4,518.40	81.04
6	江苏信托	4,221.36	90.25	交银信托	4,184.94	84.52
7	华宝信托	3,910.90	74.21	江苏信托	3,227.05	92.73
8	上海信托	3,636.24	44.03	北方信托	2,270.10	80.14
9	平安信托	2,771.16	40.92	上海信托	2,170.33	35.66
10	渤海信托	2,496.44	72.07	平安信托	2,151.10	38.52
—	合计	48,627.31	48.02	合计	42,636.56	45.62

信托公司注重提升主动管理能力，拓展体现主动管理能力的集合类信托业务，但由于单一信托资产规模存量较大，需要一个较长的时间来慢慢消化。在未来一段时间内，单一资金信托业务仍将是信托资金的主要来源。

3. 财产权信托

财产权信托也称财产管理信托，是以财产权为信托财产设立的信托。根据各家信托公司的年报数据，截至 2016 年年末，财产权信托规模达到 2.76 万亿元，较 2015 年的 1.61 万亿元增加 1.15 万亿元，增长率高达 71.43%，远高于信托资产的总体增速。财产权信托规模占比从 2015 年的 9.86%，提升至 13.65%，增幅明显，预计未来仍将保持高速增长态势（见图 2-7）。

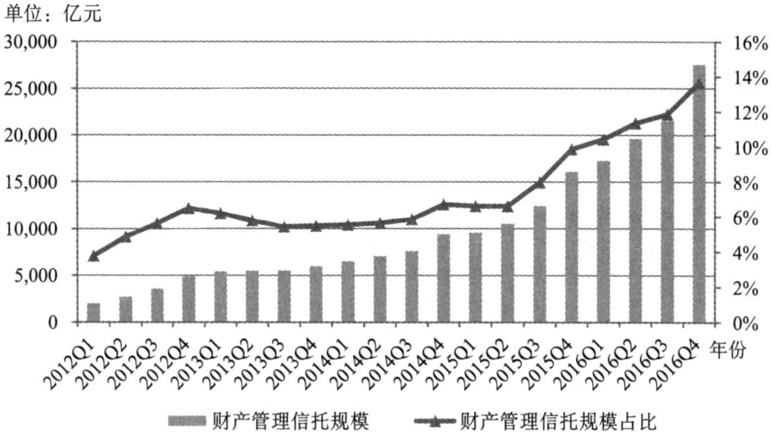

图2-7　2012—2016年财产权信托规模及占比变化趋势

具体来看，2016年财产权信托规模排名行业前10位的信托公司该类业务期末余额为1.74万亿元，占到全行业的62.94%，较2015年的66.94%略有下降，但行业集中度依然处于较高水平。财产权信托规模超过1,000亿元的信托公司共有7家，规模超过2,000亿元的信托公司共有3家，其中，中信信托以4,542.21亿元排名行业第1，西藏信托和华能信托紧随其后，分列第2、3位；新时代信托和建信信托取代中融信托和金谷信托进入榜单前10位，分列行业第4和第9（见表2-6）。

表2-6　2016年和2015年财产管理信托规模排名前10位的信托公司

排名	2016年			2015年		
	信托公司	财产管理类余额（亿元）	占比（%）	信托公司	财产管理类余额（亿元）	占比（%）
1	中信信托	4,542.21	31.88	中信信托	3,084.52	30.16
2	西藏信托	2,830.39	54.01	西藏信托	1,220.60	34.22
3	华能信托	2,139.89	30.17	兴业信托	1,088.79	11.81
4	新时代信托	1,633.37	46.70	平安信托	925.90	16.58
5	兴业信托	1,443.16	15.28	华能信托	925.47	17.53
6	上海信托	1,320.72	15.99	中融信托	883.92	13.19
7	英大信托	1,163.58	52.44	英大信托	808.10	35.00
8	平安信托	785.01	11.59	上海信托	797.90	13.11
9	建信信托	760.96	5.83	金谷信托	590.08	48.72
10	北京信托	743.39	28.74	北京信托	437.75	21.21
—	合计	17,362.67	62.94	合计	10,763.01	66.94

（三）主动管理型信托占比下降

1. 主动管理型信托业务

主动管理型信托业务的规模和增速能够体现信托公司的专业管理能力。根据各家信托公司的年报数据，2016年年末，主动管理型信托业务规模总额为6.88万亿元，较2015年的6.86万亿元基本没有变化，规模占比为33.96%，较2015年的41.98%下降了8个百分点。规模没有明显增长，而规模占比下降明显，背后的原因可能在于：一方面，2016年通道类业务增长较快；另一方面，信托公司在提高主动管理能力方面遇到了问题和瓶颈。

具体来看，2016年年末，主动管理型信托余额排名行业前10位的信托公示该类业务余额为3.39万亿元，占比为49.34%，与2015年基本持平。其中，华润信托以5,643.72亿元占据行业榜首，中融信托紧随其后。中航信托取代江苏信托进入榜单，排名行业第8位（见表2－7）。

表2－7　2016年和2015年主动管理信托规模及其占比行业排名前10位的信托公司

排名	2016年			2015年		
	信托公司	主动业务规模（亿元）	占比（%）	信托公司	主动业务规模（亿元）	占比（%）
1	华润信托	5,643.72	69.83	华润信托	4,903.80	66.62
2	中融信托	4,820.62	70.58	中融信托	4,585.04	68.44
3	建信信托	4,747.49	36.35	中信信托	4,243.51	41.49
4	中信信托	4,255.51	29.87	建信信托	3,657.18	33.34
5	华能信托	3,036.15	42.80	华能信托	3,469.95	65.74
6	平安信托	2,849.63	42.08	江苏信托	3,420.18	98.28
7	华宝信托	2,577.16	48.90	平安信托	3,320.52	59.46
8	中航信托	2,420.97	50.99	华宝信托	2,638.15	47.32
9	上海信托	2,000.62	24.23	上海信托	2,484.99	40.83
10	外贸信托	1,595.76	33.51	外贸信托	1,784.01	39.13
—	总计	33,947.63	49.34	总计	34,507.32	50.30

2. 被动管理型信托业务

根据各家信托公司的年报数据，2016年年末，被动管理型信托业务规模总额为13.38万亿元，较2015年的9.48万亿元增加3.9万亿元，增长率为41.14%；占比为66.04%，较2015年的58.02%增加了8.02个百分点。

具体来看，2016年年末，被动管理型信托业务余额行业排名前10位的信托公司该类业务余额为5.99万亿元，占比为44.74%，较2015年的45.70%略有降低，但幅度很小。中信信托的被动管理信托业务在2016年大幅增长66.98%，期末余额近万亿元，超过建信信托和兴业信托，排名行业第1（见表2-8）。

表2-8　2016年和2015年被动管理信托规模行业排名前10位的信托公司

排名	2016年			2015年		
	信托公司	被动业务规模（亿元）	占比（%）	信托公司	被动业务规模（亿元）	占比（%）
1	中信信托	9,993.38	70.13	兴业信托	7,468.97	81.01
2	兴业信托	8,766.69	92.81	建信信托	7,311.21	66.66
3	建信信托	8,314.47	63.65	中信信托	5,984.64	58.51
4	交银信托	6,834.31	95.72	交银信托	4,639.41	93.69
5	上海信托	6,257.32	75.77	上海信托	3,600.85	59.17
6	西藏信托	4,277.27	81.62	西藏信托	3,238.70	90.81
7	江苏信托	4,260.12	91.08	华宝信托	2,937.00	52.68
8	华能信托	4,057.75	57.20	外贸信托	2,774.89	60.87
9	平安信托	3,922.58	57.92	北方信托	2,765.20	97.62
10	渤海信托	3,203.48	92.49	中海信托	2,586.78	62.83
—	合计	59,887.36	44.74	合计	43,307.74	45.70

三、信托资金投向“脱虚向实”，运用方式持续优化

（一）信托财产投资领域分布和变化趋势分析

从信托财产的运用领域来讲，信托公司以其“多方式运用、跨市场配置”的灵活经营体制，能根据政策和市场的变化适时调整信托财产的配置领域。2016年信托产品仍主要投向基础产业、房地产、证券投资、实业和金融机构五大领域，但各大领域的占比结构已经发生了较明显变化。

1. 信托资金投资领域分布

根据2016年各家信托公司的年报数据，投向工商企业的信托资金总额为47,915.56亿元，占比为23.86%；投向金融机构的信托资金总额为43,569.14亿元，占比为21.70%；投向其他领域的信托资金总额为32,024.71亿元，占比为15.95%；投向证券市场的信托资金总额为31,689.43亿元，占比为15.78%；投向基础设施领域的信托资金总额为30,786.53亿元，占比为15.33%；投向房地产领域的信托资金总额为14,822.79亿元，占比为7.38%。不难看出，投向工商企业的信托资金占比最大，其次是投向金融机构的信托资金占比，均在20%以上。

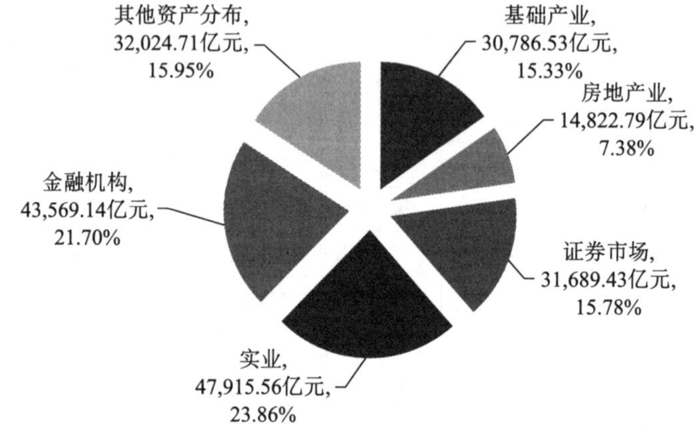

图2－8　2016年年末信托资金投向分布图

2. 信托资金投向的变动趋势分析

（1）投向工商企业的信托资金占比有所上升。工商企业类信托主要是指为生产、服务、和贸易等类型企业提供并购资金、流动资金以及项目资金的信托计划，可采用股权投资、权益投资、信托贷款等多种投资方式。

长期以来，工商企业一直是信托资金投向的第一大配置领域。2016年年末，投向工商企业的信托资金总额为47,915.56亿元，同比增长31.85%，占比为23.86%，较2015年有所上升，这与信托行业的脱虚向实、服务实体经济的政策导向有很大关系。但能够获得信托资金的企业通常为大中型企业，融资难问题较为严重的小企业很难获得信托资金。

（2）投向基础设施的信托资金占比下降。基础设施领域信托项目的融资主体一般是具有较高信誉级别或拥有政府背景的融资平台，投资项目也多为服务社会的重点工程，本身附有政府信用，由政府作隐性担保。

2016年年末，投向基础产业领域的信托资金总额为30,786.53亿元，同比小幅增长6.64%，占比15.33%，较2015年下降了2.09个百分点。事实上，投向基础产业领域的信托资金占比在2013年达到27.37%的阶段峰值之后，就一直呈下降趋势。这可能与监管环境和市场环境的变化有关，监管层对于政信合作的收紧，高成本的信托融资逐步被低成本资金置换，导致投向基础设施的信托资金占比逐年减少。

（3）投向房地产领域的信托资金占比下降。房地产信托一直以来就是信托公司的主要业务，也是信托公司业务收入的主要来源。2016年年末，投向房地产领域的信托资金规模达到14,822.79亿元，同比增长11.31%，占比7.38%，较2015年有所下降。与基础产业类似，投向房地产领域的信托资金占比也是在2013年达到阶段峰值的10.66%之后一直呈现下降趋势。不同城市间房地产行业的不均衡发展导致很多信托公司对于房地产信托业务的态度爱恨交织，一、二线城市的房地产项目融资途径较多，不愿承担信托资金的高成本，而三、四线城市的房地产项目的资信水平较低，难以通过信托公司的风险考量，从而导致投向房地产业的信托资金占比逐年降低。

投向基础设施和房地产领域信托资金占比不断下降的事实表明，传统的基础设施类信托和房地产信托业务已经难以支持信托公司资产管理规模和营业收入的高速增长。未来，信托公司需要不断加强主动管理能力，从债务性融资向综合金融服务商转变，通过PPP、私募地产基金以及真正的股权性投资等方式深入参与房地产项目。

（4）投向金融机构的信托资金占比继续上升。2016年年末，投向金融机构的信托资金总额为43,569.14亿元，同比大幅增长33.58%，规模占比21.7%，较2015年有所上升，已成为信托资金投向的第二大领域。信托业在与银行等金融机构合作时，一个较为突出的问题是主动性较低、通道化明显。以资产证券化业务为例，当前信托公司在整个链条中仅仅扮演负责风险隔离的信托通道角色，报酬率低，市场竞争激烈。未来，信托公司应在业务模式创新方面做工作，发挥信托制度风险隔离和破产隔离的制度优势，提供客户粘性。

（5）投向证券市场的信托资金占比下降明显。2016年年末，投向证券市场的信托资金总额为31,689.43亿元，占比15.78%，较2015年下降了近3个百分点。2016年股票市场年初遭遇“熔断”，上证指数全年下跌12.31%，债券市场在年末遭遇大幅调整，10年期国债收益率全年上行14个bp。2016年证券市场的低迷很大程度上拖累了证券投资信托的规模增速和占比。

证券投资、房地产占比下降，叠加工商企业占比提升，反映监管层不断强调金融业“脱虚入实”下，信托行业投向转型初见成效（见表2-9）。

表2-9　2013—2016年信托资产投向领域的趋势变化情况　单位：%

信托资产投向领域	2013年	2014年	2015年	2016年
基础产业	25.76	21.70	17.42	15.33
房地产业	9.88	9.46	8.03	7.38
证券市场	10.46	14.62	18.71	15.78
工商企业	27.96	23.54	21.92	23.86
金融机构	11.08	17.82	19.68	21.70
其他信托资产分布	14.85	12.85	12.82	15.95

3. 各家信托公司业务侧重点分析

经过多年的业务发展，结合自身资源禀赋，各家信托公司逐渐形成了相对明显的业务特征。表2-10详细列示了信托资金投向各个领域金额占比排名前10位的信托公司情况，以此来观察有这些公司的业务偏好。

表2-10　各类别投资规模占比行业排名前10位的信托公司　单位：%

排名	基础产业		房地产业		工商实业	
1	英大信托	62.16	杭工商信托	69.91	天津信托	81.57
2	湖南信托	53.67	长城新盛信托	52.74	新时代信托	74.27
3	国元信托	49.56	中建投信托	40.21	国民信托	60.41
4	光大兴陇信托	45.00	中原信托	29.87	安信信托	60.29
5	国联信托	41.33	华宸信托	26.09	吉林信托	58.80
6	交银信托	38.06	百瑞信托	22.36	国投泰康信托	53.89
7	陆家嘴信托	35.76	新华信托	19.39	渤海信托	49.90
8	上海信托	34.49	安信信托	18.43	华鑫信托	49.70
9	万向信托	33.48	爱建信托	18.40	西部信托	46.86
10	百瑞信托	28.23	华融信托	17.96	平安信托	45.21

续表

排名	金融机构		证券市场		其他信托资产	
1	建信信托	55.22	华润信托	75.94	金谷信托	64.84
2	兴业信托	48.37	江苏信托	70.18	苏州信托	56.27
3	方正信托	46.12	中海信托	53.62	华能信托	51.39
4	中粮信托	45.43	外贸信托	46.46	云南信托	44.05
5	浙金信托	44.47	陕国投信托	42.92	中铁信托	43.64
6	西藏信托	42.62	华宝信托	36.53	东莞信托	43.10
7	北京信托	41.63	建信信托	25.89	山西信托	40.17
8	中融信托	40.80	交银信托	23.08	国联信托	38.35
9	华融信托	35.53	重庆信托	22.25	昆仑信托	34.49
10	紫金信托	33.49	华鑫信托	21.29	中航信托	33.47

可以看出，英大信托和湖南信托的基础产业类信托规模占比较高，均在5成以上；杭工商信托对于房地产信托的偏好非常明显，投资于房地产领域的信托资金占其全部信托资金的近7成；由6家信托公司投资于工商企业的信托资金占比超过5成，其中天津信托以81.57%的规模占比排名行业第1；仅建信信托在金融机构方面的信托资金占比超过5成；有3家信托公司的信托资金投向证券市场的规模占比超过5成，其中，华润信托以75.94%的规模占比排名行业第1。

（二）信托财产运用方式与变化趋势

1. 信托资金运用方式分布

信托财产按照信托资金的运用方式来划分，可划分为货币资产、贷款及应收款、交易性金融资产、买入返售金融资产、可供出售金融资产、持有至到期投资、长期股权投资以及其他资产运用。截至2016年年末，贷款及应收款规模为65,930.08亿元，占比33.89%，占比最高；可供出售金融资产规模为32,891.49亿元，占比16.91%；交易性金融资产规模为26,560.57亿元，占比13.65%；其他资产运用方式规模为22,856.26亿元，占比11.75%；持有至到期投资规模为19,794.68亿元，占比10.17%；长期股权投资规模为13,836.86亿元，占比7.11%；货币资产规模为10,509.12亿元，占比5.40%；买入返售金融资产规模为2,076.21亿元，占比1.07%；（见图2-9）。

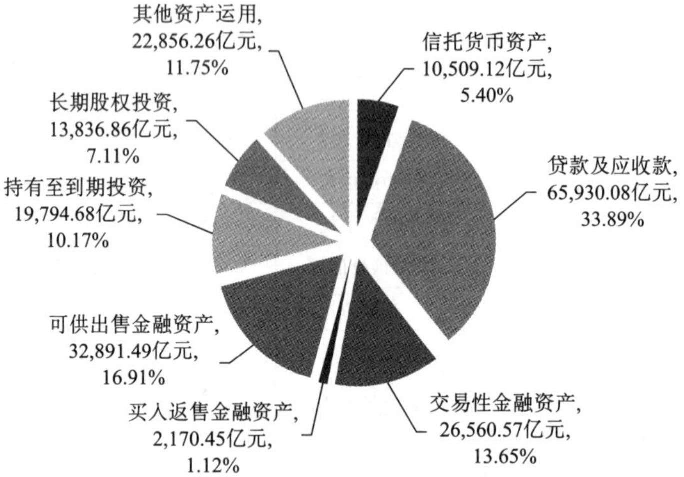

图2－9　2016年信托资产配置情况

2. 信托资金运用方式变化趋势分析

（1）货币资产占比明显下降。货币资产是指持有的现金及将以固定或可确定金额的货币收取的资产，包括现金、应收账款和应收票据以及准备持有至到期的债券投资等。从2013—2016年信托资产运用方式的变化趋势来看，以货币资产形式运用的信托财产比例呈明显的下降趋势，已经从2014年的7.72%下降至2016年的5.4%。

（2）贷款及应收款占比稍有下降。贷款及应收款主要是指以债权债务的方式将信托资金融出给融资方，建立债权债务关系。2016年贷款及应收款规模占比仍保持下降趋势，占比33.89%，相较于2015年的35.14%稍有下降，但下降幅度不大，仍是最主要的信托资产运用方式。

（3）金融资产占比持续上升。信托资金运用与金融资产主要包括交易性金融资产和可供出售金融资产两部分。从2016年整体来看，资本市场较2015年的暴涨暴跌更为平稳，信托资金参与资本市场的力度也在加大，尤其是可供出售金融资产的占比上升较快，从2015年的13.62%上升至2016年的16.91%。

（4）长期股权投资占比略有上升，但增幅不大。一般来说，信托项目的资金成本较高，期限较短且固定，鉴于长期股权投资的回报期限、收益水平以及风险水平的不确定性，其在信托资金中的占比难以大幅增长，始终保持在7%左右。需要指出的是，信托公司可以与融资方在合同文件中约定回购条款，这种约定就使得部分长期股权投资在本质上属于“明股实债”。

表2-11　2013—2016年信托资产运用方式的趋势变化情况　单位：%

信托资产运用方式	2013年	2014年	2015年	2016年
货币资产	6.93	7.72	6.75	5.40
贷款及应收款	45.47	39.20	35.14	33.89
交易性金融资产	8.14	11.90	14.83	13.65
买入返售金融资产	1.14	1.07	0.82	1.07
可供出售金融资产	8.94	9.99	13.62	16.91
持有至到期投资	10.16	10.73	10.13	10.17
长期股权投资	8.73	7.77	6.82	7.11
其他资产运用	10.49	11.61	11.88	11.75

四、新增信托项目布局及业务转型

（一）新增规模创新高，增速上升

2016年68家信托公司共发行信托产品20,971个，较2015年多发行1,476个，新增实收信托财产规模为124,577.86亿元，较2015年增加34,577.86亿元，增长率为38.37%，较2015年提高了近14个百分点（见图2-10）。可见，在新增实收信托财产规模创新高的同时，增速继续上升。

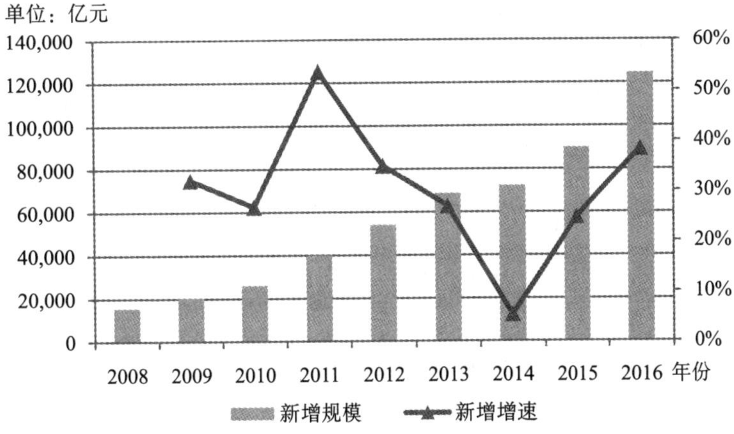

图2-10　2008—2016年新增信托规模与增速情况

（二）信托新增存量规模比继续反弹

2008—2014年信托行业新增信托规模与年底存量信托规模的比值呈现出明显的下降趋势，最低值在2014年降至52.69%。直到2015年，由于新增信托规模增速反弹，新增信托规模与存量信托规模的比值提升至55.11%。2016年新增信托规模与存量信托规模的比值继续提高至61.52%（见图2-11）。

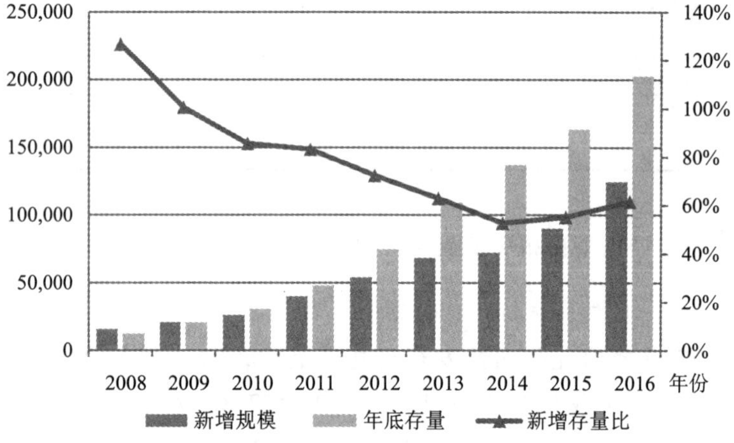

图2-11　2008—2016年新增信托规模与存量规模对比表

（三）新增信托规模排名情况

2016年共有5家信托公司的新增实收信托规模超过4,000亿元，其中江苏信托以11,110.07亿元排名第1，华能信托和中信信托分别以8,451.25亿元和7,866.41亿元排名第2和第3位。新增主动管理信托规模超过1,000亿元的信托公司共有7家，华能信托以4,678.86亿元排名第1，中融信托、中航信托紧随其后，分列2、3位。新增被动管理类信托规模超过5,000亿元的信托公司共有两家，分别是江苏信托的10,605.23亿元和中信信托的6,867.75亿元（见表2-12）。

表2-13列出了2016年新增集合信托规模、新增单一信托规模和新增财产信托规模分别居行业排名前10位的信托公司及相应新增规模。可以看出，共有3家信托公司的新增集合信托规模超过2,000亿元，其中华能信托以3,979亿元排名第1，中信信托和五矿信托分列行业第2和第3位，均表

表 2－12　2016年新增信托规模行业排名前10位的信托公司　单位：亿元

排名	信托公司	新增实收信托规模	信托公司	新增主动管理信托规模	信托公司	新增被动管理信托规模
1	江苏信托	11,110.07	华能信托	4,678.86	江苏信托	10,605.23
2	华能信托	8,451.25	中融信托	1,365.86	中信信托	6,867.75
3	中信信托	7,866.41	中航信托	1,312.90	兴业信托	4,719.61
4	兴业信托	4,966.40	四川信托	1,235.64	上海信托	4,426.38
5	上海信托	4,811.70	新时代信托	1,175.72	华能信托	3,772.39
6	五矿信托	3,617.78	华润信托	1,070.51	交银信托	3,352.44
7	交银信托	3,585.27	民生信托	1,067.77	渤海信托	2,883.01
8	平安信托	3,413.38	中信信托	998.66	五矿信托	2,856.08
9	新时代信托	3,314.46	华融信托	950.50	平安信托	2,498.93
10	西藏信托	3,301.55	平安信托	914.45	国投泰康信托	2,229.53
—	合计	54,438.25	合计	14,770.87	合计	44,211.35

现出良好的业务扩展能力；在新增单一信托规模方面，江苏信托以10,536.48亿元一枝独秀，远超第二梯队的上海信托、兴业信托、交银信托等；共有3家信托公司的新增财产信托规模超过2,000亿元，其中中信信托以3,081.09亿元排名行业第1，保持明显领先优势，西藏信托和华能信托分列第2和第3位。

表 2－13　2016年各类新增业务规模行业排名前10位信托公司　单位：亿元

排名	信托公司	新增集合信托规模	信托公司	新增单一信托规模	信托公司	新增财产信托规模
1	华能信托	3,979.00	江苏信托	10,536.48	中信信托	3,081.09
2	中信信托	2,323.07	上海信托	2,825.64	西藏信托	2,080.99
3	五矿信托	2,117.90	兴业信托	2,727.77	华能信托	2,000.56
4	四川信托	1,766.92	交银信托	2,484.66	新时代信托	1,678.34
5	平安信托	1,612.88	华能信托	2,471.69	兴业信托	1,413.37
6	中航信托	1,423.52	中信信托	2,462.25	上海信托	1,015.92
7	方正信托	1,418.45	渤海信托	2,112.43	北京信托	792.38
8	中铁信托	1,387.58	国投泰康信托	1,702.97	建信信托	702.14
9	新时代信托	1,291.58	国民信托	1,672.30	外贸信托	701.37
10	陆家嘴信托	1,214.94	四川信托	1,470.09	华润信托	596.97
—	合计	18,535.84	合计	30,466.28	合计	14,063.13

（四）新增主动管理类信托规模和占比下降明显

主动管理类信托主要是指在信托资产管理中，信托公司承担产品推荐、项目筛选、投资决策和实施等主要管理职责的信托项目。新增实收信托规模中最引人注意的是新增主动管理信托规模所占的比重。因为这一比重反映了信托公司的主动管理能力，此类信托业务能够给信托公司带来较高的信托报酬率，也被视作信托行业转型进程的重要指标。

2016年共有66家信托公司公布了新增主动管理类信托规模的具体数据。共实现新增主动管理类信托规模32,526.59亿元，平均每家信托公司为492.83亿元，较2015年的38,244亿元下降明显。新增主动管理类信托在全部新增信托规模中的占比为26.11%，较2015年下降了17.37个百分点，下降幅度非常大（见图2－12）。背后的原因可能在于：一方面，信托公司在提高主动管理能力过程中遇到了瓶颈和障碍；另一方面，信托行业在2016年开展了大量的通道型业务。

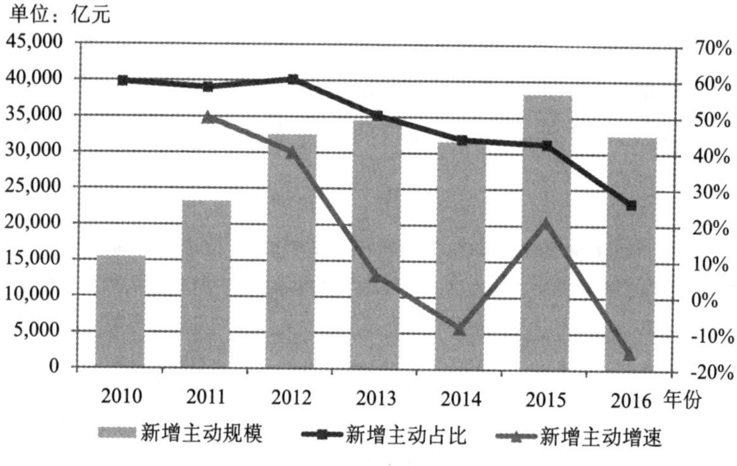

图2－12　2010—2016年新增主动管理类信托的规模、增速与占比

五、关联交易分析

信托公司年报披露，关联交易共有四种类型：信托与关联方交易、信托财产与信托财产之间的关联交易、固有与关联方交易、固有财产与信托财产之间的关联交易。本章只就信托与关联方交易、信托财产与信托财产之间的关联交易这两种类型的关联交易进行分析，后两种类型的关联交易将在自营

业务篇中进行分析。

（一）两种关联交易规模均明显增长

1. 以信托与关联方发生的交易

信托与关联方发生的交易一般发生于信托公司的单一资金信托业务和集合资金信托业务。对于单一信托业务，尤其是事务类信托而言，信托公司按照单一委托人的指令将单一信托资金用于关联方。对于集合资金信托业务，《信托公司集合资金信托计划管理办法》限制信托公司将信托资金直接或间接运用于信托公司的股东及其关联人，除非信托资金全部来源于股东或其关联人。

2016年年末，信托与关联方之间的关联交易期末规模为16,398.14亿元，占全部关联交易期末余额的比重为69.06%，较2015年年末的12,562.13亿元增加3,836.01亿元，增长率为30.54%，是信托行业最主要的关联交易方式，这很可能与银行系信托公司开展了大量的银信合作等通道业务有关系。

2. 以不同信托财产进行的关联交易

信托财产与信托财产的关联交易主要是指公司受托管理的一个信托项目的资金认购自己管理的另一个信托项目的收益权或项下资产。

2016年年末，信托财产与信托财产之间的关联交易期末余额为5,596.37亿元，占全部关联交易期末余额的比重为23.57%，较2015年的3,682.62亿元增加1,913.75亿元，增长率为51.97%（见图2-13）。

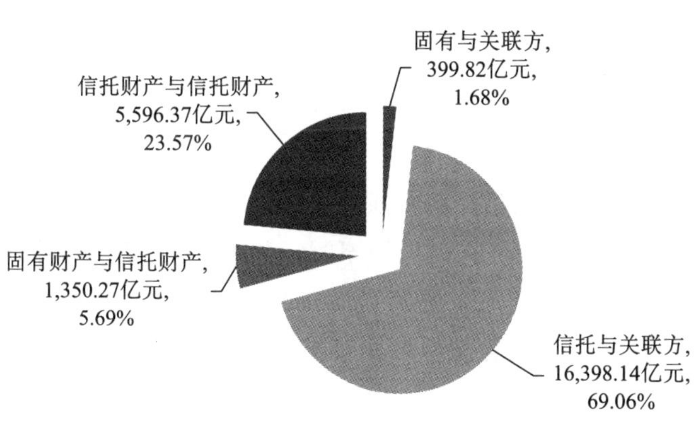

图2-13 2016年关联交易组成结构图

从2010—2016年的各种关联交易余额变化情况中可以发现，四类关联交易中信托与关联方的交易始终占据重要位置，并在2014年之后出现明显的快速增长；信托财产与信托财产进行的关联交易余额从2013年开始也有明显增加（见图2－14）。

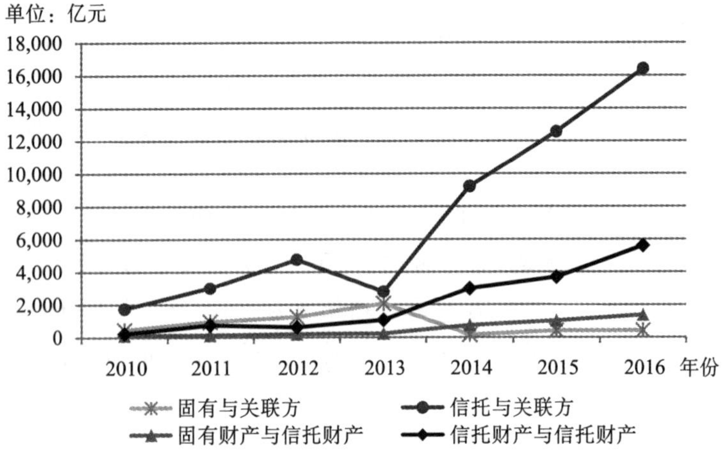

图2－14　2010—2016年各种关联交易期末余额变动示意图

（二）集中度显著提升

2016年信托与关联方的交易余额仍保持较快增长。在2016年年报中，共有47家信托公司公布了该类关联交易的期末余额。在集中度方面，排名前10位的信托公司所发生的此类关联交易期末余额为15,210.52亿元，占行业总额的比重为92.76%。其中，建信信托开展的信托与关联方的交易余额为8,301.45亿元，排名行业第1，兴业信托、英大信托、光大信托、华润信托以及中海信托此类业务的期末余额也排名行业前列，原因可能在于建信信托、兴业信托、光大信托均有强大的银行股东支持，在开展银信合作等通道类信托业务方面具有先天的资源禀赋；英大信托、华润信托和中海信托的大股东均为实力强大的央企集团，也在开展融资类通道业务方面具有优势。可见，信托与关联方的交易余额高的信托公司都是具有强大的股东背景，在依托股东资源开展业务的过程中，产生了大量的此类关联交易。

在2016年年报中，共有48家信托公司公布了信托项目之间期末交易余额。该类关联交易的集中度也非常高，排名行业前10位的信托公司的发生额为4,146.93亿元，占到行业总额的74.10%，其中建信信托以1,599.35亿元排名行业第1（见表2－14）。

表2－14　　2016年两类关联交易期末余额行业排名前10位的信托公司

单位：亿元

排名	信托公司	信托与关联方	信托公司	信托与信托
1	建信信托	8,301.45	建信信托	1,599.35
2	兴业信托	2,935.25	华宝信托	545.96
3	英大信托	1,534.76	厦门信托	408.80
4	光大兴陇信托	840.44	外贸信托	401.95
5	华润信托	425.37	平安信托	240.33
6	中海信托	395.50	昆仑信托	217.67
7	上海信托	213.84	百瑞信托	204.74
8	华融信托	207.66	兴业信托	191.16
9	平安信托	183.23	紫金信托	174.05
10	昆仑信托	173.03	华润信托	162.93
—	合计	15,210.52	合计	4,146.93

六、总结

总的来看，截至2016年年末，信托资产管理规模达到20.25万亿元，成功突破20万亿元大关。在资产管理规模实现重大突破的同时，增长率也值得注意。2016年信托资产管理规模的增长率为24%，较2015年提高了7.4个百分点。事实上，自从2011年以来，信托行业资产管理规模的增速一直呈现出明显的下滑趋势，这一指标在2016年终于实现反弹。信托功能结构优化，事务管理类信托规模占比大幅增加11个百分点，达到49.80%。单一资金信托规模占比下降明显，财产权信托规模占比不断上升，首次突破两位数占比，达到13.65%。信托资金投向持续优化，“脱虚向实”服务实体经济发展态势愈发明显。

取得这些成绩是否就意味着传统信托业务转型已完成，从此进入发展的快车道？我们试着从年报数据中寻找答案。

（一）存量信托业务

1. 信托业务收入增速远低于信托资产规模增速

2016年68家信托公司共实现信托业务收入746.93亿元，同比增长6.98%，增速与2015年持平，但远低于信托资产规模的增速。换句话说，资产管理规模的高增长并未带来信托业务收入的高增长，背后的原因在于2016年信托公司开展了大量费率较低的通道业务。

2. 行业加权平均信托报酬率再创新低

信托报酬率是衡量信托公司盈利能力的指标，其变动趋势能够反映信托公司的经营能力和行业整体的变动。2011年以来，信托行业的加权平均信托报酬率呈现明显的下降趋势，2016年更是创下新低，仅为0.37%。该项指标的逐年走低表明传统的信托业务越来越不赚钱，而创新型业务也未形成稳定的增长点。

信托业务收入和加权平均信托报酬率是一个问题的两个方面，通过这两项指标能够从存量信托业务的整体数据角度分析信托资产规模的增长质量。相对于整体数据，新增规模的相关指标更能表明信托资产规模增长的质量，我们再来看看新增业务的情况。

（二）新增信托业务

新增信托业务情况可以用“一个好消息和一个坏消息”来概括。“好消息”是新增信托业务的规模创新高、增速上升。2016年全年，68家信托公司共新增实收信托财产规模为12.46万亿元，较2015年增加3.46亿元，增长率为38.42%，较2015年提高了近14个百分点。“坏消息”是新增规模中主动管理类信托实在太少。2016年信托行业共实现新增主动管理类信托规模3.25万亿元，同比下降14.92%。新增主动管理类信托在全部新增信托规模中的占比为26.11%，较2015年下降了17.37个百分点，下降幅度非常大。相比之下，新增被动管理类信托规模为8.71万亿元，同比大幅度增长77.03%。可见，新增规模中近八成都是被动管理类业务。

通过以上分析可以看出，信托资产规模的增速很大程度上是由于通道业务等被动管理类信托业务的大幅增长所致，新增主动管理类信托业务反而有所下降，从而导致行业加权信托报酬率、信托业务收入以及信托项目净利润不理想。由此可见，“信托行业资产管理规模突破20万亿元”的背后是信托公司的主动管理能力仍有待提高，传统业务模式的转型“路漫漫其修远兮”，需要信托人为之“上下而求索”。

2016年信托公司年报分析之三：

自营业务篇

百瑞观点：

- 行业自营净资产规模突破4,400亿元，21家信托公司增资
- 全行业自营资产收入规模下降20%
- 可供出售金融资产占比持续上升，货币资产、交易性金融资产显著下降
- 信托行业自营收益率显著下降，自营收入占比总收入显著下降
- 业务管理费略有增加，资产减值损失维持高位
- 自营负债率升至20%，预计负债规模大幅提升

一、自营规模持续增长，创历史新高

（一）全行业自营净资产规模突破4,400亿元，增幅放缓至17%

截至2016年年底，信托全行业68家信托公司自营净资产总规模为4,481.92亿元，较2015年的3,818.69亿元增长了17.37%。信托全行业的自营资产规模首次突破4,400亿元，达到历史新高。但是，信托全行业的净资产变动率不断降低，反映了净资产增幅放缓，2016年信托全行业的净资产规模增速放缓至17.37%，也是2009年以来的最低值。

表 3－1　　2007—2016 年行业净资产规模及变化情况表

年份	净资产（亿元）	净资产变动率（%）	净资产变动额（亿元）
2007	732.47	44.50	225.58
2008	774.06	5.60	41.59
2009	1,014.29	31.00	240.23
2010	1,282.65	26.40	268.36
2011	1,630.6	27.10	347.95
2012	2,030.82	24.50	400.22
2013	2,548.57	25.49	517.75
2014	3,197.24	25.45	648.67
2015	3,818.69	19.44	621.45
2016	4,481.92	17.37	663.23

总体来看，自 2007 年以来，信托全行业的净资产规模稳步上涨，从 2007 年的 732.47 亿元增长到 2016 年的 4,481.92 亿元，增长了 511.89%，年均增长 19.86%。但各年的增速并不相同，2009 年以来，各年度的净资产变动率整体呈下降趋势，2016 年的增速下降到 17.37%，为 2009—2016 年的最低水平（见图 3－1）。

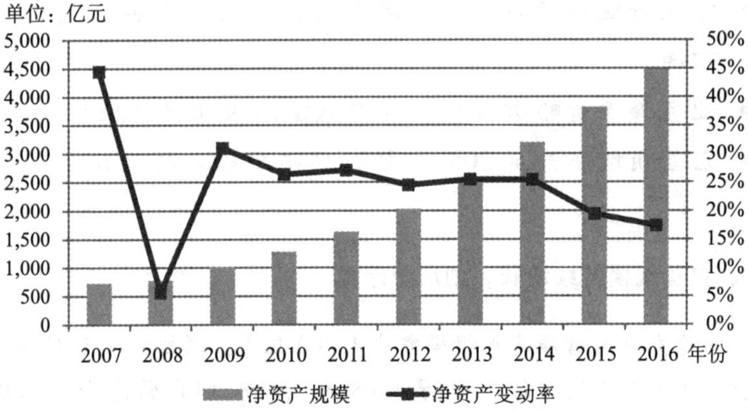

图 3－1　2007—2016 年信托行业净资产变化图

从单个信托公司的情况来看，平安信托和中信信托依旧位于行业前两位。平安信托 2016 年的净资产规模为 225.11 亿元，较 2015 年减少了 2.64

亿元。中信信托位居第2，但净资产有所增加，由2015年的179.52亿元增加到2016年的200.81亿元。重庆信托的净资产排名由2015年的第4位上升至2015年的第3位，净资产规模达到184.52亿元。华润信托的净资产排名由2015年的第3位跌至第4位，净资产规模由2015年的168.35亿元减少到2016年的164.43亿元。中诚信托的净资产排名依然处于第5位，净资产规模由2015年的141.18亿元增加到2016年的153.07亿元。

此外，安信信托2016年净资产规模达到137.18亿元，位列第6。上海信托2016年净资产规模达到106.75亿元，位列第11。民生信托2016年净资产规模达到99.32亿元，位列第12。中江信托2016年净资产规模达到87.50亿元，位列第15。

表3-2　2016年和2015年自营净资产排名前15位的信托公司　单位：万元

排名	2016年		2015年	
	信托公司	净资产	信托公司	净资产
1	平安信托	2,251,071.40	平安信托	2,277,466.75
2	中信信托	2,008,098.84	中信信托	1,795,223.17
3	重庆信托	1,845,195.57	华润信托	1,683,537.08
4	华润信托	1,644,345.90	重庆信托	1,617,140.75
5	中诚信托	1,530,727.73	中诚信托	1,411,838.48
6	安信信托	1,371,816.66	兴业信托	1,225,129.83
7	兴业信托	1,336,499.18	中融信托	1,131,904.99
8	中融信托	1,281,047.52	西部信托	941,101.71
9	华信信托	1,197,106.24	江苏信托	875,226.33
10	华能信托	1,092,864.65	建信信托	830,850.54
11	上海信托	1,067,469.83	陕国投	765,414.12
12	民生信托	993,239.08	外贸信托	743,389.61
13	江苏信托	988,147.31	华信信托	731,996.81
14	建信信托	975,272.28	华能信托	727,761.01
15	中江信托	875,048.86	北京信托	692,122.82

（二）21家信托公司2016年增资

根据公开披露的68家信托公司年报数据统计，2016年信托全行业的注册资本继续大幅增长，总体规模增长至2,038.16亿元，达到了历史新高，相比2015年的1,676.33亿元增加了361.83亿元，增幅为21.58%。表3-3为2007年以来信托全行业注册资本的变动情况。可以看出，2014年、2015年和2016年连续三年，信托行业注册资本总额保持20%以上的速度增长。

表3-3　2007—2016年行业注册资本规模及变化情况表

年份	注册资本（亿元）	注册资本变动额（亿元）	注册资本变动率（%）
2007	485.34	40.00	8.90
2008	552.07	66.73	13.70
2009	601.01	48.94	8.80
2010	687.66	86.65	14.40
2011	871.50	183.84	26.70
2012	980.00	108.50	12.44
2013	1,142.65	162.65	16.59
2014	1,389.05	246.40	21.56
2015	1,676.33	287.28	20.68
2016	2,038.16	361.83	21.58

图3-2显示了2007年以来信托全行业注册资本的变化情况。整体来看，2007年以来，信托全行业的注册资本总额稳步上涨，从2007年的485.34亿元增长到2016年的2,038.16亿元，增长了319.94%，年均增长15.43%。从注册资本变动率来看，2007—2011年，信托行业注册资本变动率从8.9%上升到26.7%，2012年下降到12.44%，之后逐年升高，2016年全行业注册资本变动率达到2012—2016年的最高值21.58%（见图3-2）。

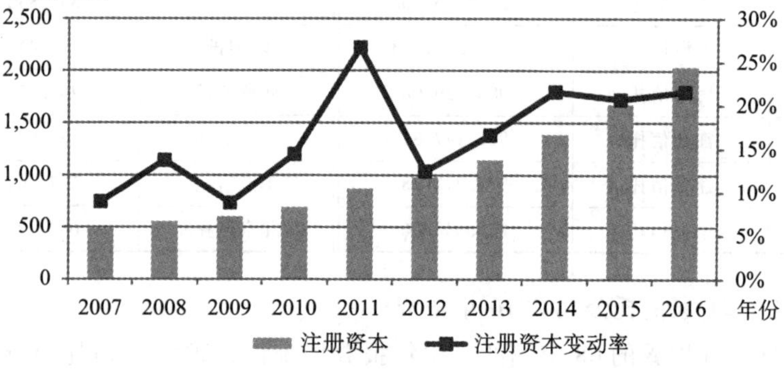

图3-2　2007—2016年信托行业注册资本变化图

从2016年信托公司增资的情况来看，2016年共有21家信托公司不同程度的增资。从增资幅度上来看，新时代信托注册资本增加48亿元，注册资本变动率为400%。民生信托注册资本增加40亿元，注册资本变动率为133.33%，增资规模排名第2。增资规模超过20亿元的信托公司还有华润信托增资33.7亿元，华信信托增资33亿元，上海信托增资25.5亿元，中航信托增资23.36亿元。从注册资本变动率来看，最大的依然是新时代信托的400%，大业信托的注册资本变动率为233.33%，排名第2，中江信托的注册资本变动率为159.53%，排名第3（见表3-4）。

表3-4　2016年和2015年注册资本变动额行业排名前15位的信托公司

信托公司	2016注册资本（亿元）	2015注册资本（亿元）	注册资本变动额（亿元）	注册资本变动率（%）
新时代信托	60.00	12.00	48.00	400.00
民生信托	70.00	30.00	40.00	133.33
华润信托	60.00	26.30	33.70	128.14
华信信托	66.00	33.00	33.00	100.00
上海信托	50.00	24.50	25.50	104.08
中航信托	40.22	16.86	23.36	138.50
长安信托	33.30	13.46	19.84	147.40
陕国投信托	30.90	12.15	18.76	154.43
中江信托	30.05	11.58	18.47	159.53
粤财信托	28.00	15.00	13.00	86.67
紫金信托	24.53	12.00	12.53	104.42
华能信托	42.00	30.00	12.00	40.00
中原信托	36.50	25.00	11.50	46.00
百瑞信托	40.00	30.00	10.00	33.33
国元信托	30.00	20.00	10.00	50.00
四川信托	35.00	25.00	10.00	40.00
大业信托	10.00	3.00	7.00	233.33
渤海信托	26.40	20.00	6.40	32.00
西藏信托	10.00	5.00	5.00	100.00
华融信托	23.69	19.83	3.86	19.47
安信信托	20.72	17.70	3.02	17.05

表3－5显示了2016年和2015年注册资本排名前15位的信托公司情况。2016年注册资本排名前3位与2015年一致，依次是重庆信托（128亿元）、平安信托（120亿元）、中信信托（100亿元）。注册资本在50亿元到100亿元之间的信托公司有民生信托（70亿元）、华信信托（66亿元）、新时代信托（60亿元）、华润信托（60亿元）、中融信托（60亿元）。共有10家信托公司的注册资本达到或超过50亿元。

表3－5　2016年和2015年注册资本行业排名前15位的信托公司　单位：亿元

排名	2016年		2015年	
	信托公司	注册资本	信托公司	注册资本
1	重庆信托	128	重庆信托	128
2	平安信托	120	平安信托	120
3	中信信托	100	中信信托	100
4	民生信托	70	中融信托	60
5	华信信托	66	兴业信托	50
6	新时代信托	60	新华信托	42
7	华润信托	60	交银信托	37.65
8	中融信托	60	华宝信托	37.44
9	上海信托	50	光大兴陇信托	34.18
10	兴业信托	50	华信信托	33
11	华能信托	42	中铁信托	32
12	新华信托	42	英大信托	30.22
13	中航信托	40.22	爱建信托	30
14	百瑞信托	40	百瑞信托	30
15	交银信托	37.65	华能信托	30
15	—	—	昆仑信托	30
15	—	—	陆家嘴信托	30
15	—	—	民生信托	30

二、行业自营资产收益显著下滑

（一）全行业自营资产收入规模下降20%

2016年信托行业自营业务收入并没有延续高速增长的态势，2016年全行业自营业务收入规模为395.46亿元，较2015年的494.85亿元减少了

20.08%。自2008年以来，信托行业自营业务收入一直在增长，2016年首次出现了显著下滑。表3-6显示了2007—2016年十年间信托全行业自营业务收入和变动幅度。

表3-6　2007—2016年信托全行业自营业务收入及变动幅度

年份	合计金额（亿元）	变动幅度（%）
2007	180.34	—
2008	86.00	-52.31
2009	116.11	35.01
2010	127.36	9.69
2011	139.62	9.63
2012	184.57	32.19
2013	225.61	22.24
2014	295.13	30.81
2015	494.85	67.67
2016	395.46	-20.08

图3-3为2007—2016年信托全行业自营业务收入规模和变动情况。整体来看，2008年以来，信托全行业自营业务收入由86亿元稳步提升至395.46亿元，其中，2009年、2012年、2014年、2015年增长幅度均超过30%。但是，2016年出现了显著下滑，信托全行业自营业务收入由2015年的494.85亿元显著下降至2016年的395.46亿元。

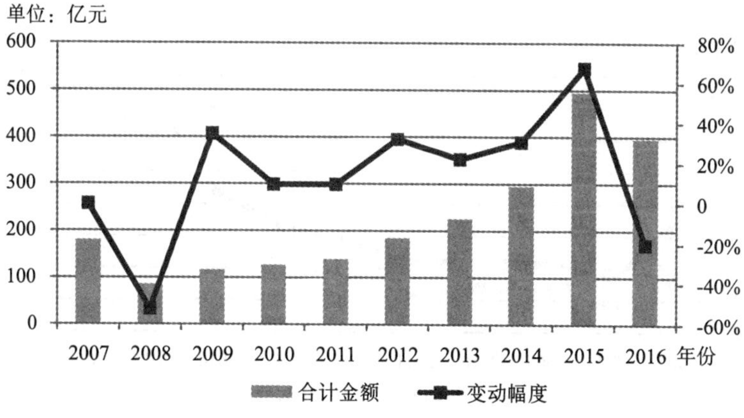

图3-3　2007—2016年信托全行业自营业务收入规模变动图

表3-7显示了2007—2016年十年间各家信托公司自营业务收入的均值和中位数。从各家信托公司自营业务收入情况来看，2016年信托公司自营收入均值为5.82亿元，明显小于2015年的7.27亿元，中位数为3.91亿元，明显小于2015年的4.12亿元。2016年信托公司自营业务的收入水平出现明显下滑。

表3-7　2007—2016年信托全行业自营业务收入均值和中位数　单位：亿元

年份	平均值	中位数
2007	3.54	1.67
2008	1.69	0.76
2009	2.15	1.32
2010	2.32	1.37
2011	2.18	1.17
2012	2.80	1.78
2013	3.31	2.10
2014	4.34	3.06
2015	7.27	4.12
2016	5.82	3.91

图3-4为2007—2016年信托全行业68家信托公司自营收入的均值及中位数变化情况。整体来看，2008年以来信托公司自营收入的均值和中位数基本保持了持续增长的趋势，其中，2014年和2015年出现大幅上涨的趋势，但是2016年出现了显著的下滑。

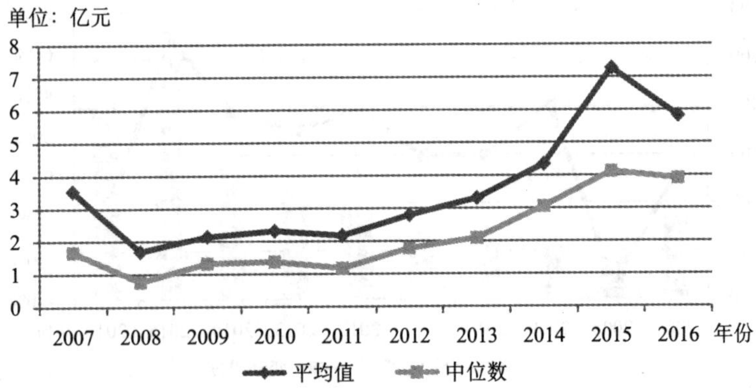

图3-4　2007—2016信托公司自营业务收入均值及中位数变化趋势

(二) 信托自营收入行业集中度由升转降

表3-8显示了2007—2016年十年间信托全行业自营业务收入集中度的变化情况。2016年信托行业自营业务收入的行业集中度较2015年有所下降，2016年的CR4为26.82%，较2015年的33.40%降低6.58个百分点，2016年的CR8为42.71%，较2015年的46.74%降低4.03个百分点，2016年的CR10为48.01%，较2015年的51.18%降低3.17个百分点。

表3-8　2007—2016年信托全行业自营业务收入集中度情况　单位:%

年份	CR4	CR8	CR10
2007	33.98	52.31	59.21
2008	39.32	55.85	63.11
2009	34.26	50.45	56.10
2010	36.73	52.08	57.15
2011	33.46	51.75	56.93
2012	25.37	43.01	49.64
2013	24.17	40.96	47.17
2014	22.68	39.03	46.08
2015	33.40	46.74	51.18
2016	26.82	42.71	48.01

图3-5显示了2007—2016年十年间信托全行业自营业务收入集中度的变化趋势。整体来看，信托全行业的自营业务收入的集中度呈现下降趋势，2008年最高，之后逐年下降，2015年有小幅上升，2016年又恢复下降趋势。其中，CR8和CR10的下降趋势显著，相较而言，CR4的下降波动幅度更加明显，但始终稳定在20%以上。因此，信托行业自营业务收入排名前4位的信托公司占比依然较大。

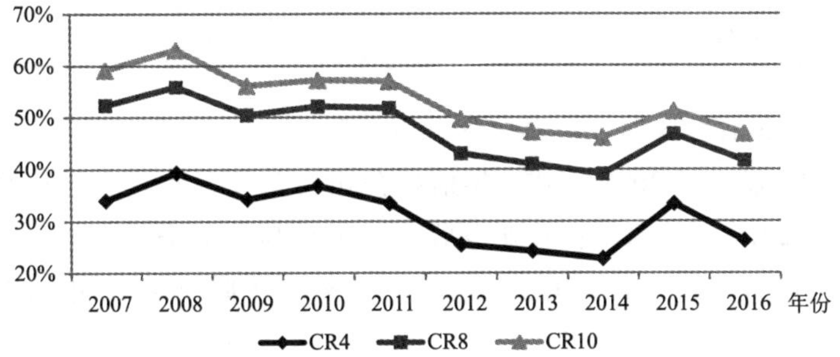

图3-5　2007—2016年信托公司自营业务收入集中度变化趋势

表3－9为2016年和2015年自营收入排名前15位的信托公司情况，2016年自营业务收入排名前3位的信托公司依次是平安信托、中江信托、华润信托，分别为34.06亿元、27.32亿元和23.33亿元。自营业务收入规模超过30亿元的仅有平安信托1家，而2015年有3家。2016年自营业务收入规模超过20亿元的共有5家信托公司，自营业务收入超过10亿元的信托公司共有9家。

表3－9　2016年和2015年自营收入行业排名前15位的信托公司　单位：万元

排名	2016年		2015年	
	信托公司	自营收入	信托公司	自营收入
1	平安信托	340,621.38	中信信托	693,780.51
2	中江信托	273,180.91	华润信托	416,315.51
3	华润信托	233,259.27	重庆信托	319,327.87
4	中融信托	213,745.00	平安信托	223,197.68
5	重庆信托	205,599.35	华信信托	188,739.23
6	中信信托	156,283.84	中诚信托	173,884.07
7	华信信托	147,205.57	中融信托	173,347.10
8	中诚信托	119,243.71	长安信托	124,518.87
9	安信信托	115,187.00	兴业信托	110,194.00
10	江苏信托	94,346.79	江苏信托	109,403.36
11	四川信托	89,937.11	华能信托	109,299.55
12	西部信托	88,568.41	国投泰康信托	105,521.09
13	中铁信托	81,516.00	上海信托	104,354.69
14	外贸信托	71,783.68	外贸信托	97,935.48
15	北京信托	68,348.00	华鑫信托	95,475.75

（三）信托自营收入占比总收入显著下降

表3－10显示了2007—2016年信托公司自营业务收入和占比总收入情况，相较于2015年，除了自营业务收入的总额显著下降外，全行业信托公司自营业务收入占比总收入由2015年的41.47%下降至2016年的34.62%，下降明显。

表 3－10　　2007—2016 年信托公司自营业务收入和占比总收入情况

年份	自营业务收入（亿元）	占比（%）
2007	180.34	69.19
2008	86.00	48.95
2009	116.11	56.16
2010	127.36	44.47
2011	139.62	31.41
2012	184.57	28.43
2013	225.61	27.00
2014	295.13	30.56
2015	494.85	41.47
2016	395.46	34.62

图 3－6 显示了 2007—2016 年信托公司自营业务收入和占比总收入情况。整体来看，2007—2015 年信托全行业自营业务收入在稳步提升，而自营业务收入占比总收入总体呈现下降趋势。具体来看，2015 年信托行业自营业务收入大幅提升，自营业务收益率也显著提升，而 2016 年自营业务收入及自营业务收入占比总收入均出现明显下滑。

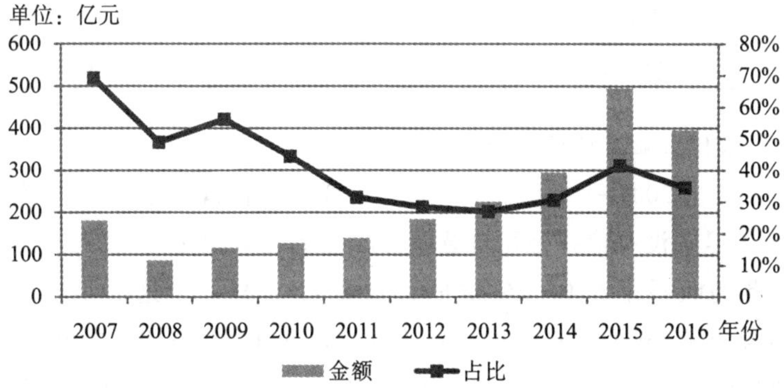

图 3－6　2007—2016 年信托公司自营业务收入和占比总收入变化趋势图

表 3－11 为 2016 年自营业务收入占比总收入排名前 15 位的信托公司情况。排名前 5 位的信托公司分别是中江信托、长城新盛信托、西部信托、华润信托、吉林信托，分别为 75.55%、74.43%、73.72%、72.75%、65.32%。

整体来看，共有7家信托公司的自营业务收入占比总收入超过60%，共有14家信托公司的自营业务收入占比总收入超过50%。

表3-11　2016年自营业务收入占比行业排名前15位的信托公司

排名	信托公司	自有业务收入（万元）	自营业务收入占比总收入（%）
1	中江信托	273,180.91	75.55
2	长城新盛信托	18,529.74	74.43
3	西部信托	88,568.41	73.72
4	华润信托	233,259.27	72.75
5	吉林信托	29,829.47	65.32
6	华信信托	147,205.57	63.68
7	中诚信托	119,243.71	62.13
8	江苏信托	94,346.79	58.67
9	国元信托	50,443.00	57.50
10	粤财信托	59,723.01	57.12
11	中粮信托	40,598.96	54.92
12	国联信托	20,870.00	54.37
13	国投泰康信托	53,756.00	51.74
14	平安信托	340,621.38	50.18
15	天津信托	51,538.95	45.88

（四）信托行业自营收益率显著下降

表3-12为2007—2016年十年间，信托公司自营业务收益率①的分布情况，2016年尽管没有信托公司自营业务收益率在0以下，但有13家信托公司自营业务的收益率在0—5%之间，除2011年外，为这十年来最多的一年。2016年共有36家信托公司自营业务收益率在5%—10%之间，有13家信托公司自营业务收益率在10%—15%之间，仅有6家公司自营业务收益率超过15%。

① 信托公司自营业务收益率=自营业务收入×2÷（年初净资产+年末净资产）。

表3－12　　2007—2016年信托公司自营业务收益率分布　　单位：家

年份	30%≤R	20%≤R<30%	15%≤R<20%	10%≤R<15%	5%≤R<10%	0≤R<5%	R<0
2007	18	8	8	5	8	2	0
2008	2	4	7	10	15	9	4
2009	3	6	5	13	19	7	1
2010	0	2	5	17	26	5	0
2011	0	3	2	14	26	14	5
2012	1	1	5	20	29	10	0
2013	0	1	3	11	43	10	0
2014	1	0	6	14	38	8	1
2015	1	7	5	22	30	2	1
2016	2	0	4	13	36	13	0

注：设自营业务收益率为R。

图3－7显示了2012—2016年五年间信托行业自营业务收益率分布的变化情况。整体来看，2016年自营业务收益率低于5%的信托公司数目明显增多，相应的自营业务收益率高于10%的信托公司数目明显减少。相较于2015年，收益率在30%及以上的信托公司增长了1家，收益率在［20%，30%）区间内的信托公司减少了7家，收益率在［15%，20%）区间内的信托公司减少了1家，收益率在［10%，15%）区间内的信托公司减少了9家，收益率在［5%，10%）区间内的信托公司增长了6家，收益率在［0%，5%）区间内的信托公司增长了9家，收益率在0以下的信托公司减少了1家。

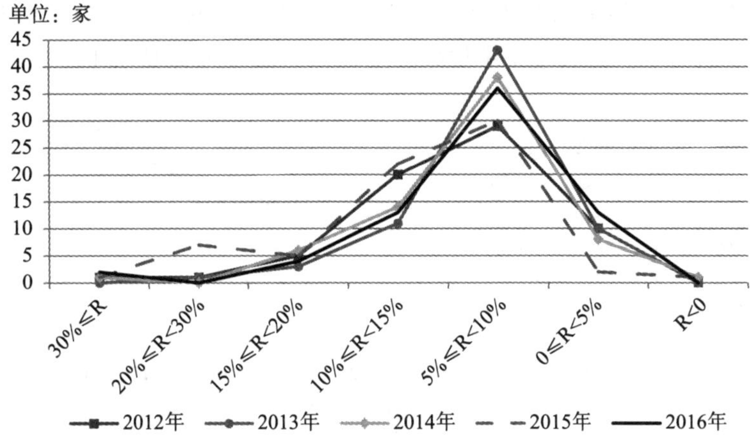

图3－7　2012—2016年信托行业自营业务收益率分布的变化趋势

表3－13反映了信托公司收益率的整体水平，整体来看，2016年信托行业自营业务收益率有较大幅度的下滑。2016年信托行业自营收益率的均值为8.98%，较2015年的11.62%下降了2.64个百分点，2016年信托行业自营收益率的中位数为7.42%，较2015年的10.08%下降了2.66个百分点。

表3－13　2007—2016年68家信托公司自营业务收益率情况　单位：%

年份	最大值	最小值	中位数	均值
2007	76.67	0.75	23.73	29.83
2008	36.90	－5.91	9.83	10.70
2009	38.96	－3.62	9.76	12.83
2010	21.75	0.66	9.46	11.03
2011	26.89	－6.99	7.96	8.03
2012	33.63	0.57	9.27	9.64
2013	28.07	0.78	7.81	8.85
2014	40.05	－11.80	8.53	8.94
2015	38.36	－7.93	10.08	11.62
2016	42.18	1.27	7.42	8.98

图3－8反映了2008—2016年信托公司自营业务收益率的均值和中位数的变化情况。整体来看，2009年的收益率均值最高，之后连续两年下降，2011—2015年整体呈现上升趋势，而2016年有明显的下滑趋势。其中2016年全行业自营业务的收益率中位数降至2008—2016年最低水平。

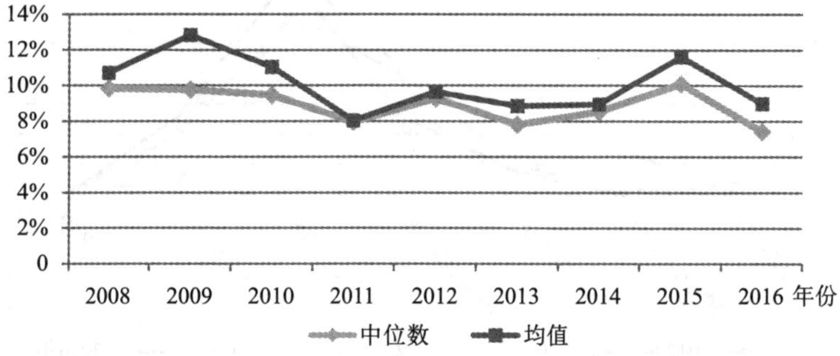

图3－8　2008—2016年信托行业自营业务收益率情况变化趋势

从单个信托公司自营业务的收益率变化来看，行业排名靠前的信托公司自营业务收益率均有不同幅度的下降。表3－14显示了2015年和2016年信托行业自营业务收益率排名前15位的信托公司情况。2016年自营业务收益率高于15%的仅有6家信托公司，分别是长城新盛信托、中江信托、中融信托、四川信托、华信信托、平安信托，分别为42.18%、39.90%、17.72%、16.82%、15.26%和15.04%。整体来看，2015年、2016年连续两年信托公司自营业务收益都排名在前15位的信托公司共有8家，分别为华润信托、华信信托、重庆信托、国投泰康信托、四川信托、中融信托、中海信托和安信信托。

表3－14　2016年和2015年信托行业自营业务收益率行业排名前十五位的信托公司

单位：%

排名	2016年		2015年	
	信托公司	自营业务收益率	信托公司	自营业务收益率
1	长城新盛信托	42.18	中信信托	38.36
2	中江信托	39.90	华鑫信托	28.97
3	中融信托	17.72	华润信托	27.28
4	四川信托	16.82	长安信托	27.24
5	华信信托	15.26	华信信托	26.03
6	平安信托	15.04	重庆信托	22.11
7	中海信托	14.68	国投泰康信托	20.32
8	华润信托	14.02	安信信托	20.14
9	中铁信托	13.76	四川信托	19.72
10	粤财信托	13.32	中海信托	18.64
11	天津信托	13.23	中融信托	16.50
12	重庆信托	11.88	华能信托	16.14
13	厦门信托	11.64	西部信托	16.06
14	安信信托	11.50	国元信托	14.83
15	国投泰康信托	11.01	国民信托	14.76

三、自营资产配置变化显著

（一）可供出售金融资产占比持续上升，货币资产、交易性金融资产显著下降

根据68家信托公司公布的年报数据，将信托公司自营资产的运用分为货币资产、贷款及应收账款、交易性金融资产、可供出售金融资产、持有至到期投资、长期股权投资和其他资产运用共七类。在数据处理中，自营固定资产、自营买入返售资产、自营金融资产和自营应收账款类投资归入自营其他资产。表3-15显示了2015年和2016年全行业信托公司自营资产的配置规模和占比情况。总体来看，2016年各类资产配置情况较2015年均发生了不同程度的变化。其中，货币资产的占比由2015年的15.46%减少到2016年的12.61%；贷款及应收款的占比由2015年的12.73%减少到2016年的12.06%；交易性金融资产占比由2015年的6.30%减少到2016年的4.52%；可供出售金融资产的占比由2015年的39.80%增长到2016年的42.31%；持有至到期投资的占比由2015年的3.17%减少到2016年的2.07%；长期股权投资的占比由2015年的13.37%减少到2016年的12.55%；其他资产运用由2015年的9.17%增加到2016年的13.87%。

表3-15　2016年和2015年信托公司自营资产配置金额及占比

资产运用	2016年		2015年	
	自营资产配置金额（亿元）	占比（%）	自营资产配置金额（亿元）	占比（%）
货币资产	715.31	12.61	722.43	15.46
贷款及应收款	683.91	12.06	594.84	12.73
交易性金融资产	256.55	4.52	294.43	6.30
可供出售金融资产	2,399.73	42.31	1,859.45	39.80
持有至到期投资	117.40	2.07	148.34	3.17
长期股权投资	711.66	12.55	624.62	13.37
其他资产运用	786.72	13.87	313.35	9.17
自营资产总计	5671.29	100.00	4672.46	100.00

2016年信托公司自营资金配置的情况如图3-9所示。总体来看，信托公司自营资金配置比例最大的是可供出售金融资产（42.31%），其次是其

他资产运用（13.87%），然后依次是货币资产（12.61%）、长期股权投资（12.55%）、贷款及应收款（12.06%）、交易性金融资产（4.52%）和持有到期投资（2.07%）。

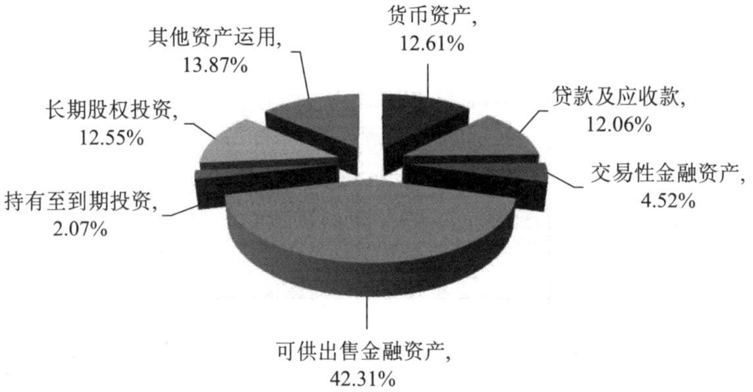

图 3－9　2016 年信托公司自营资产配置情况

图 3－10 显示 2011—2016 年六年间全行业信托公司自营资产配置分布的变化情况。整体来看，可供出售金融资产从 2012 年开始占比逐年显著上升，其占比从 2012 年的 23.68% 稳步增长到 2016 年的 42.31%。相应的，其他类别的资产占比均有不同程度的减少，其中，长期股权投资的占比近六年来呈现不断降低趋势，其占比从 2011 年的 24.77% 逐步减少到 2016 年的 12.55%；货币资产的占比近六年来也是不断降低，其占比从 2011 年的 21.56% 逐步减少到 2016 年的 12.61%，在 2016 年降至最低值；其他资产的占比呈小幅上升，其占比从 2011 年的 7.31% 小幅增加到 2016 年的 13.87%；贷款及应收款的占比近六年的变化区间为［12.06%，17.4%］；交易性金融资产的占比近六年的变化区间为［3.54%，6.3%］；持有到期投资的占比近六年的变化区间为［2.07%，4.8%］。

（二）证券市场占比减少，实业有所增长

信托公司自营资产的投向分布主要包括基础产业、房地产业、证券市场、实业、金融机构和其他资产共六类。在数据处理中，基础产业、房地产业、证券市场、实业、金融机构之外的自营投向归入自营其他资产。表 3－16显示了 2015 年和 2016 年信托公司自营资产投向分布的规模和占比情况。整体来看，相较于 2015 年，2016 年自营资产投向发生了不同程度的变

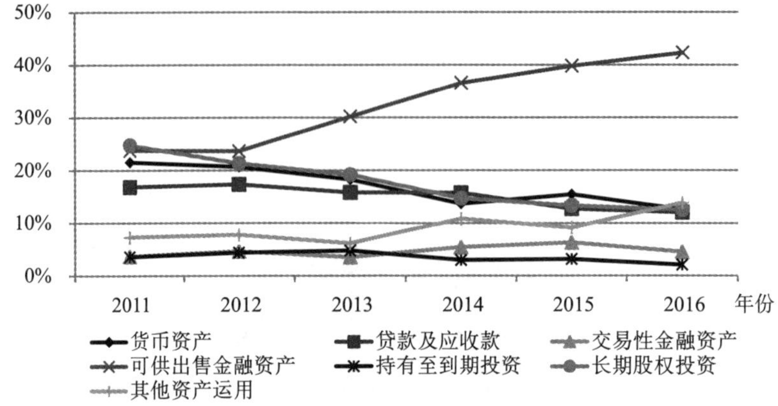

图3-10　2011—2016年信托公司自营资产配置比例变化图

化。其中，基础产业的占比由2015年的1.86%减少到2016年的1.22%；房地产业的占比由2015年的5.65%减少到2016年的4.75%；证券市场占比由2015年的17.14%减少到2016年的13.35%；实业的占比由2015年的4.45%增加到2016年的5.49%；金融机构的占比由2015年的43.86%增长到2016年的44.01%；其他资产由2015年的27.04%增加到2016年的31.18%。

表3-16　2016年和2015年信托公司自营资产配置金额及占比

投向分布	2016年		2015年	
	金额（万元）	占比（%）	金额（万元）	占比（%）
基础产业	691,602.6	1.22	867,509.51	1.86
房地产业	2,693,738.22	4.75	2,641,425.50	5.65
证券市场	7,570,026.56	13.35	8,006,698.37	17.14
实业	3,110,917.54	5.49	2,081,221.44	4.45
金融机构	24,959,957.41	44.01	20,495,078.09	43.86
其他资产	17,686,642.63	31.18	12,632,633.38	27.04
合计	56,712,884.96	100.00	46,724,566.26	100.00

图3-11为2016年自营资金投向的占比情况，信托公司自营资产的投向分布主要包括基础产业、房地产业、证券市场、实业、金融机构和其他资产共六类。其中，投向金融机构的占比最大为44.01%，往下依次是其他资产（31.18%）、证券市场（13.35%）、实业（5.49%）、房地产业

（4.75%）和基础产业（1.22%）。

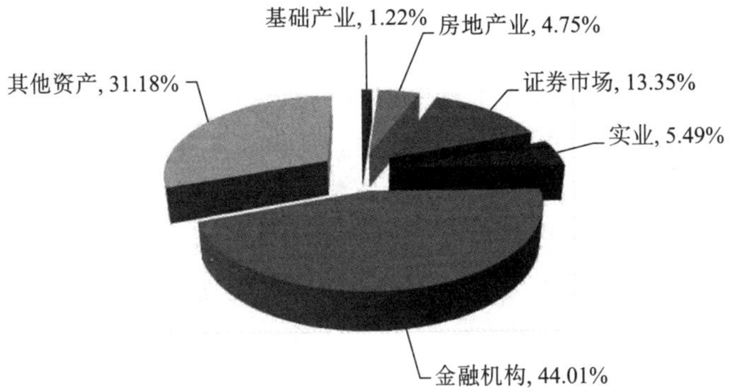

图3－11　2016年信托公司自营资产投向分布图

图3－12显示了2011—2016年六年间信托公司自营资产投向分布的变化情况。整体来看，金融机构和其他资产的占比较高，而房地产业、实业和基础产业的占比较低。其中，金融机构的占比呈上涨趋势，2016年的占比达到最高值即44.01%；其他资产2016年的占比也达到最高即31.18%；证券市场的占比存在一定波动性，2015年较高，2016年则较低为13.35%，可能与证券市场的波动有关；房地产业的占比变化区间为［4.75%，7.77%］，在2016年降至最低水平；实业的占比变化区间为［4.45%，7.84%］，2015年为最低值，2016年有所回升；基础产业则占比最低，且一直不断降低，2016年达到最低水平1.22%。

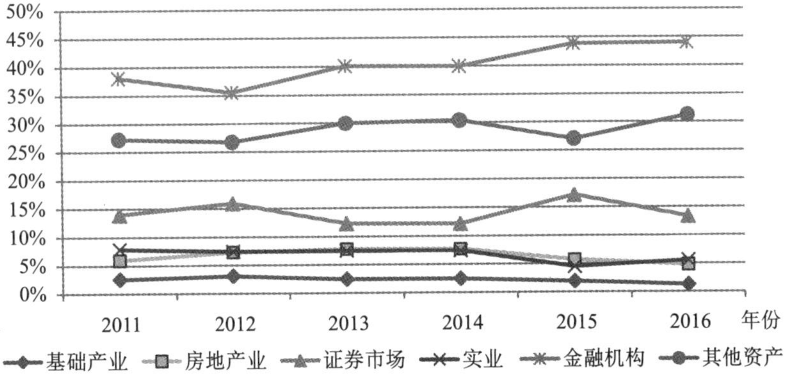

图3－12　2011—2016年信托公司自营资产投向比例变化图

四、业务管理费略有增加，资产减值损失维持高位

（一）自营资产的业务及管理费略有增加

信托公司自营业务的营业支出主要包括营业税金及附加、业务及管理费、资产减值损失和其他业务成本四类。其中业务及管理费情况反映了信托公司在业务经营和管理过程中所发生的各项费用，相当于非金融企业的销售费用和管理费用。2016年随着信托公司自营资产的扩张，信托公司的自营业务管理费没有显著增长，2016年自营业务管理费总额为241.39亿元，仅比2015年的241.13亿元增加0.26亿元。2016年信托行业自营业务管理费的均值为3.55亿元，与2015年持平，自营业务管理费的中位数为2.53亿元，略高于2015年。表3－17反映了2011—2016年信托全行业自营业务管理费的变化情况。

表3－17　2011—2016年信托全行业自营业务及管理费情况　单位：亿元

年度	合计金额	最大值	平均值	中位数	最小值
2011	102.91	13.42	1.61	0.98	0.12
2012	144.81	15.32	2.19	1.47	0.22
2013	182.92	18.52	2.69	1.90	0.40
2014	247.50	23.16	3.64	2.47	0.60
2015	241.13	24.37	3.55	2.44	0.44
2016	241.39	24.83	3.55	2.53	0.33

图3－13为2011—2016年六年间信托行业自营业务及管理费的变化趋势情况。整体来看，随着信托行业的持续扩张，信托自营业务及管理费也不断增长。2014年信托自营业务及管理费的均值及中位数均达到了2011—2016年的高点。但是2015年和2016年并没有出现显著增长，2015年信托自营业务及管理费较2014年略有下滑，而2016年相较于2015年略有提高。

（二）资产减值损失规模维持高位

2014年信托全行业的资产减值损失总额仅为2.90亿元，而2015年为113.93亿元，资产减值损失规模大幅度扩大。2016年信托全行业的资产减值损失总额为42.27亿元，维持在较高的水平。表3－18为2016年和2015年信托行业自营资产减值损失规模排名前15位的信托公司情况。2016年中铁信托的资产减值损失规模最大，为5.84亿元，天津信托排名第2为4.95

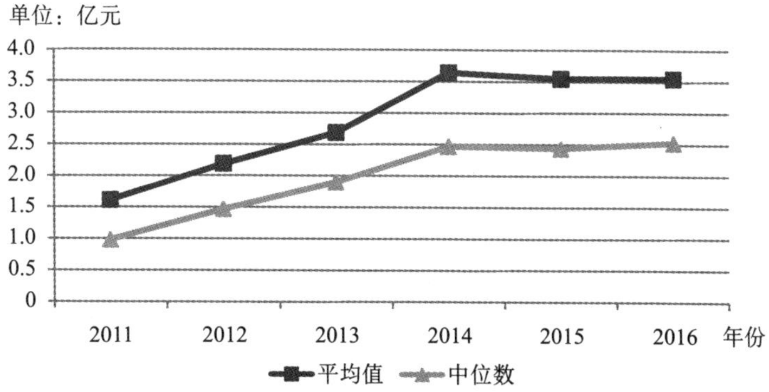

图3－13　2011—2016年信托行业自营业务及管理费变化趋势

亿元，华润信托排名第3为4.35亿元，五矿信托排名第4为3.82亿元，中信信托排名第5为3.36亿元。

表3－18　2016年和2015年信托公司自营资产减值损失规模排名前15位的信托公司

单位：万元

排名	2016年		2015年	
	信托公司	资产减值损失	信托公司	资产减值损失
1	中铁信托	58,384.40	中信信托	466,178.46
2	天津信托	49,522.08	新华信托	64,591.56
3	华润信托	43,503.11	外贸信托	57,502.31
4	五矿信托	38,244.13	华润信托	56,627.71
5	中信信托	33,625.42	华宝信托	55,495.22
6	华融信托	28,030.84	五矿信托	50,703.95
7	外贸信托	24,634.10	华鑫信托	41,973.18
8	陆家嘴信托	21,993.76	中原信托	38,274.00
9	新华信托	19,491.00	天津信托	28,710.21
10	中原信托	17,750.00	中诚信托	28,464.70
11	华鑫信托	11,730.48	长安信托	24,177.56
12	方正信托	10,656.28	中融信托	19,489.24
13	中诚信托	9,367.19	方正信托	17,939.76
14	北方信托	8,976.06	北方信托	17,032.00
15	金谷信托	5,673.27	陕国投信托	16,536.77

五、信托公司自营负债率持续上升

（一）2016年全行业自营资产负债率接近20%

表3－19为2011—2016年六年间信托全行业自营净资产、总资产及负债情况。伴随着信托业行业的快速发展，信托全行业的自营总资产、净资产和负债的规模均不断提升。全行业自营总资产的规模从2011年的1,815.77亿元增长到2016年的5,568.47亿元，与此同时，全行业自营负债规模从2011年的198.81亿元增长到2016年的1,086.55亿元，自营的负债率也提升至19.51%，达到2011—2016年的新高。

表3－19　2011—2016年自营净资产、总资产、负债情况

年份	净资产（亿元）	总资产（亿元）	负债（亿元）	负债率（%）
2011	1,616.96	1,815.77	198.81	10.94
2012	2,030.82	2,293.48	262.66	11.45
2013	2,548.57	2,854.06	305.49	10.70
2014	3,197.24	3,601.63	404.38	11.23
2015	3,810.21	4,646.78	836.57	18.00
2016	4,481.92	5,568.47	1086.55	19.51

图3－14为2011—2016年六年间的信托公司净资产、总资产和负债率变化趋势情况。整体来看，净资产、总资产规模都稳步提升。但是，信托自营资产的负债率在2011—2014年处于平稳状态，2015年和2016年则显著提升，2016年达到2011—2016年的最高值19.51%。

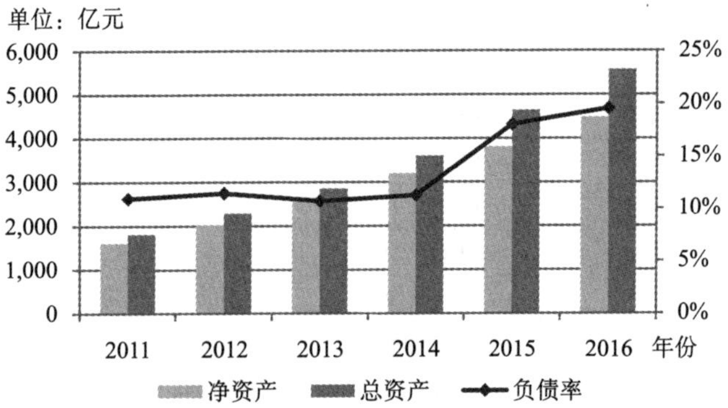

图3－14　2011—2016年信托行业资产及负债率变化趋势图

表3－30显示了2015年和2016年信托公司负债规模排名前15位的信托公司。2015年负债规模最大的5家信托公司由大到小依次为重庆信托（82.31亿元）、平安信托（64.78亿元）、中融信托（53.03亿元）、中铁信托（48.36亿元）、中信信托（43.62亿元）。2016年重庆信托的负债规模依然是排名第1为72.85亿元，中海信托排名第2为62.86亿元，中融信托为57.52亿元，与2015年一样依然是排名第3，中铁信托为47.36亿元，与2015年一样依然是第4，安信信托排名第5为41.35亿元。

表3－20　2016年和2015年自营负债规模排名前十五位的信托公司　单位：万元

排名	2016年		2015年	
	信托公司	负债规模	信托公司	负债规模
1	重庆信托	728,462.79	重庆信托	823,061.6
2	中海信托	628,583.32	平安信托	647,808.7
3	中融信托	575,236.71	中融信托	530,260.5
4	中铁信托	473,597.65	中铁信托	483,635.3
5	安信信托	413,516.72	中信信托	436,151.9
6	中信信托	410,135.44	中诚信托	417,593.9
7	中诚信托	375,009.57	中航信托	340,937.3
8	华能信托	373,699.61	华能信托	317,462.8
9	平安信托	360,188.69	安信信托	285,003.2
10	华融信托	339,101.15	西部信托	265,250.0
11	上海信托	320,528.32	华润信托	206,919.7
12	吉林信托	279,225.98	中建投信托	206,263.7
13	新时代信托	271,825.32	华融信托	197,153.8
14	民生信托	271,454.80	长安信托	181,576.4
15	中航信托	240,618.97	金谷信托	153,932.7

（二）预计负债规模大幅提升

表3－21显示了2014—2016年三年间全行业信托公司主要自营负债项目金额及占比变化情况。2016年从自营负债的细分科目来看，规模最大的依然是其他负债，规模为387.74亿元，较2015年的211.31亿元增长了176.43亿元，占比总负债由25.26%提升到35.68%。预计负债的规模则大幅提升，由2015年的19.13亿元大幅提升至2016年的31.06亿元，占比则

由2015年的2.29%提升至2016年的2.86%。应付职工薪酬的规模则略有增加，由2015年的143.74亿元增加至2016年的163.32亿元，占比则由2015年的17.18%减少至2016年的15.03%。其他应付款的规模也有所增加，占比由2015年的11.84%增加至2016年的13.45%。其他科目变化不大。

表3-21　2014—2016年主要自营负债项目金额及其占比情况

负债项目	2016年		2015年		2014年	
	金额（亿元）	占比（%）	金额（亿元）	占比（%）	金额（亿元）	占比（%）
向中央银行借款	0.40	0.04	0.40	0.05	0.40	0.10
代理业务	0.16	0.02	0.15	0.02	0.16	0.04
拆入资金	113.86	10.48	89.00	10.64	15.40	4.03
预收账款	71.12	6.55	51.64	6.17	37.50	9.82
应付职工薪酬	163.32	15.03	143.74	17.18	104.42	27.34
应交税费	104.37	9.61	93.24	11.15	89.46	23.43
应付利息	0.57	0.05	0.46	0.05	0.00	0.00
应付股利	22.38	2.06	20.98	2.51	19.39	5.08
其他应付款	146.13	13.45	99.04	11.84	41.16	10.78
预计负债	31.06	2.86	19.13	2.29	1.68	0.44
应付账款	1.72	0.16	0.03	0.00	0.03	0.01
递延所得税负债	43.73	4.02	50.74	6.07	39.15	10.25
其他负债	387.74	35.68	211.31	25.26	33.15	8.68

表3-22显示了2016年、2015年信托公司自营资产计提预计负债情况。整体来看，2016年共有11家信托公司计提预计负债，相较于2015年的6家增加了5家信托公司。2016年计提预计负债规模排名前5位的信托公司依次是华润信托（13.93亿元）、安信信托（4.41亿元）、中江信托（3.84亿元）、百瑞信托（2.14亿元）、北方信托（1.93亿元）。

（三）七家信托公司杠杆率超过1.5倍

从信托全行业的杠杆率①水平来看，2011—2014年，信托全行业的杠杆

① 此处杠杆率的计算公式为“杠杆率＝自营总资产÷净资产”。

表 3－22　2016 年和 2015 年信托公司自营资产计提预计负债情况　单位：万元

排名	2016 年		2015 年	
	信托公司	预计负债	信托公司	预计负债
1	华润信托	139, 281. 50	华润信托	151, 633. 33
2	安信信托	44, 064. 05	安信信托	12, 800. 64
3	中江信托	38, 382. 59	百瑞信托	10, 997. 87
4	百瑞信托	21, 447. 13	粤财信托	10, 000. 00
5	北方信托	19, 333. 80	山西信托	5, 263. 14
6	天津信托	15, 000. 00	光大兴陇信托	592. 21
7	山西信托	14, 498. 30	—	—
8	粤财信托	10, 000. 00	—	—
9	湖南信托	4, 044. 00	—	—
10	四川信托	3, 000. 00	—	—
11	华宸信托	1, 578. 26	—	—
—	合计	310, 629. 63	合计	191, 287. 19

率水平维持在 1. 13 左右，2015 年的杠杆率有了显著提升，达到 1. 22。到 2016 年则小幅提升至 1. 24。尽管如此，相较于证券等其他金融行业，信托公司的杠杆率水平依然处于较低的水平。

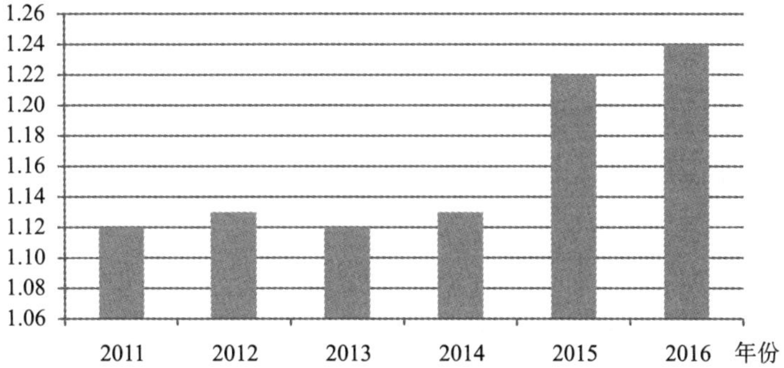

图 3－15　2011—2016 年信托行业自营资产杠杆率变化图

表 3－23 显示了 2015 年和 2016 年信托公司自营资产杠杆率的排名情况。2015 年信托公司的杠杆率排名前 5 位的信托公司依次是中铁信托、中航信托、华澳信托、重庆信托和中融信托，杠杆率分别为 1. 909、1. 656、

1.512、1.509和1.468。而2016年信托公司的杠杆率基本与2015年持平，排名前5位的信托公司依次是中海信托（2.413）、吉林信托（1.728）、国民信托（1.727）、中铁信托（1.726）、华澳信托（1.693）。2016年共有七家信托公司的杠杆率达到或超过1.5。

表3-23　2015年和2016年自营资产杠杆率排名前十五位的信托公司

排名	2016年		2015年	
	信托公司	杠杆率	信托公司	杠杆率
1	中海信托	2.413	中铁信托	1.909
2	吉林信托	1.728	中航信托	1.656
3	国民信托	1.727	华澳信托	1.512
4	中铁信托	1.726	重庆信托	1.509
5	华澳信托	1.693	中融信托	1.468
6	湖南信托	1.526	金谷信托	1.453
7	华融信托	1.500	安信信托	1.452
8	万向信托	1.486	国民信托	1.438
9	中融信托	1.449	华能信托	1.436
10	长城新盛信托	1.429	中建投信托	1.412
11	中建投信托	1.407	华融信托	1.384
12	大业信托	1.407	长安信托	1.369
13	重庆信托	1.395	陆家嘴信托	1.368
14	中航信托	1.381	西藏信托	1.358
15	新时代信托	1.369	民生信托	1.311

六、信托公司长期股权投资情况

本部分基于68家信托公司公布的2016年年报数据，选取各家信托公司中自营资金投资金额排名前5的长期股权投资汇总得出。整体来看，2016年银行、证券公司和基金公司仍为信托公司投资的主要目标，同时也为信托公司贡献的投资收益较多。从公布的数据来看，2015年信托公司参股银行投资收益超过1亿元的有4家，参股证券公司投资收益超过1亿元的有6家，参股基金公司投资收益超过1亿元的有7家。

（一）12家信托公司参股银行22家银行

表3-24显示了2016年信托公司参股银行的情况。2016年共有12家信托公司参股银行，相较于2015年的11家信托公司多了1家。2016年参股银

行比例不低于10%的共有4家，分别为重庆信托参股重庆三峡银行股份有限公司（29.00%的股权）、重庆信托参股合肥科技农村商业银行股份有限公司（25.00%的股权）、吉林信托参股吉林九台农村商业银行（13.26%的股权）、吉林信托参股吉林德惠农村商业银行股份有限公司（10.00%的股权）。从披露的投资收益来看，江苏信托投资江苏银行股份有限公司的投资收益最高，为8.82亿元；重庆信托投资重庆三峡银行股份有限公司的收益排名第2，为6.91亿元；重庆信托投资合肥科技农村商业银行股份有限公司的收益排名第3为1.63亿元。

表3-24　2016年信托公司参股银行情况

信托公司	参股银行	持股占比（%）	投资收益（万元）
重庆信托	重庆三峡银行股份有限公司	29.00	69,050.31
重庆信托	合肥科技农村商业银行股份有限公司	25.00	16,317.08
吉林信托	吉林九台农村商业银行	13.26	12,408
吉林信托	吉林德惠农村商业银行股份有限公司	10.00	1,250
山西信托	长治银行股份有限公司	9.97	1,376.69
中融信托	哈尔滨农村商业银行股份有限公司	9.90	4,210.45
国联信托	无锡农村商业银行股份有限公司	9.00	—
江苏信托	江苏银行股份有限公司	7.73	88,237.97
北方信托	天津津南村镇银行股份有限公司	6.67	60
江苏信托	江苏海门农村商业银行股份有限公司	6.67	280
百瑞信托	河南汴京农村商业银行股份有限公司	6.64	—
国联信托	江苏宜兴农村商业银行股份有限公司	6.35	560
江苏信托	江苏民丰农村商业银行股份有限公司	6.00	396
中航信托	南昌农村商业银行股份有限公司	4.91	242
中航信托	新余农村商业银行股份有限公司	4.42	297
山东信托	德州银行股份有限公司	4.28	624.53
中原信托	郑州银行股份有限公司	4.00	15,448.17
中原信托	焦作中旅银行股份有限公司	3.00	720.3
北方信托	天津滨海农村商业银行股份有限公司	2.86	1,645.21
百瑞信托	郑州银行股份有限公司	2.16	2,293.94
吉林信托	吉林银行股份有限公司	1.42	1,000
中铁信托	富滇银行股份有限公司	1.05	—

（二）13家信托公司参股证券公司

表3－25显示了2016年信托公司参股证券公司的情况。2016年共有13家信托公司参股证券公司，相较于2015年的12家多了1家。参股证券公司比例超过20%的为：四川信托参股宏信证券有限责任公司60.38%的股权，平安信托参股平安证券有限责任公司55.66%的股权，紫金信托参股南京证券股份有限公司35.00%的股权，华信信托参股大通证券股份有限公司28.26%的股权，华润信托参股国信证券股份有限公司25%的股权，国联信托参股国联证券股份有限公司20.51%的股权。

从年报披露的投资收益来看，华润信托投资国信证券股份有限公司收益最高，为10.81亿元；国元信托投资国元证券股份有限公司的投资收益排名第2，为2.17亿元；四川信托投资宏信证券有限责任公司的收益排名第3，为1.37亿元。

表3－25　　2016年信托公司参股证券公司情况

信托公司	参股证券公司	持股占比（%）	投资收益（万元）
四川信托	宏信证券有限责任公司	60.38	13，700.47
平安信托	平安证券有限责任公司	55.66	—
紫金信托	南京证券股份有限公司	35.00	131.04
华信信托	大通证券股份有限公司	28.26	6，007.83
华润信托	国信证券股份有限公司	25.00	108，134.67
国联信托	国联证券股份有限公司	20.51	12，511
华宝信托	华宝证券有限责任公司	16.93	2，331.00
国元信托	国元证券股份有限公司	15.47	21，738.65
中诚信托	国都证券有限责任公司	13.33	9，068.22
吉林信托	东北证券股份有限公司	11.80	5，521
中铁信托	华西证券股份有限公司	4.67	—
中航信托	天风证券股份有限公司	4.29	—
英大信托	英大证券有限责任公司	3.33	84.03

（三）7家信托公司参股保险公司

表3－26显示了2016年信托公司参股保险公司的情况。2016年共有7家信托公司参股保险公司，相较于2015年多了1家，参股保险公司比例超

过 10% 的为：国民信托参股汇丰人寿保险有限公司 50.00% 的股权，中泰信托参股都邦财产保险股份有限公司 19.07% 的股权，粤财信托参股众诚汽车保险股份有限公司 15.00% 的股权，江苏信托参股利安人寿保险股份有限公司 10.85% 的股权。

从年报披露的投资收益来看，仅中泰信托参股都邦财产保险股份有限公司 2016 年获得 112.35 万元收益。

表 3－26　　2016 年信托公司保险证券公司情况

信托公司	参股保险公司	持股占比（%）	投资收益（万元）
国民信托	汇丰人寿保险有限公司	50.00	—
中泰信托	都邦财产保险股份有限公司	19.07	112.35
粤财信托	众诚汽车保险股份有限公司	15.00	－494.61
江苏信托	利安人寿保险股份有限公司	10.85	—
北方信托	渤海财产保险股份有限公司	6.77	—
吉林信托	中融人寿保险股份有限公司	6.15	—
爱建信托	天安财产保险股份有限公司	0.12	—

（四）1 家信托公司参股信托公司

表 3－27 显示了 2016 年信托公司参股信托公司的情况。与 2015 年一样，仅有一家信托公司参股信托公司，即中海信托参股四川信托有限公司，持股比例为 30.25%，2016 年投资收益为 4.17 亿元。

表 3－27　　2016 年信托公司参股信托公司情况

信托公司	参股信托公司	持股占比（%）	投资收益（万元）
中海信托	四川信托有限公司	30.25	41,665.63

（五）27 家信托公司参股基金公司

表 3－28 显示了 2016 年信托公司参股基金公司的情况。2016 年共有 28 家信托公司参股基金公司，相较于 2015 年的 32 家少了 4 家。参股基金公司持股比例均超过 50% 的分别为：建信信托持有建信（北京）投资基金管理有限责任公司 100% 的股权，中铁信托持有宝盈基金管理有限公司 75% 的股权，平安信托持有平安大华基金管理有限公司 60.70% 的股权，国投泰康信托持有国投瑞银基金管理有限公司 51.00% 的股权，华宝信托持有华宝兴业

基金管理有限公司51.00%的股权，华润信托持有华润元大基金管理有限公司51.00%的股权，厦门信托持有圆信永丰基金管理有限公司51.00%的股权，山西信托持有汇丰晋信基金管理有限公司51.00%的股权，上海信托持有上投摩根基金管理有限公司51.00%的股权。

年报披露的投资收益来看，中诚信托投资嘉实基金管理有限公司的收益排名第1，为3.42亿元；粤财信托投资易方达基金管理有限公司的收益排名第2，为3.37亿元；天津信托投资天弘基金管理有限公司的收益排名第3，为2.58亿元；华宝信托投资华宝兴业基金管理有限公司的收益排名第4，为2.40亿元。

表3-28　　2016年信托公司参股基金公司情况

信托公司	参股信托公司	持股占比（%）	投资收益（万元）
建信信托	建信（北京）投资基金管理有限责任公司	100.00	—
中铁信托	宝盈基金管理有限公司	75.00	18,000
平安信托	平安大华基金管理有限公司	60.70	—
国投泰康信托	国投瑞银基金管理有限公司	51.00	5,610
华宝信托	华宝兴业基金管理有限公司	51.00	23,970.00
华润信托	华润元大基金管理有限公司	51.00	—
厦门信托	圆信永丰基金管理有限公司	51.00	—
山西信托	汇丰晋信基金管理有限公司	51.00	1,596.9
上海信托	上投摩根基金管理有限公司	51.00	20,145
中泰信托	大成基金管理有限公司	50.00	7,107.87
英大信托	英大基金管理有限公司	49.00	—
中融信托	深圳铧融股权投资基金管理有限公司	49.00	230.57
重庆信托	益民基金管理有限公司	49.00	—
山东信托	泰信基金管理有限公司	45.00	78.67
中海信托	中海基金管理有限公司	41.59	3,418.71
北京信托	中合供销（上海）股权投资基金管理有限公司	40.00	300
华宸信托	华宸未来基金管理有限公司	40.00	-1,503.83
外贸信托	诺安基金管理有限公司	40.00	10,398.48
中诚信托	嘉实基金管理有限公司	40.00	34,220.54

续表

信托公司	参股信托公司	持股占比（%）	投资收益（万元）
新华信托	新华基金管理股份有限公司	35.31	3,963.46
国元信托	金信基金管理有限公司	31.00	-453.7
西藏信托	嘉盛基金管理有限公司	30.69	282.29
长安信托	长安基金管理有限公司	29.63	996.97
外贸信托	宝盈基金管理公司	25.00	6,444.63
粤财信托	易方达基金管理有限公司	25.00	33,686.01
昆仑信托	国联产业投资基金管理（北京）有限公司	20.83	45.29
中原信托	长城基金管理有限公司	18.00	2,329.4
北方信托	长城基金管理有限公司	17.65	2,329.4
天津信托	天弘基金管理有限公司	16.80	25,766.33
山东信托	富国基金管理有限公司	16.68	12,611.81
厦门信托	南方基金管理有限公司	15.00	11,868

（六）信托公司参股其他公司情况

表3-29显示了信托公司参股其他金融企业的情况，其中，持股比例超过90%的有：杭工商信托持有浙江蓝桂资产管理有限公司100%的股权，华能信托持有贵诚汇鑫股权投资有限公司100%的股权，华融信托持有华融发展投资有限公司100%的股权，华润信托持有深圳红树林创业投资有限公司100%的股权，交银信托持有交银国信资产管理有限公司100%的股权，平安信托持有深圳市平安创新资本投资有限公司100%的股权，山西信托持有太原晋信卓惠城建投资中心（有限合伙）100%的股权，上海信托持有上信资产管理有限公司100%的股权，兴业信托持有兴业国信资产管理有限公司100%的股权，中诚信托持有北京三侨物业管理有限责任公司100%的股权，中信信托持有中信聚信（北京）资本管理有限公司100%的股权，中信信托持有中信信惠国际资本有限公司100%的股权，山西信托持有山西卓融投资有限公司98%的股权，四川信托持有四川川信物业管理有限责任公司95%的股权，兴业信托持有兴业期货有限公司92.2%的股权。

表3－29　　2016年信托公司参股其他公司情况

信托公司	参股金融企业名称	持股占比（%）	投资收益（万元）
杭工商信托	浙江蓝桂资产管理有限公司	100.00	—
华能信托	贵诚汇鑫股权投资有限公司	100.00	—
华融信托	华融发展投资有限公司	100.00	—
华润信托	深圳红树林创业投资有限公司	100.00	—
交银信托	交银国信资产管理有限公司	100.00	—
平安信托	深圳市平安创新资本投资有限公司	100.00	190,000
山西信托	太原晋信卓惠城建投资中心（有限合伙）	100.00	—
上海信托	上信资产管理有限公司	100.00	—
兴业信托	兴业国信资产管理有限公司	100.00	—
中诚信托	北京三侨物业管理有限责任公司	100.00	2,000
中信信托	中信聚信（北京）资本管理有限公司	100.00	13,483.53
中信信托	中信信惠国际资本有限公司	100.00	—
山西信托	山西卓融投资有限公司	98.00	—
四川信托	四川川信物业管理有限责任公司	95.00	—
兴业信托	兴业期货有限公司	92.20	—
建信信托	建信期货有限责任公司	80.00	—
平安信托	平安利顺国际货币经纪有限责任公司	67.00	2,010
上海信托	上海国利货币经纪有限公司	67.00	3,752
长安信托	上海淳璞投资管理中心（有限合伙）	62.50	—
昆仑信托	北京昆仑创元投资管理有限公司	51.00	—
建信信托	海南建银建信专项基金一号合伙企业（有限合伙）	49.96	－26.24
建信信托	广东国有企业重组发展基金（有限合伙）	49.67	360.41
北京信托	天津京津文化传媒发展有限公司	49.00	—
重庆信托	国泓资产管理有限公司	49.00	—
外贸信托	冠通期货经纪有限公司	48.72	806.92
百瑞信托	郑州百瑞创新资本创业投资有限公司	48.00	594
昆仑信托	融源广达（天津）股权投资管理合伙企业（有限合伙）	47.50	—
昆仑信托	海通昆仑股权投资管理（上海）有限公司	45.00	—
中信信托	中信信诚资产管理有限公司	45.00	16,507.82

续表

信托公司	参股金融企业名称	持股占比（%）	投资收益（万元）
东莞信托	华联期货有限公司	44.00	754.17
苏州信托	苏州苏信元和股权投资有限公司	42.86	-43
中诚信托	北京银汉兴业创业投资中心（有限合伙）	42.55	1,825.63
北京信托	天津众创资产管理有限公司	40.00	—
苏州信托	苏州信保商业保理有限公司	40.00	108
长安信托	西安财金合作发展基金投资管理有限公司	40.00	-185.66
长安信托	青岛溢源润达投资管理有限公司	40.00	7.54
中诚信托	北京丰悦泰和股权投资合伙企业（有限合伙）	40.00	-487.82
中信信托	中信锦绣资本管理有限责任公司	40.00	-11,033.75
中海信托	国联期货股份有限公司	39.00	125.47
爱建信托	柏瑞爱建资产管理（上海）有限公司	38.00	-114.15
昆仑信托	安阳中油销售有限责任公司	34.00	—
建信信托	北京建信瑞祥投资管理中心（有限合伙）	31.16	-7.09
国元信托	安徽国滨物业管理有限公司	30.00	—
山东信托	山东豪沃汽车金融有限公司	30.00	156.6
中建投信托	国泰元鑫资产管理有限公司	30.00	1,202.67
中铁信托	中铁金控融资租赁有限公司	25.00	—
英大信托	英大期货有限公司	23.00	—
山西信托	山西农业产业发展基金（有限合伙）	21.43	—
厦门信托	厦门华夏国际电力发展有限公司	20.00	33
兴业信托	重庆机电控股集团财务有限公司	19.00	704.51
爱建信托	浙江天堂硅谷银嘉创业投资合伙企业（有限合伙）	17.46	—
百瑞信托	广发信德（珠海）医疗产业投资中心（有限合伙）	16.86	—
百瑞信托	中金佳盟（天津）股权投资基金合伙企业（有限合伙）	16.43	504.83
中原信托	上海临芯投资管理有限公司	15.00	—
江苏信托	江苏国投衡盈创业投资中心（有限合伙）	14.12	—
长安信托	西安股权托管交易中心有限公司	13.16	-7.09
中融信托	中国信托业保障基金有限责任公司	13.04	11,224.04
重庆信托	中国信托业保障基金有限责任公司	13.00	11,229.56

续表

信托公司	参股金融企业名称	持股占比（%）	投资收益（万元）
爱建信托	上海正浩资产管理有限公司	12.75	—
交银信托	中国航油集团财务有限公司	10.00	—
交银信托	陕西煤业化工集团财务有限公司	10.00	—
中原信托	洛银金融租赁股份有限公司	10.00	831.28
中航信托	中国信托业保障基金有限责任公司	8.70	2,500.00
爱建信托	上海汇付互联网金融信息服务创业股权投资中心（有限合伙）	6.45	—
山东信托	山东省金融资产管理股份有限公司	4.95	—
杭工商信托	杭州迪佛通信股份有限公司	4.50	—
五矿信托	中国信托业保障基金有限责任公司	4.35	—
中铁信托	中国信托业保障基金有限责任公司	4.35	1,250
上海信托	中国信托登记有限责任公司	3.33	—
中航信托	中国信托登记有限责任公司	3.33	—
中融信托	中国信托登记有限责任公司	3.33	—
北方信托	天津泰达科技风险投资股份有限公司	2.30	45.9
英大信托	山东玉泉集团股份有限公司	1.08	—
中信信托	中信信惠国际资本有限公司	1.00	—
华融信托	新疆金新信托投资股份有限公司	0.90	—
英大信托	山东阳谷电缆集团股份有限公司	0.11	—

七、信托公司自营资产关联交易情况

（一）自营资产与关联方交易规模与去年持平

2016年信托全行业自营资产与关联方交易期末数总额为399.82亿元，与2015年的396.00亿元基本持平。表3－30显示了2016年和2015年信托公司自营资产与关联方交易期末数排名前15位的情况。2016年平安信托的自营资产与关联方交易期末数最大为57.99亿元，中融信托排名第2为49.35亿元，光大信托排名第3为49.08亿元，重庆信托排名第4为45.81亿元，华信信托排名第5为45.67亿元。

表3-30　　2016年和2015年自营资产与关联方交易期末数排名前15位信托公司

单位：万元

排名	2016年		2015年	
	信托公司	自营资产与关联方交易期末数	信托公司	自营资产与关联方交易期末数
1	平安信托	579,924.92	中融信托	778,461.00
2	中融信托	493,520.00	重庆信托	590,000.00
3	光大兴陇	490,843.83	平安信托	558,413.26
4	重庆信托	458,085.00	长安信托	344,763.44
5	华信信托	456,719.41	北京信托	257,073.00
6	中信信托	338,137.21	光大兴陇	239,428.92
7	长安信托	295,462.66	中信信托	226,321.35
8	中诚信托	289,063.45	国投泰康信托	188,400.06
9	兴业信托	163,506.83	华润信托	170,048.15
10	国投泰康信托	90,948.27	中诚信托	93,100.00
11	新华信托	78,049.29	华信信托	86,684.41
12	上海信托	77,656.37	建信信托	68,916.88
13	华润信托	74,807.54	中铁信托	65,000.00
14	山东信托	68,419.35	新华信托	55,470.91
15	北京信托	54,477.00	兴业信托	44,636.00

（二）自营资产与信托交易规模显著增长

2016年信托全行业自营资产与信托关联交易期末数总额为1350.27亿元，显著高于2015年的399.82亿元。表3-31显示了2015年和2016年信托公司自营资产与信托交易期末数排名前15位的情况。2016年新时代信托的自营资产与关联方交易期末数最大为100.40亿元，重庆信托排名第2为67.17亿元，上海信托排名第3为62.19亿元，民生信托排名第4为54.45亿元，华融信托排名第5为51.72亿元。

表3-31　2016年和2015年自营资产与信托交易期末数行业排名前15位信托公司

单位：万元

排名	2016年		2015年	
	信托公司	自营资产与信托交易期末数	信托公司	自营资产与信托交易期末数
1	新时代信托	1,004,032.00	华能信托	787,765.02
2	重庆信托	671,744.00	重庆信托	702,898.00
3	上海信托	621,882.47	平安信托	644,151.12
4	民生信托	544,474.10	新华信托	511,787.89
5	华融信托	517,170.00	华融信托	408,270.00
6	中建投信托	505,450.00	中建投信托	342,554.42
7	安信信托	443,000.00	昆仑信托	333,220.00
8	华宝信托	410,921.00	方正信托	325,533.19
9	中信信托	394,053.72	兴业信托	312,177.00
10	陆家嘴信托	391,322.89	上海信托	306,642.36
11	山东信托	389,174.00	陆家嘴信托	303,379.27
12	中航信托	383,585.81	中信信托	292,818.96
13	兴业信托	335,969.36	华宝信托	292,457.00
14	外贸信托	334,781.00	东莞信托	283,039.58
15	东莞信托	323,898.95	中诚信托	256,620.24

2016年信托公司年报分析之四：人力资源篇

百瑞观点：

- 行业总人数小幅增加，增速呈现稳定态势
- 信托公司员工数量集中度呈现下降趋势
- 30—39岁员工成为绝对主力军，硕博人员占比首次超过50%
- 自营和信托业务人员占比稳定，不同公司业务职能人员比差异较大
- 人均净利润微降，个别信托公司实现大幅增长
- 人均信托资产规模增速回升，人均新增集合信托项目数量下降
- 人均总收入出现下降趋势，人均信托业务收入增速回升
- 信托公司之间薪酬差距较大，民营背景公司薪酬较高
- 应付职工薪酬与各公司薪酬制度有关，并不反映实际薪酬水平

自2013年以来，信托行业进入转型和升级的新时期，信托公司的战略以及业务均发生了相应的变化。作为金融行业重要组成部分，人力资本在信托行业发展过程发挥着非常重要的作用。行业转型时期，信托公司的人才结

构、人才战略以及人力成本也是备受关注的话题。本文根据68家信托公司2016年年报数据，从信托行业人员总体情况、从业人员年龄、学历和岗位结构、人员数量与经营业绩之间的关系、信托公司用人成本等方面对信托行业人力资源情况进行分析。

一、信托从业人员总体情况

（一）行业总人数小幅增加，增速显现稳定态势

根据68家信托公司年报数据，截至2016年年末，信托从业人员达到18,401人，较2015年年末的17,554人增加847人，增幅为4.8%，与2015年4.6%的增速基本持平。自新“一法两规”实施以来，信托行业进入快速发展的阶段，人力资源作为发展的基础，也开始进入持续增长阶段。图4-1列示了自2008年以来信托从业人员数量及增长率的变化，可以看出，从业人员整体上保持了增长的态势，但各年增速差异较大。2009—2013年信托从业人员呈现快速增长趋势，2011年人员增速达到32%；2013—2015年从业人员增速由24%降至4.6%；2016年人员增速与2015年基本持平。信托行业人员增速的变化与信托行业的发展阶段相关，2009—2013年信托行业处于扩张阶段，信托公司数量、从业人员、管理资产规模和经营业绩都取得极大发展。例如，2011年有8家信托公司重组开业，是这一年人员大幅增长的主要原因。2013年以来，信托行业进入结构调整和转型升级阶段，人员扩张随之趋缓，并且人员增加到一定规模后，基数的增大也会对增速产生影响。可以预见，未来几年，信托从业人员增速将呈现稳定的态势。

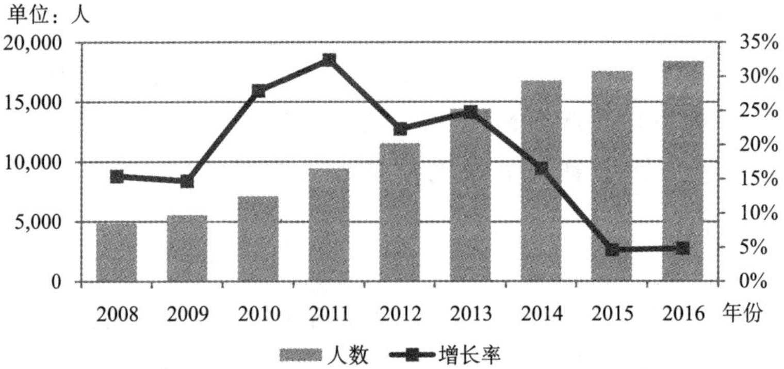

图4-1　2008—2016年信托行业从业人员及其增长率走势图

从信托公司平均员工数量看，2016年年末，信托公司平均员工数量为270人，较2013年年末的平均数212人增加27%；而将2013年数据与2008年年末相比，增幅却达到130%。图4-2列示了自2008年以来信托公司平均员工数量及增长率的变化，可以发现，信托公司平均员工数量走势与行业总人数走势基本一致，自2013年以后进入小幅稳步增长阶段。

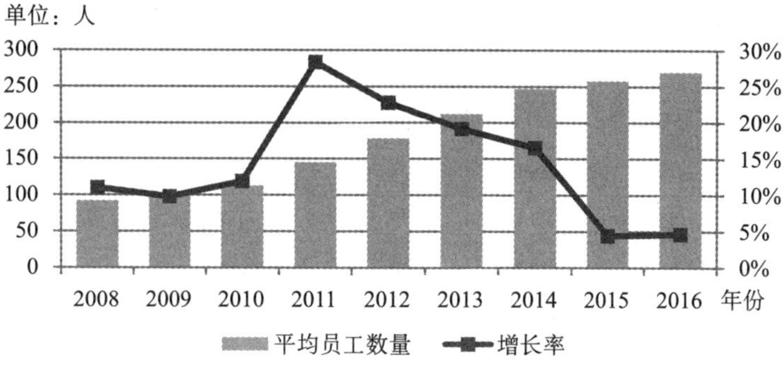

图4-2　2008—2016年信托公司平均员工数量及增长率走势图

（二）几家大信托公司人员数量减少

虽然信托行业2016年年末总人数较2015年年末有一定增加，但不同信托公司之间差异较大。总体来看，68家信托公司中47家员工数量增加，20家员工数量减少，2015年员工数量增幅最高的重庆信托员工数量不变。表4-1和表4-2分别列示了员工数量增幅和增员前10位和后10位的信托公司。从增幅上看，长城新盛信托以69.4%居第1位，这与其基数小以及2015年员工数量下降较多有关，其次为浙金信托、大业信托和西藏信托，这几家均为人员数量较少的信托公司。从增量上看，中建投信托以增员90人排第1位，与2015年增员第1位的160人相比有一定差距，但结合中建投信托2015年已经增加95人，足见其采取扩张的人才策略。此外，光大兴陇信托也连续两年出现在增员前10位的名单中，这可能与其重组以后银行系背景带来的业务快速扩张有关。

由表4-2可以看出，员工数量减少最多的是平安信托，减员148人，其次为新华信托和中融信托。其中，新华信托减员幅度最高，并且其2015年减员和减幅都是最多，可见其人员收缩的趋势仍在延续；中融信托自2008年以来首次出现员工数量减少，其2015年还以增员160人位居增员排

表 4－1　2016 年员工数量增幅排名前 10 位和增员排名前 10 位的信托公司

排名	信托公司	增幅（%）	增加人数（人）	信托公司	增幅（%）	增加人数（人）
1	长城新盛信托	69.4	34	中建投信托	29.8	90
2	浙金信托	44.2	42	中航信托	29.8	75
3	大业信托	39.4	39	建信信托	26.6	72
4	西藏信托	37.1	23	陕国投信托	24.4	72
5	中江信托	31.9	61	中江信托	31.9	61
6	中建投信托	29.8	90	民生信托	25.0	57
7	中航信托	29.8	75	华融信托	16.3	50
8	建信信托	26.6	72	光大兴陇信托	19.4	44
9	中海信托	26.5	35	渤海信托	21.3	42
10	民生信托	25.0	57	浙金信托	44.2	42

名表第 1 位；平安信托也是自 2011 年以来首次出现减员。员工数量减少前 10 位的信托公司中，新华信托、平安信托和五矿信托人员减幅达到 10% 以上。员工数量的减少一方面与公司战略发展规划有关，另一方面也可能与业务结构调整带来的组织架构调整有关。

表 4－2　2016 年员工数量增幅排名后 10 位和增员排名后 10 位的信托公司

排名	信托公司	增幅（%）	增加人数（人）	信托公司	增幅（%）	增加人数（人）
68	新华信托	-20.3	-47	平安信托	-13.2	-148
67	平安信托	-13.2	-148	新华信托	-20.3	-47
66	五矿信托	-10.9	-37	中融信托	-2.1	-41
65	金谷信托	-9.9	-14	五矿信托	-10.9	-37
64	吉林信托	-9.1	-17	四川信托	-2.6	-19
63	中泰信托	-8.1	-19	中泰信托	-8.1	-19
62	华宸信托	-7.7	-8	吉林信托	-9.1	-17
61	国元信托	-4.3	-7	金谷信托	-9.9	-14
60	湖南信托	-2.8	-4	兴业信托	-2.3	-12
59	国联信托	-2.6	-2	中信信托	-2.1	-11

2016年47家增员的信托公司共增加员工1,245人，其中增员前10位的信托公司员工数量增加605人，占增加人数的将近50%。增员20人以上的信托公司有25家，较2015年多2家。2016年员工数量增加分布情况如表4-3所示。

表4-3　2016年信托公司增员情况分布表

员工数量增加情况	信托公司数量（家）	信托公司名称
≥50人	7	中建投信托、中航信托、陕国投信托、建信信托、中江信托、民生信托、华融信托
20—49人	18	华宝信托、中诚信托、外贸信托、西藏信托、中原信托、国民信托、爱建信托、安信信托、长安信托、中铁信托、上海信托、长城新盛信托、中海信托、国投泰康信托、大业信托、渤海信托、浙金信托、光大兴陇信托
10—19人	12	杭工商信托、新时代信托、粤财信托、西部信托、中粮信托、华能信托、交银信托、江苏信托、苏州信托、山西信托、华润信托、华鑫信托
1—9人	11	重庆信托、英大信托、北京信托、东莞信托、昆仑信托、厦门信托、方正信托、华信信托、紫金信托、百瑞信托、万向信托

2016年22家信托公司员工数量减少，共减员398人。其中，减员100以上的仅平安信托1家，减员30—50人的信托公司有3家，多数公司人员减少集中在20人以内。人员增减20人以内属于相对稳定的调整，绝大部分公司人员处于稳定或增长态势。但亦有个别公司持续减员，例如新华信托自2014年来人员减少462人，降幅达到70%以上。2016年员工数量变动情况分布如表4-4所示。

（三）信托公司员工数量集中度呈现下降趋势

不同信托公司之间员工数量差别较大，从2016年年末数据来看，员工数量超过千人的仅中融信托1家，但员工不足百人的公司有5家。员工数量最多的3家公司是中融信托、平安信托和四川信托，合计3,844人，占行业总人数的20%，较2015年下降2个百分点。员工数量排名前10位的信托公司员工总数是6,760人，占行业总人数的37%，具体可见表4-5。可以看

表4-4 2016年信托公司减员情况分布表

员工数量减少情况	信托公司数量（家）	信托公司名称
≥100人	1	平安信托
30—50人	3	新华信托、中融信托、五矿信托
10—19人	6	四川信托、中泰信托、吉林信托、金谷信托、兴业信托、中信信托
1—9人	10	华宸信托、国元信托、湖南信托、云南信托、北方信托、国联信托、山东信托、天津信托、华澳信托、陆家嘴信托

出，信托行业员工数量集中度仍较高，但是从2014到2016年，员工数量集中度呈现持续下降的趋势，这充分说明信托行业并非人力资源密集型行业，人员增加到一定程度后，会呈现稳定和整合的趋势。例如，员工数量前10位的信托公司中，有5家同时出现在减员数量前10位的名单中。可以预见，随着信托行业监管的升级和转型的持续推进，未来信托公司员工数量集中度可能呈现进一步下降的趋势。

表4-5 2014—2016年信托行业员工数量集中度 单位:%

年份	CR3	CR5	CR10	CR20	CR9（-10）	CR（-20）
2016	19.8	26.0	36.7	53.5	5.59	14.06
2015	21.90	28.32	38.68	54.60	5.15	13.57
2014	21.60	28.06	39.88	55.49	5.39	13.81

2016年年末，员工数量排名前10位和后10位的信托公司如表4-6所示。可以发现，员工数量前10位和后10位的信托公司与2015年基本一致，仅有细微的调整。中建投信托和陕国投信托2016年员工数量增加，首次进入前10位。中建投信托2016年大力开展房地产业务，同时在股权信托、消费信托等领域取得突破，信托业务收入等经营业绩排名实现较大提升，可见其人员扩张与业务扩张基本同步。江苏信托、苏州信托、国联信托和粤财信托虽然人员数量少，却属于小而精的公司，人均净利润均排在前30位，其中江苏信托人均净利润高达1,601.19万元，稳居行业第2位，粤财信托以813.76万元排第6位。

表4-6　2016年年末员工数量排名前10位和后10位的信托公司

排名	信托公司	员工数量（人）	2015年排名	排名	信托公司	员工数量（人）	2015年排名
1	中融信托	1,939	1	59	浙金信托	137	64
2	平安信托	972	2	60	北方信托	132	58
3	四川信托	725	3	61	金谷信托	128	55
4	长安信托	622	4	62	苏州信托	127	60
5	兴业信托	518	5	63	粤财信托	110	63
6	中信信托	517	6	64	华宸信托	96	61
7	中建投信托	392	11	65	江苏信托	92	66
8	陕国投信托	367	14	66	西藏信托	85	67
9	华融信托	356	10	67	长城新盛信托	83	68
10	上海信托	352	9	68	国联信托	76	65

图4-3列示了信托公司员工数量分布情况，可以看出，200—300人的信托公司占比达到30%，150—200人的公司占比达到24%，而2015年占比最为集中的是150—200人的信托公司，这表明中等规模的信托公司朝做强做大的方向发展。在行业转型过程中，这种趋势可能会更加明显，一方面在于规模中等便于统一转型发展思路，另一方面在于各方面指标均衡也有转型发展的基础。

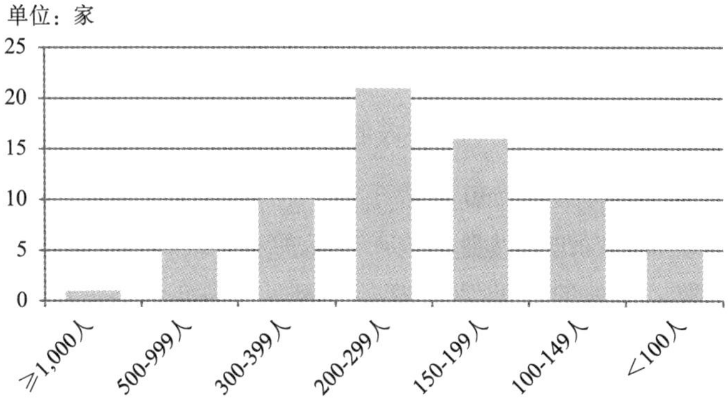

图4-3　2016年年末信托公司人员数量分布图

二、信托从业人员结构分析

（一）年龄结构：30—39岁员工成为绝对主力军

2016年61家信托公司在年报中公布了员工年龄结构。公布年龄结构的信托公司共有员工17,167人，其中30岁（不含）以下的员工5,441人，占比31.7%；30—39岁员工8,097人，占比47.2%；40岁及以上员工3,629人，占比21.1%。

图4-4列示了2008年以来各年龄段员工占比走势图。可以看出，30—39岁年龄组员工占比稳定多年后，自2014年开始上升，到2016年年末已经接近50%，成为信托行业的主力军；30岁以下员工占比自2014年开始持续下降，2016年年末降至32%，较历史最高点下降8个百分点；40岁及以上员工占比自2008年以来持续下降，2014年达到最低点20%以后，2015年和2016年有略微上升的趋势。这种变化趋势与2011年前后信托公司人员数量的快速扩张有密切关系，随着人员增加趋于平稳后，低年龄员工占比自然开始下降。展望未来，这种相对高年龄员工占比提升的趋势可能会延续。

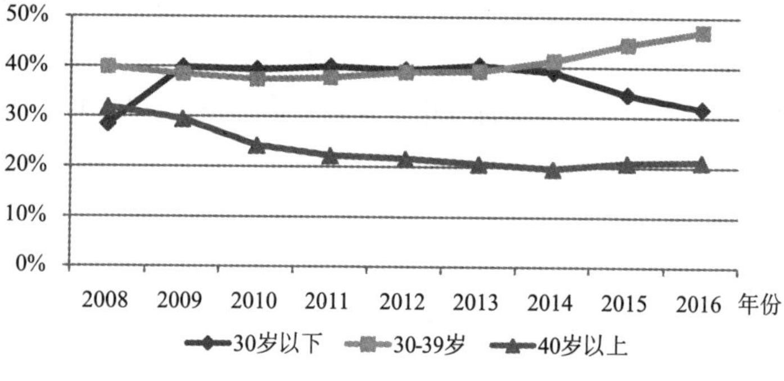

图4-4　2008—2016年信托行业年龄结构分布表

从具体信托公司来看，30岁以下员工占比超过平均数31.7%的有28家，30—39岁员工占比超过平均数47.2%的有22家，40岁及以上员工占比超过平均数21.4%的有34家。表4-7列示了各年龄组占比排名前10位的信托公司。可以看出，40岁以上员工占比高的信托公司以地方型信托公司为主，并且人员规模均较小，排名前10位的信托公司中，除了中江信托员工总数为252人外，其余均在200人以下，这些公司普遍成立时间较长并且人员一直处于稳定态势。40 岁以下员工占比高的信托公司集中在北京、上海以及东部沿海地区，并且 30 岁以下员工占比高的信托公司多数属于近几年人员增多较多的公司。30—39 岁员工占比排名前 10 位的公司占比均在 50% 以上，进一步说明这一年龄段员工成为行业的主力军。总体来看，一线城市以及东部沿海地区信托公司员工较中西部地区更加年轻化。

40 岁及以上员工占比最低的是民生信托和五矿信托，均不足 10%；30—39 岁员工占比最低的是天津信托和厦门信托，分别是 25.9% 和 26.2%；30 岁以下员工占比最低的是天津信托的 15.8%，另外有 5 家信托公司占比也不足 20%。

表 4－7　2016 年年末各年龄组占比排名前 10 位的信托公司　单位：%

排名	信托公司	30 岁以下占比	信托公司	30—39 岁占比	信托公司	40 岁及以上占比
1	西藏信托	55.29	平安信托	63.79	天津信托	58.27
2	中航信托	46.18	民生信托	61.75	国元信托	53.25
3	中建投信托	44.64	方正信托	58.89	北方信托	53.03
4	外贸信托	43.39	华鑫信托	57.07	山西信托	46.56
5	上海信托	43.18	中融信托	53.84	英大信托	43.05
6	五矿信托	43.09	陆家嘴信托	53.56	江苏信托	40.22
7	粤财信托	41.82	交银信托	53.47	西部信托	38.25
8	苏州信托	40.94	紫金信托	52.38	金谷信托	35.94
9	厦门信托	40.10	百瑞信托	52.33	新华信托	35.33
10	华宝信托	38.78	中诚信托	51.66	中江信托	34.92

（二）学历结构：硕博占比首次达到 50%

2016 年 68 家信托公司均公布了员工学历结构，其中博士研究生学历人数 377 人，较 2015 年增加 22 人，占比为 2%；硕士研究生学历人数 8,786 人，较 2014 年增加 649 人，占比为 48%；本科学历人数 7,997 人，较 2015 年增加 218 人，占比为 43%；专科学历及其他学历人数 1,241 人，较 2015 年减少 42 人，占比为 7 %。表 4－8 列示了 2008—2016 年信托从业人员学历结构表，可以看出，2013 年以来，硕士研究生学历人数开始超过本科学历人数，成为信托行业的主力军。

表4－8　　2008—2016年信托从业人员学历结构表　　单位：人

	2008年	2009年	2010年	2011年	2012年	2013年	2014年	2015年	2016年
博士研究生学历	111	123	164	237	287	339	379	355	377
硕士研究生学历	1,423	1,847	2,488	3,621	4,865	6,539	7,642	8,137	8,786
本科学历	2,340	2,655	3,432	4,388	5,155	6,317	7,367	7,779	7,997
专科学历	986	950	829	940	880	988	1,112	1,081	1,068
其他			216	254	359	221	235	202	173
总人数	4,860	5,575	7,129	9,440	11,546	14,404	16,753	17,554	18,401

图4－5列示了2008年以来各学历结构人员占比情况走势图。可以看出，代表较高学历水平的硕博人员占比自2008年以来呈现持续上升的趋势；2012年开始超越本科学历人员占比，截至2016年年末，硕博人员占比已达到50%。本科学历人员占比自2010年起即呈现稳中微降的趋势，2016年年末降至43%，较2010年年末下降了5个百分点。随着整个人才市场学历结构的提升以及信托公司的人才战略，可以预见，硕博人员仍会是信托行业的主力，硕博人员占比可能呈现进一步提升的趋势。

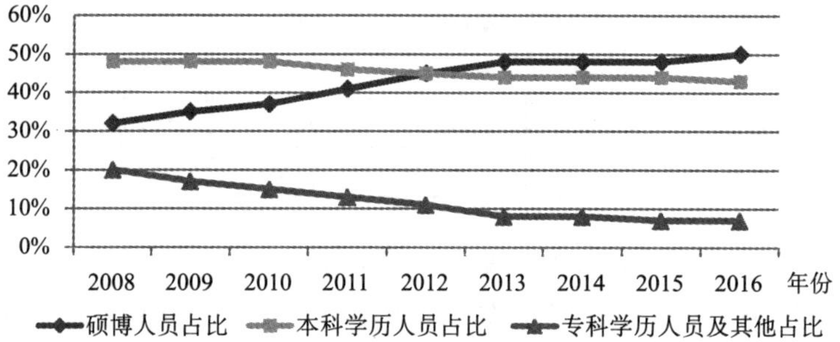

图4－5　2008—2016年各学历人员占比走势图

从具体的公司来看，硕博人员占比超过行业平均数50%的公司有38家，其中占比最高为百瑞信托的74.6%，其次为华鑫信托的71.2%和中信信托的71%。硕博占比最低的为中江信托和东莞信托，均为23%。

表4-9　2016年年末硕博人员占比和人数排名前10位的信托公司

排名	占比排名			人数排名		
	信托公司	人数（人）	占比（%）	信托公司	人数（人）	占比（%）
1	百瑞信托	144	74.61	中融信托	607	31.30
2	华鑫信托	141	71.21	平安信托	487	50.10
3	中信信托	367	70.99	中信信托	367	70.99
4	山东信托	135	70.31	长安信托	331	53.22
5	北京信托	160	68.38	兴业信托	301	58.11
6	中原信托	158	67.81	四川信托	230	31.72
7	英大信托	99	65.56	上海信托	228	64.77
8	大业信托	90	65.22	中建投信托	226	57.65
9	上海信托	228	64.77	华融信托	223	62.64
10	华润信托	200	64.10	外贸信托	215	61.78

纵观多年来信托从业人员的学历结构，可以发现，信托从业人员学历水平呈现稳步提升的趋势，考虑到信托从业人员在职学习的可能性较小，其原因主要在于高学历人才的加入。人才市场结构的变化是影响因素之一，但信托行业快速发展带来的良好发展平台和较高薪酬水平应该是关键因素。由于硕博人才已经成为信托行业的主力军，因此从数据上看，硕博人数占比与信托经营业绩没有直接关系，但实际上二者是相辅相成、相互促进的。

2016年北京信托设立了博士后科研工作站，成为继百瑞信托、中信信托、北方信托、中铁信托、陕国投信托、华宝信托、中建投信托之后第8家设立博士后工作站的信托公司，已设立博士后工作站的信托公司占比达到12%。博士后工作站的设立，一方面可以引进博士，为公司发展储备人才，同时扩大和提升信托公司的影响力和知名度；另一方面也说明信托行业的发展已经取得社会的认可，长远持续地发展值得期待。

（三）岗位结构：自营业务人员和信托业务人员占比稳定，不同公司业务职能比差异较大

2016年共有62家信托公司公布了员工岗位分布情况，其中董监高596人[①]，自有业务人员586人，信托业务人员9,761人[②]，其他人员6,435人，共计17,378人。具体占比如图4－6所示。

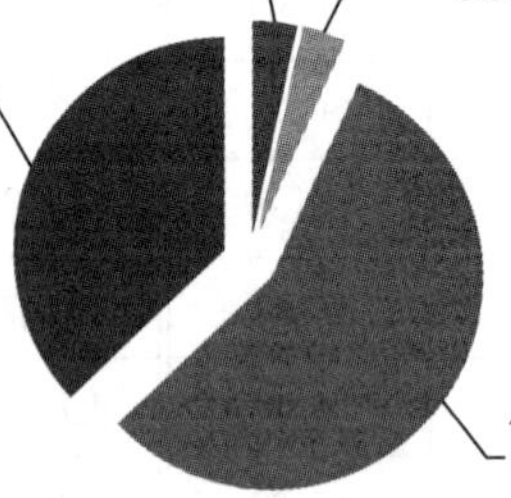

图4－6　2016年年末信托从业人员岗位分布图

表4－10列示了2008—2016年各岗位从业人员数量，但由于每年披露岗位结构的信托公司数量不同，因此单纯人数上的对比意义并不大，更有意义的可能是不同岗位人员占比的变化。

表4－10　2008—2016年信托行业各岗位从业人员数量　单位：人

	2008年	2009年	2010年	2011年	2012年	2013年	2014年	2015年	2016年
董监高	331	359	419	420	530	608	591	561	596
自营人员	515	479	468	490	590	752	1,025	566	586
信托人员	1,819	2,379	3,542	4,448	5,910	7,331	9,042	9,079	9,761
其他人员	1,358	1,497	1,865	2,582	3,517	4,518	5,380	5,763	6,435
合计	4,023	4,714	6,294	7,940	10,547	13,209	16,038	15,969	17,378

① 中融信托董监高人员包含外部董事、监事或兼职人员4人，共16人，重庆信托董监高人员包含外部董事、监事或兼职人员16人，共24人；国联信托部分董监高人员为信托业务人员或其他业务人员。因此，这3家公司按员工岗位结构计算的员工总数大于其披露的员工总数。本文按照去除外部人员和兼职人员数以后的数据进行分析。

② 华融信托、万向信托、五矿信托和安信信托仅公布了业务人员数，未区分自营业务人员和信托业务人员，为了研究的方便，本文按照行业从业人员中自营业务人员和信托业务人员的比例对其进行了区分。此外，陕国投信托和兴业信托单独披露了财富管理人员，为了分类上的统一，将其纳入信托业务人员进行分析。

图4－7展现了2008—2016年信托从业人员岗位分布占比变化情况。可以看出，2010—2016年各岗位人员占比基本维持在相对稳定的水平，信托业务人员占比在55%左右，中后台人员占比在35%左右。

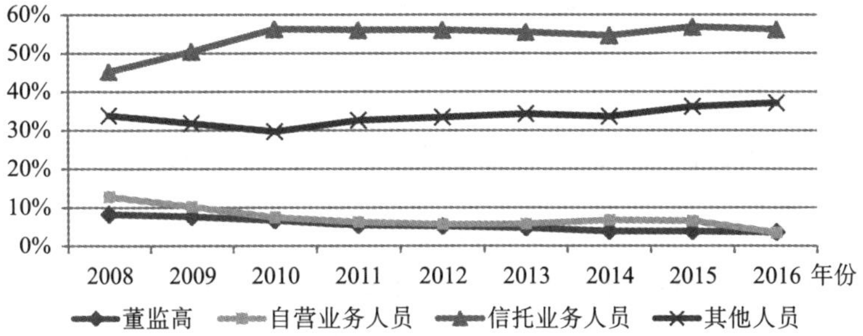

图4－7　2008—2016年信托从业人员岗位分布比例走势图

1. 董监高人员占比稳定，各公司之间差别较小

由表4－10可以看出，2016年董监高人员较2015年增加35人，但由于纳入统计的信托公司较2015年多2家，可以认为，信托行业董监高人员基本稳定。从具体公司看，董监高占比最高的为长城新盛信托和国投泰康信托，分别为9.64%和8.99%，2015年这两家公司董监高占比均在10%以上。董监高占比不足2%的公司有6家，分别为上海信托、五矿信托、建信信托、兴业信托、平安信托和中融信托，这几家公司属于规模较大、总人数较多的公司。总体上看，70%的信托公司董监高占比为3%—6%。

从人数上看，平均每家信托公司董监高人员为10人，其中75%以上的信托公司董监高人数为7—13人，20人以上的仅华融信托1家，14人（包含）以上的公司有7家，其中国投泰康信托、中信信托和四川信托以17人居第2位；6人（包含）以下的公司有8家，其中西藏信托和万向信托最低，均为5人。由于公司经营管理的需要，董监高人数与公司的总人数关系并不大，一般需要维持在一定水平之上，许多数字的差别不排除有统计口径上的原因。

2. 自营业务人员和信托业务人员占比稳定，不同公司之间差别较大

根据2016年年末数据，自营业务人员占总人数的比例为3.37%，与2015年相比有所下降。表4－11列示了自营业务人员数量和占比排名前10位的信托公司。从具体信托公司来看，自营业务人员占比10%以上的公司

有3家，分别是天津信托、江苏信托和西藏信托。中江信托2015年自营业务人员占比也在10%以上，但2016年自营业务人员由24人减至7人，占比降至3%。从人数上看，自营业务人员平均为9.5人，其中最多的为平安信托的59人，其次为光大兴陇信托和中诚信托。自营业务人员最少的为中融信托的0人，还有8家公司为1—3人。从自营业务人员占比排名与自营业务收入排名的关系看，二者并无必然的联系，原因可能在于，自营业务人员数量及占比对于自营收入的影响较自营资金规模以及自营资金投资领域和运用方式要小很多。

表4-11　2016年年末部分信托公司自营业务人员数量与占比排名前10位的信托公司

排名	人数排名				占比排名		
	信托公司	人数（人）	占比（%）	自营业务收入排名	信托公司	占比（%）	自营业务收入排名
1	平安信托	59	6.07	1	天津信托	13.67	22
2	光大兴陇信托	27	9.96	47	江苏信托	11.96	10
3	中诚信托	26	9.59	8	西藏信托	10.59	62
4	中信信托	20	3.87	6	光大兴陇信托	9.96	47
5	天津信托	19	13.67	22	中诚信托	9.59	8
6	百瑞信托	17	8.81	24	百瑞信托	8.81	24
7	方正信托	16	5.93	48	吉林信托	8.28	42
8	兴业信托	16	3.09	17	粤财信托	8.18	19
9	华融信托	15	4.21	35	重庆信托	8.05	5
10	吉林信托	14	8.28	42	平安信托	6.07	1

信托业务人员占比自2010年以来相对稳定，信托业务人员占比超过行业平均数56%的有37家，超过70%的有5家，不足40%的有6家。表4-12列示了2016年年末信托业务人员数量和占比排名前10位的信托公司。可以看出，信托业务人员占比最高的为北京信托，其次为中信信托。从信托业务人员数量看，虽然中融信托的信托业务人员持续减少，但2016年年末的974人仍居第1位，并且较排名第2的平安信托多290人；信托业务人员不足50人的有4家，其中国联信托和西藏信托最少，分别为26人和29人。

表4－12　2016年年末信托业务人员数量和占比排名前10位的信托公司

排名	人数排名			占比排名		
	信托公司	人数（人）	占比（%）	信托公司	占比（%）	信托业务收入排名
1	中融信托	974	50.23	北京信托	81.62	19
2	平安信托	684	70.37	中信信托	79.88	3
3	四川信托	529	72.97	交银信托	73.76	24
4	中信信托	413	79.88	四川信托	72.97	10
5	兴业信托	306	59.07	平安信托	70.37	4
6	长安信托	262	42.12	华信信托	68.78	34
7	外贸信托	237	68.10	昆仑信托	68.77	27
8	陕国投	230	62.67	外贸信托	68.10	18
9	建信信托	224	65.31	华能信托	66.99	6
10	上海信托	210	59.66	建信信托	65.31	11

3. 业务职能人员比下降，中后台人员有增多趋势

为了更好地衡量信托行业和信托公司岗位结构的变化情况，我们将信托业务人员和自营业务人员作为业务人员，其他人员作为职能人员（不含董监高），用业务人员/职能人员（业务职能比）表示信托公司中每一个中后台人员可以支撑的前台业务人员数量。图4－7展示了自2008年以来业务人员/职能人员走势图，可以发现，2008—2010年业务职能比呈现上升趋势，2010以后开始下降，2016年降到1.61，则信托行业平均1个中后台人员需要支撑和服务1.6个前台业务人员。

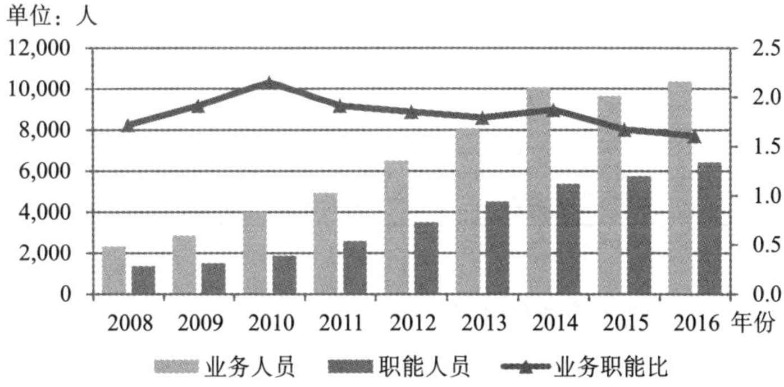

图4－8　2008—2016年信托行业业务人员数量和职能人员数量及其比值走势图

从具体的公司来看，业务职能比最高的是北京信托和中信信托，分别是7.37和6.46，与2015年排名一致并且数值均有所增大，这两家公司也是信托业务人员占比最高的公司。业务职能比超过行业平均数1.61的有33家，较2015年亦有所增加。业务职能比低于1的有13家，其中最低的是华澳信托和国联信托，分别是0.53和0.69，与2015年排名一致但数值有增大。业务职能比反映的是中后台人员对业务人员的支撑情况，由于不同公司组织架构不同，各部门的分工也不相同，例如有的公司设置专门的信托运营部或运营管理部，对于信托项目进行统一的后期管理，但有的公司将这些职能放到信托业务部门，并且可能不同公司的统计口径也有差异，因此，业务职能比并不具有绝对的意义。但是，业务职能比过高的信托公司仍应当关注中后台人员的扩充或者部门之间职责配置问题，以确保业务的拓展有坚实的保障和基础；业务职能比过低的信托公司则需要注意经营效率、业务拓展以及业务人员积极性问题。

表4-13　2016年年末业务职能比排名前10位和后10位的信托公司

排名	信托公司	业务职能比	员工总数（人）	总收入排名	排名	信托公司	业务职能比	员工总数（人）	总收入排名
1	北京信托	7.37	234	19	59	陆家嘴信托	0.88	295	34
2	中信信托	6.46	517	3	60	华宝信托	0.86	294	56
3	交银信托	4.03	202	31	61	中建投信托	0.84	392	29
4	华信信托	3.81	189	13	62	西部信托	0.84	183	25
5	光大兴陇信托	3.44	271	52	63	民生信托	0.84	285	23
6	平安信托	3.41	972	2	64	爱建信托	0.82	201	36
7	四川信托	3.12	725	10	65	吉林信托	0.82	169	20
8	昆仑信托	3.03	253	35	66	长安信托	0.78	622	33
9	天津信托	2.97	139	37	67	国联信托	0.69	78	61
10	华能信托	2.76	312	8	68	华澳信托	0.53	195	22

三、人员数量与经营业绩关系

（一）人均净利润微降，个别信托公司实现大幅增长

2016年信托行业加权平均人均净利润为341万元，与2015年相比下降

4万元。图4－9列示了2008—2016年信托行业人均净利润及其增长率走势图。可以发现，信托行业人均净利润2012年首次突破300万元，2013年持续增长至341万元后，2014年有所下降，其原因在于行业人数的增加并未带来净利润的同步增长。2015年多家公司计提资产减值损失造成营业费用增长，导致净利润增速低于总收入增速7个百分点，人均净利润增长19万元。2016年信托行业总收入较2015年有所下降，但净利润仍实现3%的增加，不过由于从业人员数量相应的增加，人均净利润较2015年有所下降。

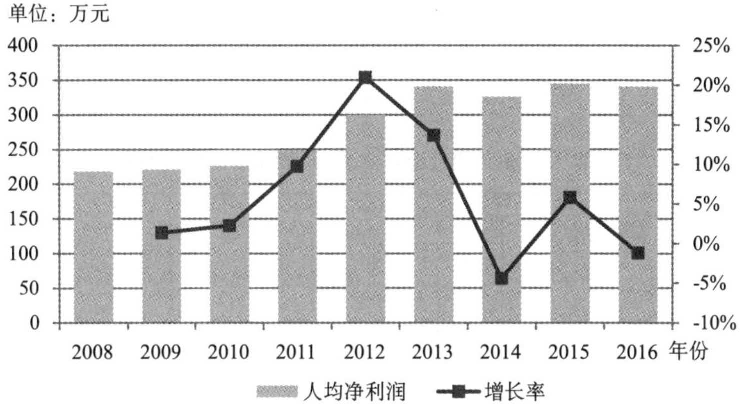

图4－9　2008—2016年信托行业人均净利润及其增长率走势图

从具体信托公司来看，人均净利润超过千万元的信托公司有3家，较2015年和2014年减少1家，重庆信托以人均净利润2,520万元仍排在第1位，但较2015年的3,358万元下降较多。表4－14列示了2016年人均净利润排名前10位和后10位的信托公司及其2015年人均净利润排名。可以看出，中江信托人均净利润排名较2015年上升32位，进入前5。中江信托2015年人均净利润299万元，2016年增至867万元，为2015年的2.9倍。此外，华宝信托、民生信托、万向信托、平安信托、湖南信托、长城新盛信托和五矿信托的人均净利润排名也提升了10个位次以上。与此同时，天津信托、国投泰康信托、中诚信托、国联信托、北京信托、华鑫信托、北方信托、国民信托、吉林信托和国元信托的人均净利润排名下降了10个位次以上。其中，国元信托人均净利润由2015年的544万元降至2016年的372万元，排名由第14位降至第28位，下降位次最多。

从人均净利润排名和净利润排名的关系看，部分公司存在一定的差异，如江苏信托以13.29亿元的净利润排在第13位，但由于其人数少，因此人均净利润升至第2位。国联信托和西藏信托同样由于人数少，人均净利润排名较净利润排名靠前30位以上。与之相反，中融信托、四川信托、兴业信托和长安信托等由于员工数量较多，人均净利润排名明显落后于净利润排名。

从表4-14的另一端看，人均净利润最低的为新华信托，与2015年一致，但较2015年增加近16万元。总体来看，人均净利润排名后10位的公司与2015年差别不是很大，并且与净利润的排名也较为一致，可见在2016年的市场环境下，小规模的公司要实现逆袭是比较困难的。

表4-14　2016年人均净利润行业排名前10位和后10位的信托公司

排名	信托公司	2016年人均净利润（万元）	2015年人均净利润排名	净利润排名	排名	信托公司	2016年人均净利润（万元）	2015年人均净利润排名	净利润排名
1	重庆信托	2,519.74	1	2	59	光大兴陇信托	132.84	60	55
2	江苏信托	1,601.19	2	13	61	中泰信托	128.96	55	59
3	安信信托	1,536.00	5	4	48	金谷信托	120.50	62	62
4	中江信托	866.93	36	6	66	云南信托	95.53	54	60
5	华信信托	863.62	3	9	63	国民信托	85.52	52	61
6	粤财信托	813.76	10	29	65	山西信托	67.93	65	63
7	中铁信托	698.00	8	11	62	浙金信托	52.09	64	66
8	中海信托	694.50	6	19	67	华宸信托	37.62	66	68
9	中航信托	595.45	12	14	64	华澳信托	35.00	63	65
10	中信信托	582.13	13	3	68	新华信托	22.17	68	67

（二）人均信托资产规模增速回升，人均新增集合信托项目数量下降

信托资产规模是衡量一个公司资产管理能力的指标，也被看作衡量信托公司体量的主要指标。从资金来源看，信托项目分为单一信托、集合信托和财产权信托。集合资金信托通常属于信托公司主动管理的信托项目，与人员的关系相对更为密切，无论是前台和中后台都需要付出较多的人力和物力。

因此，本部分分别比较人均信托资产规模和人均集合信托资产规模的情况。表4-14列示了2016年人均信托资产规模和人均集合信托资产规模排名前10位的信托公司。

表4-14　2016年人均信托资产规模和人均集合信托资产规模排名前10位的信托公司

排名	信托公司	人均信托资产规模（万元）	信托资产规模排名	信托公司	人均集合信托资产规模（万元）	集合信托资产规模排名	信托资产规模排名
1	西藏信托	631,221.54	11	中海信托	136,226.55	10	20
2	江苏信托	448,605.11	14	建信信托	131,778.60	2	2
3	建信信托	432,287.02	2	西藏信托	131,049.36	28	11
4	交银信托	304,957.67	6	上海信托	98,389.67	4	4
5	中信信托	271,322.38	1	外贸信托	92,213.06	6	12
6	华润信托	244,142.98	5	重庆信托	89,542.33	21	40
7	上海信托	212,171.68	4	中航信托	85,818.09	8	13
8	华能信托	200,702.12	7	华能信托	83,542.99	7	7
9	中海信托	199,863.11	20	华鑫信托	75,633.44	17	27
10	北方信托	197,295.43	23	交银信托	72,524.73	18	6

2016年年末信托行业人均信托资产规模11.3亿元，较2015年增加1.8亿元，超过平均数的有24家。人均信托资产规模超过20亿元的公司有8家，西藏信托以人均63亿元蝉联了第1的位置，其后为江苏信托和建信信托。人均信托资产规模不足2亿元的有杭工商信托、山西信托和华宸信托，最低的为华宸信托的0.97亿元。杭工商信托和华宸信托的信托报酬率较高，分别以2.38%和1.83%排在第2和第4位，因此其人均信托业务收入排名相对靠前。

从人均集合信托资产规模看，2016年年末行业平均数为4亿元，较2015年的3.1亿元增加0.9亿元。从信托公司来看，超过行业平均数的有24家，中海信托以13.6亿元蝉联第1的位置，但人均集合信托资产规模较2015年降低2亿元。人均集合信托资产规模不足1亿元的公司有6家，其中不足5,000万元的有吉林信托、华宸信托和长城新盛信托，分别为1,502

万元、253万元和228万元。

从人均集合信托资产规模排名与集合信托资产规模和信托资产规模排名的关系看，建信信托、上海信托和华能信托三项均排在前10位，重庆信托、华鑫信托和中海信托人均集合信托资产规模排名较其他两项排名有较大提升。

图4－10列示了自2008—2016年人均信托资产规模和人均集合信托资产规模及其增长率的走势。可以看出，自2008年起人均信托资产规模和人均集合信托资产规模均保持了持续增长的态势，但增速变化较大。2016年人均信托资产规模和人均集合信托资产规模增速较2015年都有较大提升，与2013年和2014年增速较为接近。从2013年开始，人均集合信托资产规模增速高于人均信托资产规模增速，这表明信托公司的主动管理能力在不断提升。

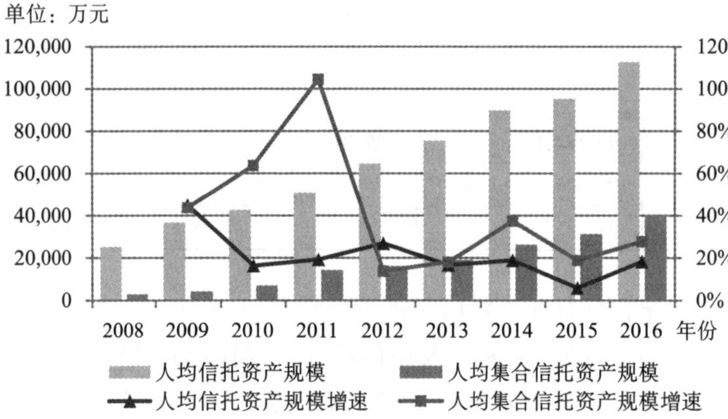

图4－10　2008—2016年人均信托资产规模和人均集合信托资产规模及其增长率走势图

表4－15列示了2016年人均新增集合信托资产规模排名前10位和后10位的信托公司。可以看出，人均新增集合信托资产规模排在第1位的仍是华能信托，虽然规模上较2015年有所降低，但仍然比排第2位的中铁信托高出6亿元。2014—2016年华能信托新增集合信托资产规模连续居首位，表现出较强的主动管理能力。人均新增集合信托资产规模超过5亿元的公司有9家，不足5,000万元的有6家，其中新华信托和长城新盛信托新增集合信

托资产规模为0，长城新盛信托2015年亦无新增集合信托资产规模。总体来看，人均新增集合信托资产规模排名靠后的公司，新增集合信托资产规模和期末集合信托资产规模排名也相对靠后，只有中融信托属于例外情形，原因在于其人员队伍庞大，拉低了平均值。

表4-15　2016年人均新增集合信托资产规模排名前10位和后10位的信托公司

排名	信托公司	人均新增集合信托资产规模（万元）	新增集合信托资产规模排名	期末集合信托资产规模排名	排名	信托公司	人均新增集合信托资产规模（万元）	新增集合信托资产规模排名	期末集合信托资产规模排名
1	华能信托	130,459.10	1	7	59	杭工商信托	9,381.23	58	52
2	中铁信托	70,079.54	8	19	61	中诚信托	6,847.72	57	45
3	五矿信托	65,671.29	3	9	48	东莞信托	6,157.64	61	55
4	江苏信托	59,527.79	30	49	66	中融信托	5,477.05	13	1
5	华鑫信托	58,310.15	12	17	63	中泰信托	3,072.92	63	57
6	西藏信托	55,134.53	36	28	65	山西信托	2,663.37	64	65
7	新时代信托	53,703.89	9	15	62	吉林信托	612.06	65	66
8	方正信托	53,125.60	7	14	67	华宸信托	289.20	66	67
9	交银信托	52,541.73	14	18	64	新华信托	0.00	67	60
10	中航信托	49,171.83	6	8	68	长城新盛信托	0.00	68	68

图4-11展示了2009—2016年信托行业人均新增集合信托计划数量和人均新增信托项目数量的变化。可以看出：2011年人均集合信托计划占新增信托项目比例最高；2013—2015年，人均新增信托项目呈现下降趋势；2016年较2015年出现小幅上升，这与2016年通道业务的回流有一定关系。人均新增集合项目数量自2012年开始稳定在0.5左右，2016较2015年有小幅下降。

（三）人均总收入出现下降趋势，人均信托业务收入增速回升

2016年信托行业人均总收入635万元，较2015年的695万元减少60万元，降幅为10%，为2009年以来首次出现人均总收入负增长。与人均总收入相反，人均信托业务总收入却扭转了2015年的下降趋势，实现了2%的

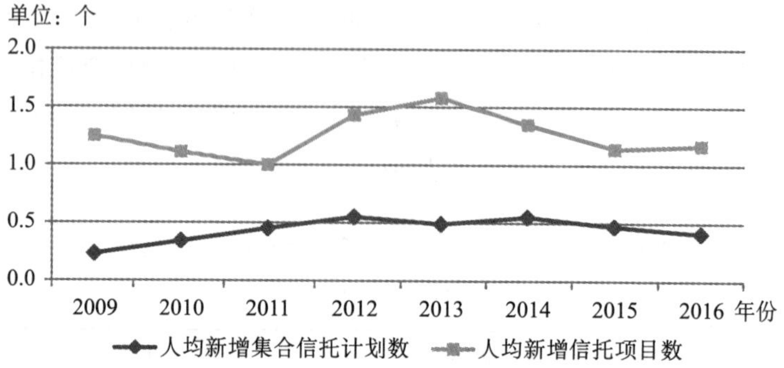

图4-11　2009—2016年人均新增集合信托计划数和人均新增信托项目数

增长，达到415万元。从原因上看，这与2016年自营业务收入大幅下降导致总收入的下降，而信托业务收入实现7%的增长有关。图4-12列示了2008—2016年人均总收入和人均信托业务收入及其增长率走势图。可以发现：2010—2013年人均信托业务收入增速明显高于人均总收入增速；2014年和2015年人均总收入增速超过人均信托业务收入增速，特别是2015年，人均总收入增速高于人均信托业务收入18个百分点。2016年人均总收入的下降表明2015年自营收入的大幅增长具有偶然性，信托业务作为信托公司主营业务，信托业务收入应当是总收入的主要组成部分。在信托公司行业评级和监管评级中，信托业务收入占比都是重要的指标，这表明监管鼓励开展信托业务的导向。但就具体的公司而言，信托业务收入和人均信托业务收入有很大差别。

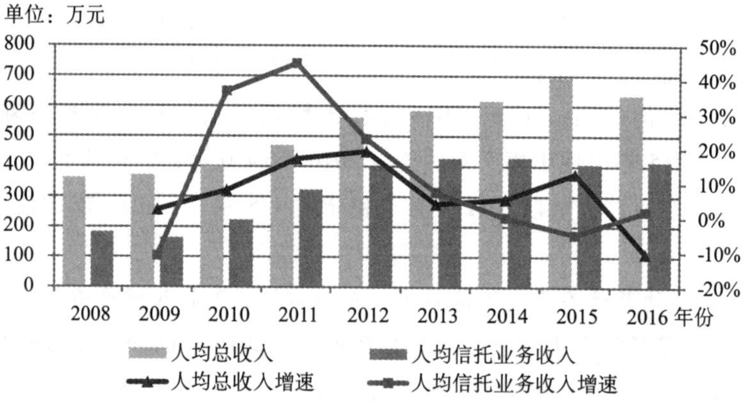

图4-12　2008—2016年以来人均总收入和人均信托业务收入及其增长率走势图

从表 4－16 和表 4－17 分别列示了 2016 年人均总收入和人均信托业务收入排名前 10 位和后 10 位的信托公司。2016 年人均总收入最高的是重庆信托，达到 3,108 万元，但较其去年 4,529 万元的人均总收入仍有所下降，排在第 2 位和第 3 位的是安信信托和江苏信托，有 9 家公司人均总收入超过千万元。与此相反，也有公司人均总收入不足百万元，不足 300 万元的公司有 9 家，较 2015 年增加 2 家。从人均总收入排名与总收入排名的关系看，西藏信托、苏州信托、粤财信托、江苏信托和北方信托等因为人员数量少，人均排名较总收入排名靠前 20 位以上；中融信托、四川信托、长安信托和兴业信托等因为人员数量多，人均总收入排名明显落后于总收入排名。

表 4－16　2016 年人均总收入行业排名前 10 位和后 10 位的信托公司

排名	信托公司	人均总收入（万元）	总收入排名	排名	信托公司	人均总收入（万元）	总收入排名
1	重庆信托	3,107.59	5	59	陕国投信托	306.53	43
2	安信信托	2,807.74	4	60	长安信托	289.57	22
3	江苏信托	1,914.44	26	61	国民信托	283.36	57
4	中江信托	1,632.38	6	62	中泰信托	279.67	59
5	中铁信托	1,466.55	9	63	吉林信托	257.27	61
6	华信信托	1,242.79	13	64	云南信托	210.41	62
7	中信信托	1,116.67	3	65	山西信托	199.87	65
8	华润信托	1,058.17	7	66	华澳信托	198.08	63
9	粤财信托	1,005.29	41	67	浙金信托	172.25	67
10	华能信托	994.53	8	68	华宸信托	97.51	68

就人均信托业务收入而言，安信信托以 2,225 万元超过重庆信托，位居第 1，重庆信托和中铁信托分列第 2 和第 3 位。由表 4－16 可以看出，人均信托业务收入排在前 10 位的公司中，有 7 家信托业务收入也在前 10 位，但总收入也在前 10 位的仅 5 家。典型的如江苏信托，总收入排第 26 位，但由于总收入中 60% 是自营业务收入，因此其信托业务收入排在第 40 位，不过由于人员总数少，人均信托业务收入依然排在第 6 位。人均信托业务收入低的公司总收入排名和信托业务收入排名也相对靠后，只有陕国投信托由于人员数量多，因此人均信托业务收入排名落后于信托业务收入和总收入排名

10个位次以上。

表4-16　2016年人均信托业务收入行业排名前10位和后10位的信托公司

排名	信托公司	人均信托业务收入（万元）	信托业务收入排名	总收入排名	排名	信托公司	人均信托业务收入（万元）	信托业务收入排名	总收入排名
1	安信信托	2,224.52	2	4	59	中粮信托	195.47	58	55
2	重庆信托	1,727.73	5	5	60	西部信托	178.86	61	36
3	中铁信托	1,054.85	9	9	61	陕国投	172.31	49	43
4	中信信托	817.56	3	3	62	山西信托	156.52	63	65
5	西藏信托	804.34	47	56	63	云南信托	153.41	59	62
6	江苏信托	791.26	40	26	64	华澳信托	145.11	62	63
7	华能信托	773.25	6	8	65	浙金信托	144.23	65	67
8	中航信托	734.76	8	12	66	长城新盛信托	96.46	68	66
9	上海信托	634.17	7	11	67	吉林信托	89.22	66	61
10	百瑞信托	624.58	21	24	68	华宸信托	71.02	67	68

比较人均信托业务收入排名与人均总收入排名可以发现，华润信托和西部信托人均信托业务收入排名较人均总收入排名靠后30个位次以上，原因是这两家公司信托业务收入占比均不足30%，还有4家公司人均信托业务收入排名相对于人均总收入排名靠后20个位次以上。与之相反，有12家公司人均信托业务收入排名较人均总收入排名靠前较多，这些公司信托业务收入占比通常在80%以上。例如，万向信托人均信托业务收入排第25位，人均总收入排第41位，其信托业务收入占比为86%。可见，各家信托公司都是基于自己的资源和优势，寻求自己的发展道路，在行业转型和分化日趋明显的环境下，如何拓展信托主业，寻找适合自己的转型方向，在分化中朝积极正向发展，是挑战也是机遇。

四、信托公司人力成本分析

（一）信托公司之间薪酬水平差异较大

金融行业的薪酬一直是社会非常关注的话题，从信托公司年报看，现金流量表中的“支付给职工以及为职工支付现金”项与员工薪酬最为接近。

该项指标反映了企业实际支付给职工，和为职工支付的现金（包括工资、奖金、各种津贴和补贴等）以及为职工支付的其他费用（例如五险一金以及税收、福利费用、职工教育费用等其他费用）。然而，现金流量表属于选择性披露的财务报表，多数公司并未披露，故对于整个行业的薪酬状况难以分析判断。

2016年有8家信托公司公布了现金流量表，以其中“支付给职工以及为职工支付现金”除以年平均员工数量，可以反映当年为员工支付的现金人均数。由于该指标包含了除工资之外的各种为员工支付的其他费用，因此，这一数据应该远远高于该公司员工的实际薪酬，可以视为信托公司的用人成本。“支付给职工以及为职工支付现金”反映的是当年实际支付的资金，可能包括去年或更早时间应付未付的金额。以这一数据结合2015年和2016年资产负债表中披露的应付职工薪酬，可以估算当年的应付资金。当然这一数据反映的也是实际用人成本，而非员工的实际薪酬。图4－13列示了披露现金流量表的8家信托公司的2016年和2015年人均实付资金和人均应付资金情况。

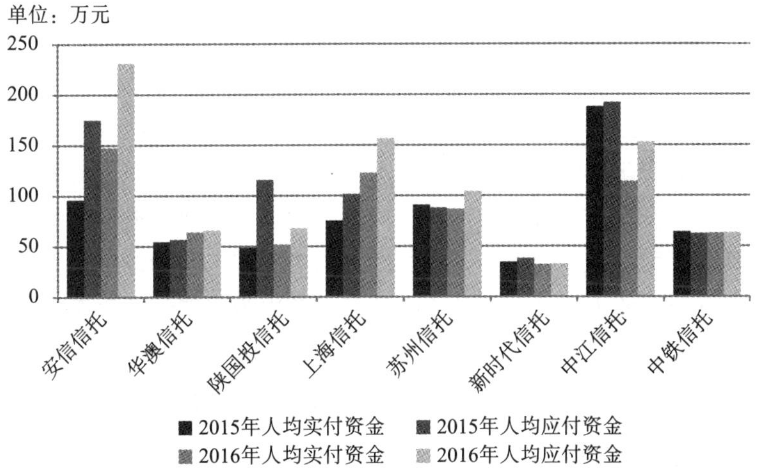

图4－13 部分信托公司2016年和2015年人均实付资金和人均应付资金情况

由图4－12可以看出，第一，信托公司之间为员工支付资金水平差别较大，以2016年人均实付为例，8家公司中有3家超过100万元，有3家在60万元左右，还有1家处于30万元水平。第二，人均应付资金普遍高于人均实付资金，在人均应付资金较高的几家公司中更为明显，这表明多数公司的薪酬采取延期支付的方式，以上市公司安信信托为例，2016年人均应付231万元，人均实付资金148万元。薪酬水平相对低的几家公司中，人均实付和人均应付的差异不大。第三，信托公司的股东背景对薪酬水平影响较大，如民营背景的中江信托2015年和2016年薪酬相对较高，上海信托2016年薪酬水平较2015年有明显提升。

鉴于绝大部分的信托公司没有公布现金流量表，并且财务报表中披露的数据还包含实际薪酬之外的其他很多费用，因此对于整个信托行业以及各公司人均薪酬并没有办法进行确切的统计，本部分讨论的人均应付或人均实付数据应当远远高于员工实际工资。

（二）应付职工薪酬与各公司薪酬制度相关，并不反映实际薪酬水平

资产负债表中的负债项——“应付职工薪酬”是指截至期末应付而未付的职工薪酬。由于各公司的薪酬机制不同，以该指标除以人均数量的人均应付薪酬排名并不能客观地反映各公司上一年的人均薪酬。但是，整个行业应付职工薪酬以及人均应付职工薪酬的变化可以在一定程度上反应整个行业薪酬水平的变化。2016年年末68家信托公司应付职工薪酬总计1,633,267.5万元，较2015年年末的1,437,403.4万元增加13.6%，较2015年下降23个百分点。2016年年末信托公司人均应付薪酬90.9万元，较2015年年末的83.7万元增长8.5%，较2015年下降16个百分点。行业应付职工薪酬变化幅度大于人均应付薪酬增速，表明应付职工薪酬的增加在一定程度上受行业人员数量的影响，同时也得益于行业创造价值的增加。

从具体公司看，不同信托公司之间人均应付职工薪酬差距较大，人均应付职工薪酬最高的为重庆信托的468万元，其次为华能信托和安信信托。人均应付职工薪酬10万元以下的公司有7家，分别是国联信托、英大信托、华信信托、百瑞信托、华鑫信托、昆仑信托和外贸信托，外贸信托和昆仑信托均为2万元。这几家公司均属于央企背景的信托公司，薪酬应当采用当年支付的方式，因此，资产负债表中体现的期末应付职工薪酬较低。这也充分说明人均应付职工薪酬排名并不能反映各公司的薪酬水平。

表4-17列示了2016年人均应付职工薪酬排名前20位的信托公司，对比其2015年排名可以发现整体变动不大，不过爱建信托、中融信托和云南信托排名有较大提升，进入前20位，民生信托、北京信托、上海信托在前

20名内排名亦有所提升。

表4－17　2016年人均应付职工薪酬行业排名前20位的信托公司

排名	信托公司	2016年人均应付职工薪酬（万元）	2016年人均净利润排名	2016年人均业务管理费用排名	2015人均应付职工薪酬排名
1	重庆信托	467.69	1	66	1
2	华能信托	286.78	11	11	2
3	安信信托	276.97	3	1	5
4	民生信托	233.74	29	2	11
5	中信信托	219.25	10	3	7
6	北京信托	199.49	36	8	12
7	中海信托	192.66	8	29	3
8	中诚信托	190.09	20	25	4
9	西藏信托	172.86	13	7	6
10	苏州信托	169.98	23	23	8
11	陆家嘴信托	133.74	52	18	13
12	北方信托	128.67	43	16	10
13	上海信托	122.53	17	13	19
14	紫金信托	120.46	44	37	16
15	大业信托	117.22	50	15	9
16	爱建信托	113.41	33	12	42
17	中江信托	112.09	4	5	25
18	中融信托	109.20	58	31	32
19	中建投信托	104.35	45	22	17
20	云南信托	103.64	62	59	31

从人均应付薪酬与人均净利润之间的关系看，人均应付薪酬排名前20位的公司中仅有8家人均净利润也排在前20位，这不但表明人均净利润与人均薪酬水平并不具有必然关系，也表明人均应付职工薪酬并不能体现实际的薪酬水平。人均薪酬水平与人均净利润相对一致才是正常的状态，以披露现金流量表的几家信托公司为例，安信信托和中江信托人均净利润分别排在第3和第4位，其2016年支付给职工以及为职工支付现金人均数也相对高，

新时代信托和华澳信托人均净利润排名相对靠后，支付给职工以及为职工支付现金人均数也相对较低。

从利润表来看，当年应当支付的员工薪资以及其他费用在利润表中计入业务管理费用科目，因此一般情况下，当年的应付职工薪酬应当小于业务管理费用。但是，比较2016年年末人均应付职工薪酬排名和人均业务管理费用排名可以发现，二者的差别还是比较大的。这同样表明期末应付职工薪酬并非当年实际的薪酬水平。因为大多数信托公司的薪酬采取延期或分期发放的形式，当年的薪酬可能会递延到以后一个或若干年度发放。此外，不同岗位和不同部门之间，薪酬水平差别也是很大的，信托业务部门以及营销部门等前台部门薪酬与业绩挂钩，因此薪酬水平较高，而中后台部门的薪酬水平则相对会低很多。

2016年信托公司年报分析之五：客户服务篇

百瑞观点：

- 信托项目净利润整体下滑，六成信托公司负增长
- 已分配信托项目利润下滑逾千亿元，利息收入、投资收益占比增加
- 已清算信托项目规模近七万亿元，加权收益率略有下滑
- 已清算信托项目收益率整体下滑，集合类信托收益率保持领先
- 主动管理类信托数量、规模双双下滑
- 被动管理类信托规模增幅明显，证券投资类规模井喷
- 主、被动管理类信托加权收益率一降一升
- 受托人报酬、其他费用支出合计占比逾八成
- 家族信托业务羽翼渐丰、展翅欲飞
- 2016年共22家信托公司、14家商业银行涉及家族信托项目
- 家族信托规模达441.8亿元，外贸信托逾50亿元，山东信托近25亿元
- 家族办公室、财富中心是家族信托业务开展的主要载体

- 定制化家族信托和标准化家族信托齐头并进、各有所需
- 家族信托需要专业人士、专业机构的广泛参与
- 家族信托展业面临税收、人才梯队、财产运用范围、登记、投资者教育等多重矛盾

2016年中国宏观经济缓中趋稳，供给侧结构性改革持续深化，“三去一降一补”政策效果明显，以不变价格测算的国内生产总值为735,149亿元，GDP实现了6.7%增长率。中国信托业协会发布“2016年信托公司主要业务数据”各项指标表明：信托业积极推进自身的供给侧结构性改革，加速转型升级、强化风险治理、寻求增长动力、回归信托本源，科学构建商业模式，实现行业可持续发展。2016年信托资产规模跨入“20万亿元时代”，信托作为我国金融体系的重要一员，已经成为服务实体经济的重要力量和创造国民财富的重要途径。信托业在实现信托资产规模再创历史新高的同时，不断深化落实信托业的供给侧结构性改革，坚决避免行业发展“脱实向虚”，以提升实体经济发展的质量和效益为中心，发挥好多层次、多领域、多渠道配置资源的独特优势，去通道、去链条、降杠杆，为实体经济提供针对性强、附加值高的金融服务，通过开展投贷联动、债转股、并购基金、资产证券化等业务，支持实体经济通过兼并重组去产能、去杠杆，升级做强。诸多信托机构积极探索土地流转信托、消费信托、互联网信托、公益（慈善）信托，助力农业供给侧结构性改革、棚户区改造和新型城镇化建设，服务扩大内需、消费升级和民生改善，积极高效为客户提供金融服务、履行社会责任。

一、信托项目净利润整体下滑，六成信托公司负增长

截至2016年年末，全国68家信托公司管理的信托资产规模达到20.22万亿元，同比增长24.01%，信托业跨入了“20万亿元时代”，与2015年同期增速（16.6%）相比，资产规模增速提高明显，但与此同时信托项目净利润出现明显下滑，六成信托公司净利润负增长。

（一）信托项目净利润、已分配信托项目利润、未分配信托项目利润跳水

信托项目净利润是信托公司年报中“信托项目利润及利润分配汇总

表”的核心内容，数值上等于信托项目营业收入减去支出的余额，是信托公司向委托人分配信托利益的根本保障，是考察信托公司为客户提供增值服务能力的重要指标。根据货币网披露的68家信托公司年报数据，2016年全年68家信托公司信托项目净利润总和为9,596.7亿元，相比2015年的11,458.07亿元，大幅下滑16.25%，其中六成信托公司信托项目净利润负增长，个别信托公司下滑幅度巨大。本期已向客户分配信托项目利润为10,037.07亿元，未分配信托利润为2,890.45亿元，与2015年相比增长率分别为-11.46%、-13.49%，信托项目利润分配率为104.59%，与2015年相比增长了6个百分点。可见在2016年复杂经济形势下，全行业在信托净利润、期末已分配信托利润以及未分配信托利润等重要指标上都出现大幅度跳水，与2015年同期相关指标全面飘红形成巨大反差（2015年该三项指标增长率分别为14.96%、33.65%、43.38%），信托业求转型、谋发展面临较大压力，营利能力面临挑战，负重前行的同时也亟待扭转颓势，寻求突破。

纵向对比，2016年信托项目净利润比2015年信托项目净利润增加-16.25%，2009—2015年长期持续增长的势头戛然而止，第一次出现了信托项目净利润的负增长。整体信托利润分配率104.59%，与2015年相比增幅明显，除了2011年由于超额分配了往年累积的未分配利润而形成高达121%的利润分配率外，2009—2016年信托利润分配率基本维持在80%—100%的水平（见表5-1、图5-1）。

表5-1　　2009—2016年信托公司信托项目收益及其分配

年份	信托项目净利润（亿元）	可供分配信托项目利润（亿元）	本期已分配信托项目利润（亿元）	期末未分配信托项目利润（亿元）	信托项目利润分配率（%）
2009	913.12	957.33	768.03	189.47	84.10
2010	1,397.29	1,585.64	1,247.52	338.11	89.30
2011	1,606.60	1,942.66	1,950.37	-7.11	121.40
2012	3,960.35	3,893.11	3,537.67	490.45	89.30
2013	6,273.66	6,474.81	6,004.09	732.53	95.70
2014	9,966.69	10,461.09	8,483.15	2,330.32	85.11
2015	11,458.07	14,679.02	11,337.78	3,341.24	98.95
2016	9,596.70	12,746.63	10,037.07	2,890.45	104.59

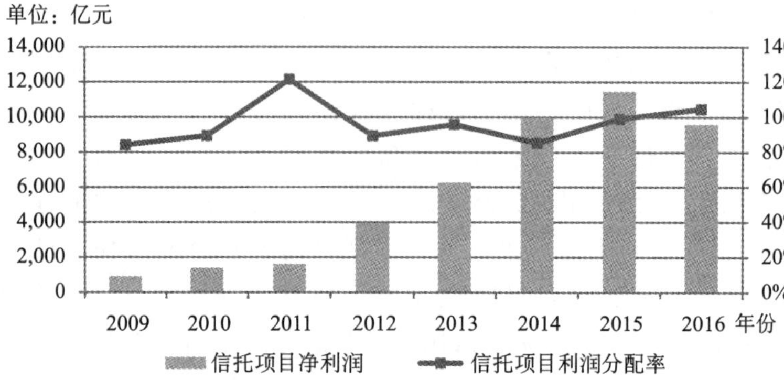

图5－1　2009—2016年信托项目净利润及信托利润分配率

1. 中信信托项目净利润逾680亿元，一家公司信托项目净利润增长－85.29%

2016年68家信托公司中，中信信托信托项目净利润为686.96亿元，由2015年的行业排名第2跃居行业榜首，兴业信托、建信信托分别以475.91亿元、457.39亿元位列第2、3位，平安信托、上海信托、华能信托、中融信托、交银信托、西藏信托、四川信托则分列第4至第10位。结合2015年和2016年的情况看，中信信托、兴业信托、建信信托、平安信托、上海信托、中融信托连续两年位居行业前10位，但平安信托、中融信托由于信托项目净利润下滑明显，分别由2015年的行业第1、第4下滑至行业第4、第7位，而兴业信托、建信信托、上海信托、华能信托则由于信托项目净利润实现正增长，行业排名均提升4个位次。交银信托、西藏信托、四川信托则由2015年排名前10位之外跃进2016年行业排名前10。华润信托、华宝信托、外贸信托则跌出前10位，其中一家公司信托项目净利润增长率为－85.29%，致使其行业排名剧烈跳水，反映了在经济下行压力下信托业负重前行的艰难，行业转型依然任重道远。

2. 三家信托公司信托项目净利润不足10亿元

从数值上看，2016年有5家信托公司信托项目净利润超过400亿元，其中600亿元规模的信托公司由2015年的2家减为1家。36家信托公司信托项目净利润超过100亿元，比2015年少了3家。3家信托公司信托项目净利润不足10亿元，比2015年多了2家。行业排名前10位的信托公司信托项目净利润总和为3,974.14亿元（2015年对应数据为4,790.95亿元），占全行业的41.41%，比2015年同期（41.81%）略有收窄。而排名后10位的信托公司信托项目净利润总和为206.71亿元（2015年对应数据为257.98亿元），行业占比为2.14%，与2015年相比（2.25%）略有萎缩。整体来看强弱分明、两极分化的态势依然明显（见表5-2）。

表5-2　　2016年信托项目净利润排名前10位的信托公司　　单位：亿元

信托公司	2016年		2015年	
	排名	信托项目净利润	排名	信托项目净利润
中信信托	1	686.96	2	609.24
兴业信托	2	475.91	6	427.33
建信信托	3	457.39	7	395.04
平安信托	4	421.62	1	636.65
上海信托	5	415.70	9	352.94
华能信托	6	374.05	10	340.21
中融信托	7	343.26	4	580.99
交银信托	8	308.91	13	273.90
西藏信托	9	258.80	20	203.88
四川信托	10	231.53	11	330.89
行业平均值	—	141.13	—	168.50
行业求和	—	9,596.70	—	11,458.07

3. 27家信托公司信托项目净利润实现正增长，方正信托一枝独秀

与2015年相比，68家信托公司中的27家实现正增长，与2015年同期（40家实现正增长）相比有严重下滑，其中方正信托、光大兴陇信托、国民信托、中粮信托、中建投信托、中铁信托、万向信托、爱建信托、江苏信托、陆家嘴信托位列行业增长率排名前10位，尤其方正信托一骑绝尘，信托项目净利润狂飙545.62%（见表5-3）。

2016年68家信托公司只有27家实现信托净利润正向增长，远低于去年的40家，其中中信信托、广大信托、方正信托的信托项目净利润增长绝对值位列前3，分别增长77.72亿元、66.87亿元、64.01亿元。与2015年相比，信托项目净利润增长额度排名前3位全部重新洗牌（2015年前3位分别是平安信托、外贸信托、上海信托），而且2015年前7位的增长额度均

表5-3　2016年信托项目净利润增长率排名前10位的信托公司

排名	信托公司	2016年信托项目净利润（亿元）	2015年信托项目净利润（亿元）	增长率（%）
1	方正信托	75.74	11.73	545.62
2	光大兴陇	124.51	57.64	116.01
3	国民信托	123.84	72.37	71.11
4	中粮信托	75.84	45.49	66.71
5	中建投信托	77.67	48.71	59.44
6	中铁信托	139.46	94.84	47.05
7	万向信托	84.29	59.26	42.24
8	爱建信托	76.72	55.28	38.79
9	江苏信托	186.55	140.08	33.18
10	陆家嘴信托	109.50	82.51	32.71

超过100亿元，其中平安信托信托项目净利润增长额度达223.09亿元，而2016年第1位的中信信托信托项目净利润仅增长77.72亿元（见表5-4）。可谓“城头变换大王旗”、“物是人非又一年”，信托项目净利润整体增长乏力可见一斑。

表5-4　2016年信托项目净利润增长额度排名前10位的信托公司　单位：亿元

排名	信托公司	2016年信托净利润	2015年信托净利润	增长额度
1	中信信托	686.96	609.24	77.72
2	光大兴陇信托	124.51	57.64	66.87
3	方正信托	75.74	11.73	64.01
4	上海信托	415.70	352.94	62.76
5	建信信托	457.39	395.04	62.36
6	西藏信托	258.80	203.88	54.92
7	国民信托	123.84	72.37	51.46
8	兴业信托	475.91	427.33	48.58
9	江苏信托	186.55	140.08	46.48
10	中铁信托	139.46	94.84	44.62

4. 41家公司信托项目净利润负增长，1家公司信托项目净利润减少近500亿

与此同时，值得警惕的是2016年68家信托公司中41家的信托项目净利润呈现负增长，其中13家信托公司增长率低于-40%，1家信托公司增长率低于-80%，9家信托公司信托项目净利润与2015年相比减少逾100亿元，1家信托公司信托项目净利润减少近500亿元（见图5-2）。全行业信托项目净利润整体下滑，一方面可能与部分信托项目风险逐渐显现有关，另一方面也反映了2016年信托资产增速放缓和增量效益的下滑，高达六成的公司信托项目净利润为负增长，这值得从业者、监管部门关注和深思。

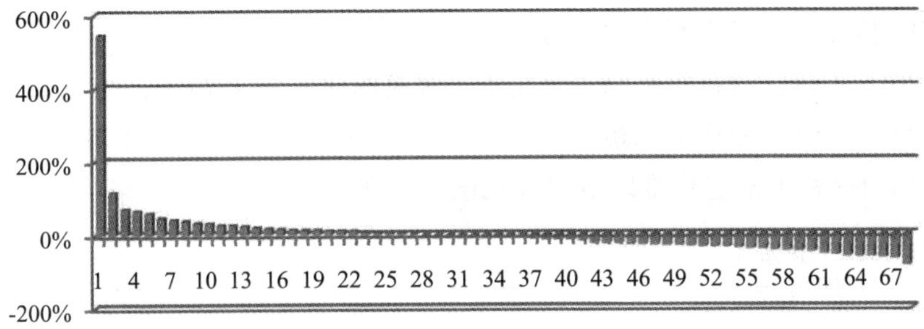

图5-2 2016年68家信托公司信托项目净利润增长率分布

（二）已分配信托项目利润下降逾千亿元，利息收入、投资收益占比增加

根据2016年68家信托公司披露的年报数据，2016年全行业已分配信托项目利润出现明显下滑，为10,037.07亿元，比2015年下降1,300亿元，下滑11.46%。其中，中信信托向客户分配信托项目利润561.18亿元，排名第1，中融信托向客户分配524.08亿元，位列第2，2015年排名前10的外贸信托、兴业信托跌出2016年前10（见表5-5）。2016年排名前10的信托公司共向客户分配信托利润4,039.08亿元，占全行业已分配信托项目利润的40.24%，比2015年的40.30%略有下降。排名居后的10家信托公司共向客户分配信托利润224.32亿元，仅占全行业已分配信托利润的2.23%，比2015年的2.27%略有下降，强弱分化的趋势依然继续。

表5-5　2016年已分配信托项目利润排名前10位的信托公司　单位：亿元

排名	信托公司	2016年本期已分配信托利润
1	中信信托	561.18
2	中融信托	524.08
3	兴业信托	499.45
4	平安信托	431.05
5	上海信托	410.84
6	华宝信托	364.23
7	华能信托	348.17
8	华润信托	310.94
9	交银信托	303.51
10	建信信托	285.63

1. 信托项目规模利润比下滑明显

2016年信托项目净利润占信托资产规模的比例为4.74%，与2015年的对应数值7.01%相比大幅跳水，改变了自2011年以来的持续上升趋势，估计短期内这种下滑趋势难以扭转（见图5-3）。

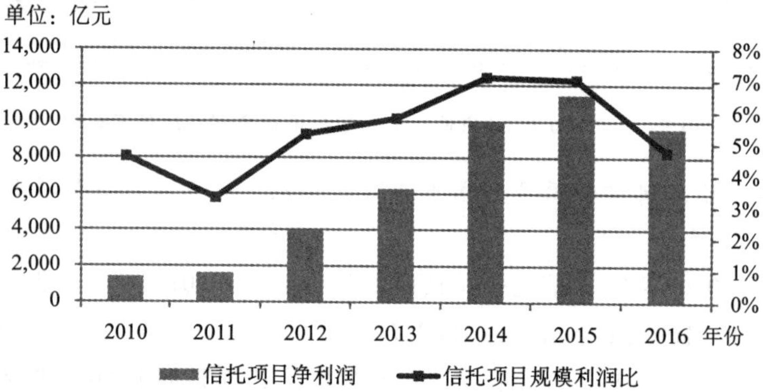

图5-3　2010—2016年信托项目净利润与信托项目规模比

2. 信托项目利润分配率整体高于2015年，外贸信托排名第一

2016年68家信托公司平均信托项目利润分配率为104.59%，高于2015年的平均值98.95%。其中37家信托公司超额分配了往年积累的未分配利润，远超2015年的28家。外贸信托以254.63%位居第1，高于2015年排名第1的山西信托（224.55%），华宝信托以209.38%位居次席，2015年行业排名前10位中的山西信托、云南信托、华宝信托、中融信托依然留在

2016年行业前10，其中山西信托、云南信托分别下降3个、1个位次，而华宝信托、中融信托行业排名则分别上升3个、1个位次。2015年行业排名前10的五矿信托、中江信托、爱建信托、民生信托、新时代信托则跌出2016年行业排名前10，外贸信托、华融信托、东莞信托、重庆信托、华润信托、中海信托则进入2016年行业排名前10位（见表5-6）。

表5-6　2016年信托项目利润分配率排名前10位的信托公司　单位：%

排名	信托公司	2016年信托项目利润分配率
1	外贸信托	254.63
2	华宝信托	209.38
3	云南信托	165.88
4	山西信托	162.45
5	华融信托	155.65
6	东莞信托	153.18
7	中融信托	152.68
8	重庆信托	143.80
9	华润信托	141.93
10	中海信托	129.03

（三）信托项目整体销售净利率略有下降

从图5-4可以看出2016年信托项目销售净利率为87.36%，与2015年的88.82%相比略有下降，事实上除了2011年以外，2009—2015年各年的信托项目销售净利率均保持在80%—90%的浮动区间，整体态势平稳，信托行业的整体销售净利率明显远高于其他行业的销售净利率，能够有效地将大部分信托项目收入转化为投资收益，以最大程度寻求投资者利益的最大化。

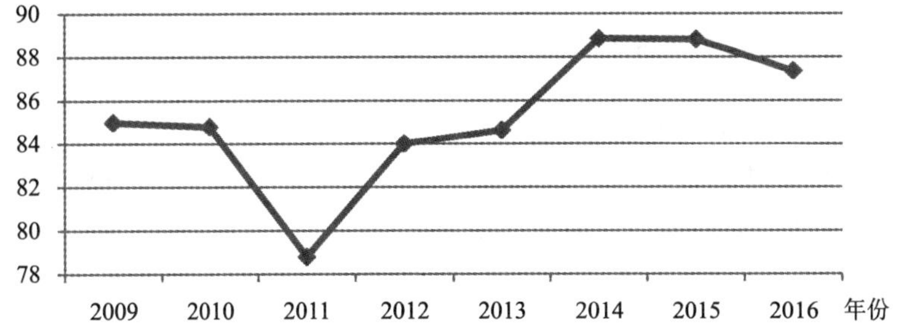

图5-4　2009—2016年信托项目销售净利率

（四）贷款利息和投资收益依然是信托项目收入的主要来源

在2016年信托项目营业收入中，利息收入和投资收益作为信托资产运用的两种主要方式，依然是信托项目营业收入的主要来源，占信托项目营业收入总额的比例分别为54.85%和44.06%。相比2015年，利息收入占比上升近10个百分点，投资收益占比则上升近6个百分点，投资运用比例相应扩大，信托公司长期持续的资产管理能力进一步提升，未来几年信托资产的投资收益占比可能进一步提高（见表5－7）。2016年信托公司贷款利息收入和投资收益总额占比为98.91%，比2015年的95.34%有所上升，信托项目收入集中度明显加强，与此同时公允价值变动收益、租赁收入、手续费及佣金收入占比则不同程度下滑。

表5－7　　2016年和2015年信托项目营业收入结构

类别	2016年		2015年	
	金额（亿元）	占比（%）	金额（亿元）	占比（%）
利息收入	6,024.90	54.85	5,848.3	45.33
投资收益	4,840.33	44.06	6,451.73	50.01
公允价值变动收益	－299.15	－2.72	133.57	1.04
租赁收入	0.93	0.01	4.32	0.03
汇兑损益	3.67	0.03	－0.54	0.00
手续费及佣金收入	2.39	0.02	3.42	0.03
财务顾问收入	0.17	0.00	0.11	0.00
其他收入	411.94	3.75	460.56	3.57
营业收入合计	10,985.09	100.00	12,900.90	100.00

二、已清算信托项目规模近七万亿元，加权收益率略有下滑

根据68家信托公司年报数据，2016年全行业共计清算信托项目16,886个，比2015年减少1721个。已清算信托的实收信托规模合计69,954亿元，较2015年增长15.22%。其中，已清算集合信托项目占比32.56%，已清算单一信托项目占比58.05%，已清算财产权类信托项目占比9.39%。已清算项目加权平均年化收益率为7.34%。与2015年相比，已清算集合信托占比上升2个百分点，已清算单一信托占比下降5个百分点，已清算财产权信托

占比则上升3个百分点，已清算项目加权平均年化收益率低于2015年对应数值（8.04%）。

（一）已清算信托项目规模持续增长，财产权类信托增幅依然最大

2016年已清算的各类信托项目规模均创历史新高。其中，已清算集合类信托规模22,779亿元，较2015增长23.97%；已清算单一类信托项目规模40,605亿元，较2015年增长5.2%；已清算财产权类信托项目规模6,569亿元，较2015年增长75.41%。从规模来看，各类已清算信托项目规模均保持可持续增长，但增速均低于2015年，已清算单一类信托项目规模保持第一，但增速最低，已清算财产权类信托规模依然最低，但连续多年都保持最高增速（见图5-5）。

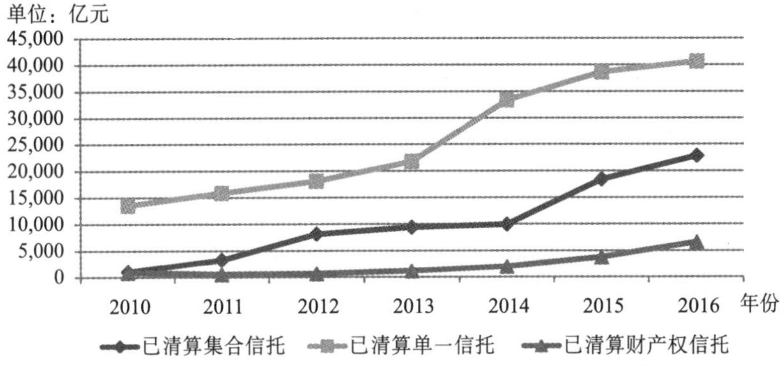

图5-5 2010—2016年已清算信托规模情况

1. 兴业信托已清算信托项目数排名第1，中信信托已清算信托实收规模夺魁

68家信托公司中，兴业信托已清算信托项目个数为923个，低于2015年的1,222个，但依然蝉联行业第1，中融信托、四川信托、西藏信托、新时代信托、中信信托、平安信托、渤海信托、长安信托、云南信托分列第2至第10位（见表5-8）。其中兴业信托、中信信托、西藏信托、中融信托、长安信托、四川信托已连续两年位居行业前10位，2015年行业前10位的中铁信托、山东信托、粤财信托、外贸信托在2016年则跌出前10位。与2015年相比，2016年行业排名前10位的信托公司已清算信托项目共计6,097个，明显低于2015年的7,356个。

表 5－8 2016 年已清算信托项目个数和规模排名前 10 位的信托公司

排名	信托公司	已清算信托项目个数（个）	信托公司	已清算信托实收规模（亿元）
1	兴业信托	923	中信信托	6,885.56
2	中融信托	884	华能信托	6,661.03
3	四川信托	647	兴业信托	3,774.66
4	西藏信托	642	华鑫信托	2,207.35
5	新时代信托	574	西藏信托	2,045.08
6	中信信托	547	平安信托	2,007.81
7	平安信托	497	中融信托	1,983.58
8	渤海信托	476	四川信托	1,758.74
9	长安信托	458	云南信托	1,705.61
10	云南信托	449	渤海信托	1,657.28

已清算信托项目实收规模方面，中信信托虽然已清算信托项目数量仅为 547 个，但是规模层面却以 6,885.56 亿元高居榜首，华能信托、兴业信托、华鑫信托、西藏信托、平安信托、中融信托、四川信托、云南信托、渤海信托分列第 2 至第 10 位。其中，华能信托、中信信托、兴业信托、云南信托、中融信托、平安信托在 2015 年也位居行业前 10 位，但华能信托、云南信托、中融信托排名有所下降，中信信托、平安信托则上升一个位次，兴业信托连续两年行业排名第 2，而外贸信托、长安信托、新时代信托、交银信托则无缘 2016 年行业排名前 10 位，华鑫信托、西藏信托、渤海信托、四川信托闯入 2016 年行业前 10。与 2015 年相比，行业排名前 10 位的信托公司已清算信托实收金额总计 30,686.71 亿元，大幅超过 2015 年行业排名前 10 位信托公司的总和（25,525 亿元）。

2. 华能信托已清算集合类规模最大，中信信托单一类、财产权类规模居首

从已清算信托项目种类上看，2016 年度华能信托的已清算集合类项目实收信托规模依旧最大，达到 3,709 亿元；中信信托已清算信托项目中单一类项目规模及已清算财产权类实收信托规模均位居首位，分别为 4,340 亿元和 1,085 亿元（见表 5－9）。

表5－9　2016年已清算信托项目分类排名前10位　单位：亿元

排名	信托公司	集合类	信托公司	单一类	信托公司	财产权类
1	华能信托	3,709.30	中信信托	4,340.01	中信信托	1,085.37
2	中信信托	1,460.18	兴业信托	2,499.50	华能信托	796.75
3	四川信托	892.37	华能信托	2,154.98	兴业信托	660.32
4	中融信托	822.31	华鑫信托	1,768.41	新时代信托	583.81
5	五矿信托	813.20	渤海信托	1,388.63	中融信托	519.79
6	平安信托	788.44	西藏信托	1,272.40	西藏信托	434.07
7	厦门信托	695.10	交银信托	1,223.41	平安信托	303.43
8	长安信托	652.18	云南信托	1,204.85	北京信托	245.79
9	兴业信托	614.84	外贸信托	969.33	中海信托	222.58
10	上海信托	558.33	国投泰康信托	950.78	上海信托	163.23

（二）已清算主、被动管理信托规模、加权收益率冰火两重天

1. 主动管理类信托数量、规模双双下滑

根据2016年68家信托公司年报数据，68家公司2016年已清算主动管理类信托项目合计数量为7,669个，比2015年的8,816个明显下滑，信托规模为26,804.38亿元，比2015年对应规模28,077亿元增长－4.53%，加权收益率为8.08%，比2015年下降1个百分点。其中融资类、股权类、证券类已清算信托项目数量比2015年有不同幅度下降，事务管理类和其他投资类则有明显增长。在信托规模方面，除了融资类有小幅下降外，事务管理类、股权投资类、证券投资类、其他投资类已清算信托规模都比2015年明显扩大。整体来看，融资类信托无论在数量还是规模上都超过主动管理类信托的半数（见表5－10）。

2. 被动管理类信托规模增幅明显，证券投资类规模井喷

对于被动管理类已清算信托项目，2016年合计数量为9,147个，比2015年的9,540个略有下滑，相应信托规模却由2015年的32,089亿元提高至42,670.43亿元（见表5－10）。融资类、股权投资类已清算信托在数量和信托规模上都有明显下滑，尤其是融资类已清算信托规模下滑83.65%。而与此形成鲜明对比的是证券投资类，无论在数量还是信托规模上都呈现井喷式增长，增长率分别达到624.24%、579.29%；事务管理类信托虽然数量略有下滑，但是信托规模相比2015年增长55.97%；而其他投资类在

数量和信托规模上则均比2015年有小幅增长。与2015年融资类和事务管理类占比有显著不同的是，2016年证券投资类和事务管理类无论在数量还是信托规模，在已清算信托项目中均占有绝对比重，两类信托数量之和占2016年数量合计的91.06%，信托规模之和占2016年信托规模总和的91.48%。

3. 主、被动管理类信托加权收益率一降一升

加权收益率方面，主动管理类信托2016年全行业加权收益率为8.08%，比2015年的9.00%降低约1个百分点。其中，融资类、事务管理类加权收益率均比2015年有所提升，而股权投资类、证券投资类、其他事务类加权收益率则有所下降。

对于被动管理类信托项目，2016年全行业已清算项目加权年化收益率为6.45%，比2015年的6.34%有小幅提升，其中，股权投资类、证券投资类、其他投资类均较2015年有明显增加，而融资类、事务管理类的加权年化收益率则比2015年有小幅下降（见表5-10）。

表5-10　　2016年已清算信托业务分类情况

分类		2016年			2015年		
		数量（个）	信托规模（亿元）	加权收益率（%）	数量（个）	信托规模（亿元）	加权收益率（%）
主动	融资类	3,844	14,574	8.91	5,515	18,821	8.06
	股权投资	722	3,397	6.64	921	2,941	8.80
	证券投资	1,233	3,737	7.10	1,244	3,511	14.81
	事务管理类	658	3,041	7.32	507	1,232	6.81
	其他投资类	1,212	2,054	7.49	803	1,522	9.28
	合计	7,669	26,804	8.08	8,990	28,077	9.00
被动	融资类	447	1,785	4.93	3,400	10,918	6.66
	股权投资	222	1,278	8.02	363	1,488	6.41
	证券投资	3,317	11,908	7.03	458	1,753	4.14
	事务管理类	5,012	27,126	6.20	5,191	17,392	6.38
	其他投资类	149	573	7.78	128	538	5.81
	合计	9,147	42,670	6.45	9,540	32,089	6.34

（三）重庆信托主动证券投资类信托年化收益176%，信托报酬率下滑

2016年多家信托公司加强证券市场投资力度，在年报中披露已清算主动证券信托年化收益率的有42家，其中，年化收益率为正数的有38家，年化收益率为负数的有4家。重庆信托已清算主动证券信托年化收益率达176.02%，远远超过其他信托公司；其次为西部信托，达28.16%。值得关注的是五矿信托，其已清算主动证券信托规模为383.59亿元，但已清算主动证券信托年化收益率依然达到13.53%，体现了较强的证券投资主动管理能力（见表5-11）。按照年报披露数据，42家信托公司已清算主动证券加权年化收益率达7.10%，比2015年的14.85%有比较明显的下滑。已清算主动证券信托报酬方面，有44家公司在年报中给出了具体数据，其中34家信托公司的信托报酬率超过0%，已清算主动证券信托加权报酬率为0.36%，略低于2015年的0.46%。

表5-11　2016已清算主动证券信托年化收益率、信托报酬率排名前10位的信托公司

排名	信托公司	已清算主动证券信托实收金额（亿元）	已清算主动证券信托年化收益率（%）	信托公司	已清算主动证券信托实收金额（亿元）	已清算主动证券信托报酬率（%）
1	重庆信托	8.78	176.02	重庆信托	8.78	2.72
2	西部信托	14.53	28.16	东莞信托	8.95	1.61
3	华融信托	62.30	25.03	昆仑信托	49.69	1.35
4	华鑫信托	0.64	24.28	湖南信托	47.82	0.97
5	华信信托	20.34	23.96	华信信托	20.34	0.82
6	平安信托	77.46	20.93	江苏信托	3.21	0.81
7	东莞信托	8.95	20.73	中融信托	71.11	0.75
8	民生信托	29.20	20.51	国民信托	1.46	0.66
9	粤财信托	18.86	15.40	五矿信托	383.59	0.65
10	五矿信托	383.59	13.53	云南信托	406.30	0.63

（四）已清算信托项目收益率整体下滑，集合类信托收益率保持领先

根据2016年68家信托公司年报数据测算，2016年已清算集合类信托加权年化收益率为8.17%，已清算单一类信托加权年化收益率为7.08%，

已清算财产管理类信托加权年化收益率为6.01%，相比2015年的集合类信托加权年化收益率9.70%、单一类信托加权年化收益率7.43%、财产管理类信托加权年化收益率6.18%，均有明显下滑。2016年已清算项目全行业加权年化收益率也比2015年有所下降，即从2015年的8.04%降至2016年的7.34%（见图5-6）。

在已清算项目加权年化收益率的四项指标中，单一项目加权年化收益率、全行业加权年化收益率在2015年扭转2014年的下滑势头后，再次出现下滑，集合类信托项目的加权年化收益率则自2011—2015年持续上升后，于2016年首次出现下滑，而财产管理类信托项目加权年化收益率则持续了2013—2015年的下滑势头。在集合类、单一类、财产管理类三个大类中，已清算集合类信托项目的加权年化收益率持续维持在最高的水平，已清算单一类项目和财产管理类项目的加权年化收益率则连续五年低于全行业已清算项目的加权年化收益率（见图5-6）。

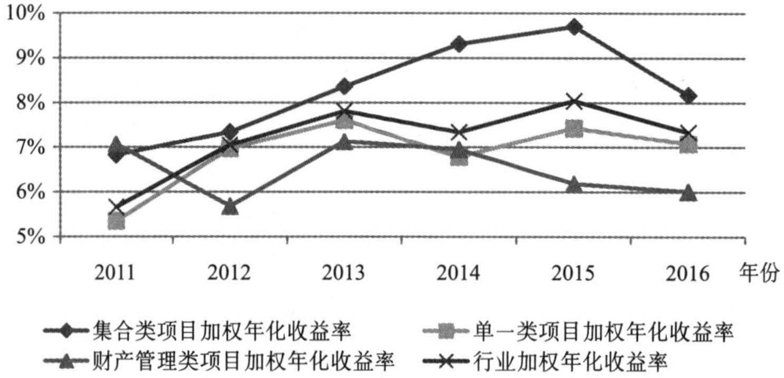

图5-6 2011—2015年已清算项目加权年化收益率

2016年从全行业68家信托公司已清算信托项目分类比较来看，集合类信托项目年化收益率排名前10位的公司均超过10%，也远超行业加权平均值8.17%，但与2015年行业前10位相比有所下降（2015年行业前10位已清算集合信托项目加权年化收益率均超12%），其中西部信托已清算集合信托年化收益率达14.29%，明显低于2015年排名第1的陕国投信托的对应数据54.79%，西部信托已清算主动证券信托规模14.2亿元，年化收益率达28.16%。此外，平安信托已清算集合信托规模788.44亿元，年化收益率达到12.7%，位居行业第2。不过其2016年表现低于2015年（对应数字分别为1140.87亿元、21.35%），其中已清算主动证券信托规模77.46亿元，年化收益率高达20.93%，可见证券市场投资收益依然是已清算集合信托项目收益的重要来源。但同样需要注意的是，也有4家信托公司2016年已清算信托项目年化收益率为负数，其中1家的已清算主动证券信托的年化收益率为-41.69%。

单一类信托方面，排名前10位的公司年化收益均超过8.30%，均明显高于行业加权收益率7.08%，其中长城新盛信托以14.28%拔得头筹，低于2015年行业第一杭工商信托的16.21%。国联信托、平安信托、山西信托、民生信托、安信信托、中航信托、新时代信托、吉林信托、新华信托分列第2至第10位。值得注意的是2016年行业排名前10位的加权收益率整体上低于2015年（见表5-12）。

对于财产权类信托，2016年排名前10位的公司年化收益率均超过8.40%，其中重庆信托、昆仑信托分别以19.00%、18.39%位居行业冠军、亚军（见表5-12）。2016年已清算集合类、单一类、财产权类信托年化收益率的行业均值分别为8.17%、7.08%、6.01%，与2015年的对应数据9.70%、7.43%、6.18%相比明显下滑，一定程度上说明信托行业主动管理能力有待进一步加强。

表5-12　2016年已清算信托项目年化收益率排名前10位的信托公司　单位：%

排名	信托公司	集合类	信托公司	单一类	信托公司	财产权类
1	西部信托	14.29	长城新盛信托	14.28	重庆信托	19.00
2	平安信托	12.70	国联信托	11.39	昆仑信托	13.89
3	华融信托	12.68	平安信托	9.61	国联信托	12.50
4	重庆信托	11.00	山西信托	8.87	建信信托	11.49
5	华鑫信托	10.65	民生信托	8.83	民生信托	9.93
6	新华信托	10.22	安信信托	8.74	华鑫信托	9.63
7	杭工商信托	10.19	中航信托	8.68	粤财信托	9.62
8	安信信托	10.17	新时代信托	8.62	苏州信托	9.52
9	东莞信托	10.05	吉林信托	8.56	紫金信托	8.61
10	光大兴陇	10.02	新华信托	8.30	华融信托	8.48

三、信托项目支出略有增加，受托人报酬占比近六成

根据2016年年报数据测算，2016年68家信托公司信托项目支出合计1,146亿元，占信托项目收入的11.27%，项目支出占比总体上较2015年的10.47%略有增长，销售服务费绝对值和占比下降明显，受托人报酬绝对值和占比则明显提高，占据信托项目支出的大半江山。

（一）受托人报酬、其他费用支出合计占比逾八成

2016年和2015年68家信托公司中都只有37家信托公司在信托项目损益表中列出8项信托项目支出明细，即营业税金及附加、受托人报酬、托管费、投资管理费、销售服务费、交易费用、资产减值损失、其他费用。有些信托公司仅仅列出4项明细，即营业税金及附加、业务及管理费、资产减值损失和其他业务成本。个别信托公司仅仅列明“营业支出”和“营业费用”等一级会计科目，还有些公司只列出了支出数额，但没有具体明细。以下仅以上述37家信托公司相关数据作为分析对象，由于2016年和2015年的37家信托公司名单并不完全相同，以下侧重于比例分析，以保证比较的科学性（见表5-13）。

表5-13　2016年和2015年37家公司信托项目支出结构

项目	2016年金额（亿元）	2016年占比（%）	2015年金额（亿元）	2015年占比（%）
营业税金及附加	5.56	0.85	9.63	1.36
受托人报酬	379.64	58.30	313.00	44.11
托管费	49.66	7.63	52.62	7.42
投资管理费	15.14	2.33	26.29	3.71
销售服务费	33.41	5.13	56.15	7.91
交易费用	5.63	0.86	49.91	7.03
资产减值损失	7.77	1.19	6.95	0.98
其他费用	154.34	23.70	195.00	27.48
支出	651.15	100.00	709.55	100.00

从图5-7中可见，2016年在信托项目支出中，受托人报酬占比58.30%，排名第1；其他费用占比23.70%，排名第2；托管费占比

7.63%，位居第3；其后则为销售服务费、投资管理费、资产减值损失、交易费用、营业税金及附加，占比分别为5.13%、2.32%、1.19%、0.86%、0.85%（见图5－7）。与2015年的情况相比，受托人报酬、托管费、资产减值损失占比均有不同程度上升，而销售服务费、投资管理费、交易费用、营业税金及附加、其他费用占比则有所下降。

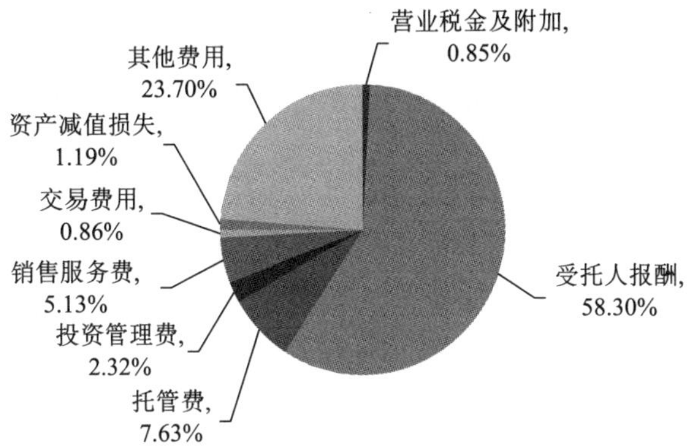

图5－7　2016年37家公司信托项目支出细项占比情况

从数额看，2016年的37家信托公司受托人报酬为379.64亿元，依然是信托项目支出中的最大项目，也是信托公司信托业务收入的主要来源。2016年68家信托公司中有40家信托公司总计实现信托业务收入420.28亿元，其中受托人报酬占比92.43%，比2015年占比88.18%略有增加。2016年受托人报酬在支出总额中占比为58.3%，与2015年相比大幅度提高；占比排名第2的是其他费用，2016年该项目占比为23.70%，比2015年的27.48%有明显下滑。

（二）全行业受托人报酬占比31.36%，12家公司受托人报酬逾10亿元

受托人报酬是信托项目支出的主要构成部分，据各家信托公司的年报数据显示，2016年全行业受托人报酬合计达388.48亿元（68家公司中40家有“受托人报酬”的对应数据），信托项目总支出1,238.61亿元，全行业受托人报酬占比31.36%。

68家信托公司中有12家受托人报酬超过10亿元，从大到小分别是安信信托、中融信托、上海信托、中航信托、华能信托、重庆信托、建信信托、山东信托、中建投信托、北京信托、百瑞信托、陆家嘴信托。其中安信

信托受托人报酬44.25亿元，位居行业第1，相比2015年该公司20.99亿元的受托人报酬有大幅度增加，受托人报酬占其信托项目支出的比例也由2015年的66.45%上升至76.18%（见表5-14）。但从行业整体观察，受托人报酬数额及其占比相比2015年都有明显增加。

表5-14　　2016年受托人报酬排名前10位的信托公司

排名	信托公司	支出（亿元）	受托人报酬（亿元）	受托人报酬占比（%）
1	安信信托	58.08	44.25	76.18
2	中融信托	70.89	31.24	44.07
3	上海信托	36.70	23.42	63.81
4	中航信托	35.70	20.91	58.57
5	华能信托	41.11	20.69	50.32
6	重庆信托	22.52	20.35	90.36
7	建信信托	34.16	18.45	54.02
8	山东信托	23.52	14.86	63.20
9	中建投信托	14.55	12.58	86.44
10	北京信托	24.87	11.95	48.03

在40家公司受托人报酬列支占比的排名中，山东信托以157.64%拔得头筹，有4家信托公司受托人报酬列支占比超过110%，包括山东信托、紫金信托、西部信托、上海信托，而列支占比超过100%的共有18家，明显超过2015年的10家，而全部40家信托公司受托人报酬列支占比均超过50%（见表5-15）。信托项目利润表中列示的受托人报酬均高于公司的信托业务收入，可能的原因是公司自有资金参与投资了信托项目，而在核算时计入了自有业务收入等统计方法的差异造成的。

表5-15　　40家公司信托业务收入与受托人报酬的比较

排名	信托公司	信托业务收入（亿元）	受托人报酬（亿元）	受托人报酬列支占比（%）
1	山东信托	9.43	14.86	157.64
2	紫金信托	5.98	7.17	119.99
3	西部信托	3.16	3.67	116.36

续表

排名	信托公司	信托业务收入（亿元）	受托人报酬（亿元）	受托人报酬列支占比（%）
4	上海信托	21.28	23.42	110.07
5	中泰信托	4.73	4.96	104.95
6	华鑫信托	6.73	7.01	104.27
7	光大兴陇	5.37	5.59	104.15
8	苏州信托	6.22	6.43	103.25
9	英大信托	8.50	8.73	102.73
10	长城新盛信托	0.64	0.65	102.52
11	万向信托	9.11	9.32	102.38
12	建信信托	18.04	18.45	102.28
13	浙金信托	1.67	1.71	102.13
14	国联信托	1.75	1.78	101.37
15	云南信托	3.28	3.31	100.81
16	安信信托	43.93	44.25	100.71
17	国元信托	3.73	3.73	100.17
18	杭工商信托	7.53	7.54	100.06
19	百瑞信托	11.77	11.71	99.42
20	陆家嘴信托	10.49	10.38	98.89
21	湖南信托	6.06	5.99	98.84
22	中航信托	21.27	20.91	98.31
23	中建投信托	13.04	12.58	96.45
24	天津信托	6.08	5.82	95.73
25	国民信托	5.88	5.55	94.44
26	北京信托	12.66	11.95	94.35
27	粤财信托	4.48	4.17	93.10
28	华宸信托	0.71	0.65	91.72
29	中粮信托	3.33	3.05	91.49
30	中原信托	10.79	9.82	90.99
31	华能信托	23.58	20.69	87.71
32	方正信托	10.15	8.89	87.63

续表

排名	信托公司	信托业务收入（亿元）	受托人报酬（亿元）	受托人报酬列支占比（%）
33	金谷信托	3.22	2.74	85.34
34	大业信托	5.39	4.43	82.12
35	交银信托	10.66	8.43	79.13
36	重庆信托	25.74	20.35	79.03
37	国投泰康信托	5.01	3.77	75.18
38	中融信托	48.17	31.24	64.86
39	民生信托	14.71	9.49	64.53
40	新华信托	5.99	3.27	54.64

（三）全行业营业税金及附加9.6亿元，前3位合计4.21亿元

整体来看，营业税金及附加在信托项目支出中占比较小，2016年全行业68家信托公司信托项目支出总额为1,238.61亿元，其中信托项目营业税金及附加累计支出9.60亿元（68家信托公司中只有32家有营业税金及附加的对应数值），占信托项目支出总额的比例为0.78%，与2015年占比1.41%相比略有下降。信托项目作为一个财富管理手段和一项合同安排，并非税法意义上的纳税主体，这是在信托项目支出中营业税金及附加占比较小的根本原因。

在列有营业税金及附加这一信托项目支出细项的各家公司中，2016年中信信托支出营业税金及附加1.63亿元，位居行业第1，北京信托以1.33亿元紧随其后，英大信托营业税金及附加总额为1.25亿元排名第3，但其税金占比为11.36%，位列第1。事实上英大信托在2014年、2015年的营业税金及附加占比也位列全行业第1，分别为35%、33.07%。整体上各家公司营业税金及附加差别较大，除了中信信托、北京信托、英大信托支出超过亿元外，其余信托公司均低于1亿元，而数值最低的1家信托公司仅支出25,800元，可见各家信托公司在营业税金及附加的支出上具有典型的个性化色彩。

（四）销售服务费支出33.41亿，平均销售服务费首次下滑

根据年报数据，2016年68家信托公司中共有31家披露了信托项目销售服务费数据，这31家公司共计支出33.41亿元，平均每家公司销售服务

表 5-16　信托项目营业税金及附加占比排名前10位的信托公司

信托公司	支出（亿元）	营业税金及附加（亿元）	税金占比（%）
英大信托	11.01	1.25	11.36
金谷信托	6.85	0.57	8.32
北京信托	24.87	1.33	5.35
国元信托	7.91	0.29	3.72
中粮信托	8.04	0.27	3.34
中海信托	18.98	0.52	2.76
中信信托	66.60	1.63	2.45
粤财信托	9.52	0.22	2.30
浙金信托	2.35	0.05	2.30
上海信托	36.70	0.63	1.72

费支出约1.08亿元，与2015年平均销售服务费支出1.67亿元相比有明显下滑，2009—2015年信托项目平均销售服务费呈逐年递增趋势，从2009年的0.11亿元增长至2015年的1.67亿元，但2013—2015年增幅明显放缓，2016年的平均销售服务费大幅下滑到1.08亿元，出现自2009年以来的首次下滑。31家公司对应的集合资金信托规模为35,250.73亿元，销售服务费占集合信托规模的比例为0.09%，与2015年的数字0.21%相比，明显下降。2016年百万元集合信托销售服务费为948元，比2015年的2,105元有大幅度下降，事实上2009—2013年这一数值一直呈增长趋势，而2013—2016年则逐年下降（见图5-8）。

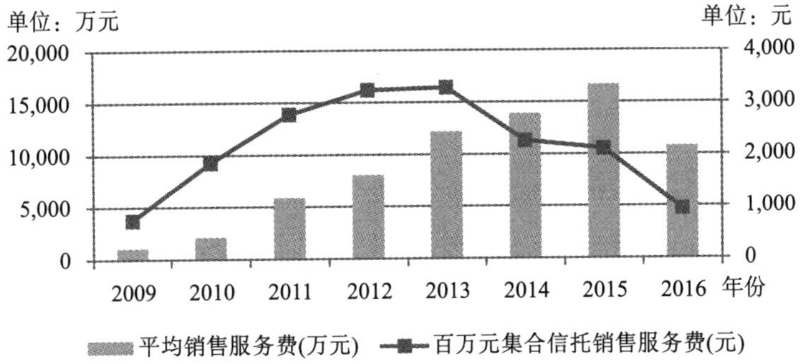

图 5-8　2009—2016年信托项目销售服务费变化趋势

2016年信托项目销售服务费排名前10位的公司中，中融信托销售服务费达16.81亿元，连续两年居全行业第1，比2015年该指标（28.53亿元）下降明显，其期末集合信托资产规模达6,829.67亿元，销售服务费率（销售服务费/集合信托规模）为0.25%，远远超过行业平均值0.09%，百万元集合信托销售服务费为2,461.57元，居行业第1。华能信托、中航信托分别在销售服务费指标上居第2、第3位。与2015年信托项目销售服务费前10位比较，2016年与2015年销售服务费前10位榜单中有7家公司相同，其中中融信托、华能信托连续两年稳居行业前两位，方正信托、大业信托排名均下滑3个位次，中航信托、陆家嘴信托、民生投信托排名上升，2015年排名前10位的中泰信托、中建投信托、重庆信托则无缘2016年前10位。2016年排名前10位的各家公司的销售服务费率除中融信托、陆家嘴信托外，均低于行业整体销售服务费率0.09%（见表5－17）。

表5－17　2016年信托公司销售服务费排名前10位的信托公司

排名	信托公司	销售服务费（亿元）	期末信托资产合计（亿元）	销售服务费率（%）	百万元集合信托销售服务费（元）
1	中融信托	16.81	6,829.67	0.25	2,461.57
2	华能信托	3.37	7,093.90	0.05	475.15
3	中航信托	2.82	4,747.89	0.06	594.53
4	陆家嘴信托	2.55	2,163.78	0.12	1,179.77
5	民生信托	0.86	1,434.05	0.06	596.28
6	方正信托	0.83	2,027.53	0.04	408.91
7	北京信托	0.80	2,586.21	0.03	308.12
8	安信信托	0.67	2,349.52	0.03	286.98
9	交银信托	0.64	7,139.61	0.01	89.91
10	大业信托	0.58	1,314.80	0.04	440.56

（五）行业信托项目投资管理费共计40.63亿，支出占比大幅提高

与2015年情况相同，2016年68家信托中，也只有20家公司有“投资管理费”这一信托项目开支细项的具体数值，20家公司投资管理费一项总计金额达到40.63亿元，相比2015年的对应数值（20家有明确数值的公司投资管理费共43.09亿元）有小幅下滑，20家公司投资管理费对应信托项

目支出的比值由2015年的7.55%大幅增至11.04%。在20家信托公司中，北方信托投资管理费支出达18.17亿元，占20家公司投资管理费总额的44.72%，东莞信托、中融信托则分列第2、第3位，投资管理费分别为7.32亿元、4.10亿元。在投资管理费率（投资管理费/投资收益）方面，东莞信托、北方信托、云南信托位居前3，湖南信托、西部信托、天津信托、北京信托、交银信托、光大信托、中融信托分列第4至第10位（见表5－18）。

表5－18　2016年20家信托公司投资管理费排名前10位的信托公司

排名	信托公司	支出（亿元）	投资管理费（亿元）	投资收益（亿元）	投资管理费率（%）
1	北方信托	18.17	18.17	52.85	34.37
2	东莞信托	7.38	7.32	15.82	46.30
3	中融信托	70.89	4.10	274.01	1.50
4	西部信托	8.33	2.62	38.69	6.78
5	北京信托	24.87	2.04	49.05	4.16
6	交银信托	29.31	1.75	42.33	4.12
7	云南信托	13.39	1.70	16.05	10.61
8	湖南信托	8.06	0.68	9.59	7.08
9	天津信托	6.82	0.57	9.36	6.13
10	粤财信托	9.52	0.49	129.32	0.38

（六）全行业信托项目托管费62.4亿，爱建信托排名第1

2016年68家信托公司中共有40家信托公司在信托项目支出中列支了托管费，平均每家信托公司的托管费是1.56亿元，与2015年的平均值1.45亿相比略有上升。2016年托管费支出前10位的信托公司有爱建信托、交银信托、中航信托、上海信托、建信信托、中融信托、华能信托、国投泰康信托、北京信托、山东信托，这一名单与2015年相比变动不大。虽然2015年这一指标的前3位为中航信托、上海信托、中融信托，2016年的前3位则变为爱建信托、交银信托、中航信托。但交银信托、中航信托、上海信托、建信信托、中融信托、华能信托、北京信托、山东信托连续两年排名托管费支出行业前10位，即2015年的行业排名前10位中有8家公司

2016年仍然位于行业前10位。2016年排名前10位的公司托管费支出总额占全部40家托管费总额的62.52%，这一数值比2015年的59.49%略有增加（见表5-19）。

表5-19　2016年和2015年信托公司托管费排名前10位的信托公司　单位：亿元

排名	信托公司	2016年托管费	信托公司	2015年托管费
1	爱建信托	12.84	中航信托	4.85
2	交银信托	4.09	上海信托	3.57
3	中航信托	3.90	中融信托	3.46
4	上海信托	3.78	云南信托	3.23
5	建信信托	3.64	山东信托	3.12
6	中融信托	2.77	华能信托	3.08
7	华能信托	2.35	建信信托	3.02
8	国投泰康信托	2.33	交银信托	2.69
9	北京信托	2.06	北京信托	2.29
10	山东信托	1.97	方正信托	1.93
—	前10位占比62.52%		前10位占比59.49%	

由于信托实践中，托管费主要是集合资金信托计划产生的支出，因此用集合资金信托计划规模来估算应该更接近实际情况。根据图5-9分析，若按照全部信托规模来计算，则除了2009年加权托管费率为0.13%外，2010—2016年的加权托管费率均维持在0.06%—0.10%，其中2016年是托管费率的最低点，测算结果为0.06%，整体上呈现稳步下降的趋势。如果按照更接近客观情况的集合资金信托计划规模计算，2016年托管费率创历年新低，托管费率回落到0.16%。其原因是多方面的，一方面，信托公司在选择合格的托管银行时有更多的选择余地，促进了托管费率的下滑。另一方面，商业银行的转型压力也在逐步加大，资产托管业务成为各大商业银行竞相追逐的业务类型之一，因为这类业务不占用资金、不消耗资本，甚至有商业银行专门从事资产托管业务。估计2016年之后的几年内信托计划托管费不会出现明显的上升趋势，事实上从2013年以来加权托管费（集合信托）已经连续四年出现了明显下行的势头。

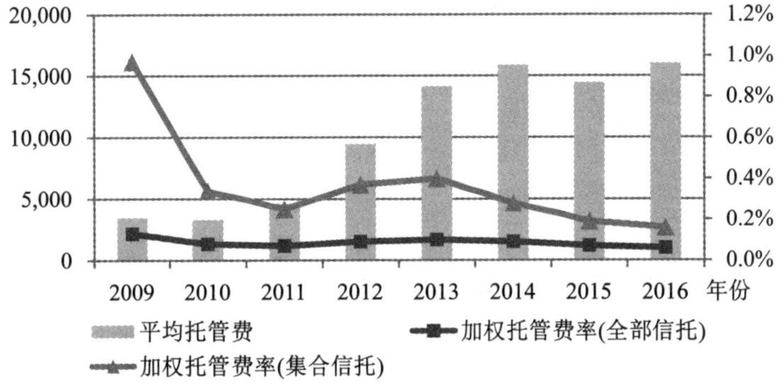

图5－9　2009—2016年信托项目托管费率测算

2016年信托公司年报分析之六：创新业务篇

百瑞观点：

- 从业务创新看信托业转型，更有利于清晰地感知信托转型全貌，为判断行业发展前景提供有力依据
- 2016年信托业转型体现出三大特点：创新业务热度进一步升温、转型方向集中度提高、风控制度建设与业务转型并驾齐驱
- 资产证券化、家族信托和PPP依然是2016年各家信托公司最为关注的转型方向。风控制度创新、定制化风险收益结构产品、大数据等新方向也开始进入了信托业关注的视野
- 未来五年，作为普惠金融重要构成的小微金融将进入发展的黄金时代，外贸信托的小微金融业务无疑走在了业界的前列
- 在金融市场中，由于一个策略稳定的风险收益结构能为金融产品设计者提供广阔的想象空间，并设计出适合不同交易对手的不同风险收益结构的定制型金融产品，这类定制型产品也是一些信托公司的主要转型方向

- 信托公司 ABN 产品的出现具有重要意义，它能够有效实现资产出表和破产隔离，推动银行间债券市场发展，有利于增强信托公司在资产证券化中的话语权

一、2016年信托转型全景图和路径比较

本节沿用2015年该系列书中曾采用的词频统计方法，对2016年68家信托公司年报中有关战略、策略和创新成果等内容进行了详尽梳理。从业务创新看信托业转型，更有利于清晰地感知信托转型全貌，为判断行业发展趋势提供有力依据。

（一）信托业转型全景图

分析2016年68家信托公司年报后发现，越来越多的信托公司在战略规划中提出了未来转型的具体方向，多数信托公司在2016年也对其转型方向进行了尝试。为了更全面地反映2016年信托转型全貌，统计的信托转型全景图中不仅涵盖那些以产品形式呈现出的创新业务，还包括那些已成为公司长远战略，并努力推进的创新方向。

从关键词分布图（图6－1）可以看出，资产证券化、家族信托和PPP

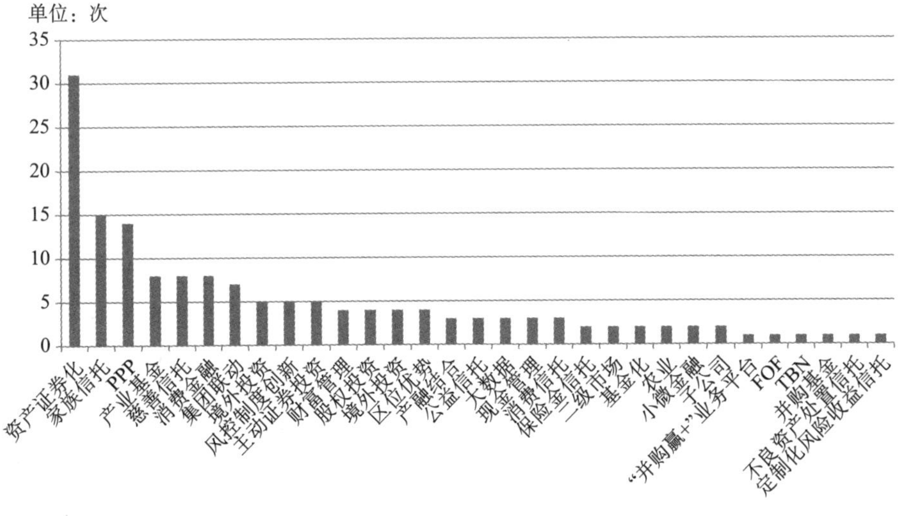

图6－1　2016年信托公司转型关键词分布

依然是 2016 年各家信托公司最为关注的转型方向。风控制度创新、定制化风险收益结构产品、大数据等新方向也开始进入了信托业关注的视野。从转型关键词看，2016 年信托业转型探索呈现出以下三个特征：

首先，创新业务热度进一步升温。作为最为关注的转型方向，资产证券化、家族信托和 PPP 在 2016 年报中分别被提到 31、15 和 14 次，而它们在 2015 年报中分别被提到 15、12 和 10 次，频率较之前大幅提升。除此之外，其他转型方向如产业基金、QDII、慈善信托、集团联动、产融结合等也更多地被提及。

其次，转型方向集中度提高。约 51% 的信托公司在其年报中提到资产证券化，15% 的信托公司在战略规划中将资产证券化明确列为重要转型方向。与此同时，一些 2015 年的热点转型方向如互联网金融等在 2016 年的年报中提及较少。与 2015 年比较，这使得 2016 年 68 家信托公司年报中转型关键词的集中度提高，这种现象也部分地反映了信托公司的转型探索行为更加成熟。

最后，风控制度建设与业务转型并驾齐驱。在 2016 年的信托年报中，多家信托公司提出以风控体系建设支撑且驱动公司转型创新。在这一过程中，信托公司重点关注主动管理能力与风控制度之间的结合，风控制度建设要以提升主动管理能力为目标。

（二）信托公司转型路径比较

通过对 68 家信托公司转型方向进一步归纳整理，我们比较了这些信托公司不同的转型路径。我们发现，信托公司转型路径主要可分为以下两类①。

第一类：依托股东背景进行转型。2016 年更多信托公司明确将产融结合和集团联动作为重要转型方向，光大信托提出充分依托光大集团综合化经营优势，以支持甘肃省社会经济发展和服务地方经济建设为使命，将公司构建成为具有自身发展特色的综合性金融服务平台。华宝信托提出挖掘宝武集团内部业务机会，推进产融结合，发展供应链金融业务、资产证券化业务等。在资产端和客户端与欧冶金融、集团各分子公司等进行广泛合作，在市

---

① 在《信托研究与年报分析 2016》中，我们将信托公司的转型路径分为三类，本书根据 2016 年信托行业转型新形势，将转型路径压缩为两类，并更新和深化了相关论述。

场、营销、客户方面进行资源共享。平安信托提出充分利用平安集团综合金融的优势，与集团内兄弟公司合作，运用信托资产隔离制度的优势，实现财富传承、财富管理与保险的完美嫁接。

第二类：通过业务平台化进行转型。随着以信托互联网金融为代表的外部环境的改变，跨区域竞争更加激烈，一些信托公司开始探索平台化道路。2016年平安信托推出“中国平安公益信托产品平台”，建立起完整的“公益+金融”信托产品体系，服务社会公益，树立了慈善信托领先品牌，同年创设“并购赢+”业务平台，支持行业龙头进行产业整合，实现去产能、去库存，并通过股权融资支持手段降杠杆，支持供给侧改革。华融信托推行“平台化”创新发展策略，构建“总部管控”、“业务转型”、“财富管理”三大转型平台，形成条块清晰、管控有序、激励相容、治理科学的立体化发展架构。上海信托打造了“上信赢通”信托资产交易平台，建立了信托产品预约发行的一级市场和信托产品流转交易的二级市场，大大提升信托产品的流动性和投资的灵活度、便利性。

二、2016年七大典型转型方向

我们在《信托研究与年报分析2016》一书中提出了包括资产证券化、家族信托、PPP、消费信托、QDII/QDIE/QDLP、产业基金、公益基金、低碳环保/清洁能源、FOF、外汇信托在内的2015年十大战略转型主题。延续以上研究，根据2016年信托公司年报中转型关键词出现的频率，我们整理出了2016年十大典型转型方向，其中不仅跟踪了2015年一些战略转型主题的新进展，还对2016年新出现的转型领域进行分析。

（一）资产证券化（年报关键词频次：31）

资产证券化业务是指，以基础资产所产生的现金流为偿付支持，通过结构化等方式进行信用增级，在此基础上发行资产支持证券的业务活动。2016年众多信托公司开展了多种形式的资产证券化业务，资产证券化成为信托业转型的最重要方向。

2016年陆家嘴信托自主发行首单私募信托受益权ABS，全程参与产品设计发行的各项工作。国元信托将资产证券化作为转型创新的业务方向之一，通过建立专业化团队，不断提升在产品设计及受托管理等全方位的服务能力和水平。湖南信托推出了益阳市住房公积金贷款存量资产证券化信托，以受托的基础资产为支持发行优先级和次级份额。华润信托继续完善资产证券化产品线，从信贷资产证券化业务延伸至私募信贷资产证券化、企业资产证券化、银登中心非标转标及类REITs等业务方向，并发行信用卡不良贷款证券化产品和通信业信托型资产支持票据。江苏信托联合券商、评级公司及律师事务所等机构，推出信托受益权私募ABS产品“德苏1号专项资产管理计划”，并在上海证券交易所固定收益平台挂牌发行。金谷信托对不良信贷资产证券化及企业资产证券化等新领域也进行了积极的探索，并荣获“2016年度资产证券化介甫奖——信贷类：最具规模产品”，并于2016年12月完成了公司首单不良信贷资产支持证券的发行工作。平安信托在企业资产证券化信托业务领域（以信托收益权为基础资产的非标转标业务、以商业物业租金收益权或学费收益权为基础资产的交易所公募ABS业务）展开探索，并且尝试开展类REITs（以酒店经营收益为基础资产）业务。外贸信托持续打造全链条增值服务，公司主导发行了以信托受益权为标的物进行公募的“双SPV”创新产品，实现了ABS产品在交易所上市，同时积极推动信贷资产收益权转让业务，与工商银行合作成立公司首单公募不良资产证券化项目及首单通过银登中心操作的资产证券化项目。粤财信托作为发行人和受托人，广发银行作为发起机构和委托人，成功合作发行“启元2016年第一期信贷资产支持证券”，产品规模52.01亿元。

除了资产支持证券（ABS）外，一些信托公司还在尝试开展资产支持票据（ABN）业务。中诚信托担任发行载体管理机构发行了“九州通医药集团股份有限公司2016年度第一期信托资产支持票据”，该产品引入了特定目的信托（SPT）作为发行载体，实现了基础资产出表和破产隔离，并设定了较高的资金归集频率，同时根据基础资产产生频率高、总金额较大、账龄较短的特点，设计了循环购买结构，建立了动态基础资产池，更好地盘活发起机构的存量资产，使得发起机构的应收账款及时变现，大幅提高资金使用效率。中航信托作为发行载体管理机构，参与了央企ABN产品“中国中车股份有限公司2016年度第一期信托资产支持票据（ABN）”的成功发行。

（二）家族信托（年报关键词频次：15）

家族信托被公认为信托业务的新蓝海，2016年国内家族信托发展呈现加速趋势，众多信托公司开展了第一单或者继续深化其家族信托业务，家族信托成为继资产证券化之后另一重要的转型方向。

2016年多家信托公司首单家族信托落地。华宝信托首单家族信托业务成功落地，并正式推出“世家华传”和“基业宝承”两个子系列服务产品，为客户提供个性化、定制化的家族财富管理综合解决方案。厦门信托新设家族信托办公室开展家族信托业务，“家业常青”系列标准化家族信托产品于7月正式上线，该系列家族信托期限不低于10年，信托资金主要投向债券基金及资管产品。百瑞信托和华鑫信托分别成功发行首单家族信托“安鑫系列”和“鑫鸿富系列”，进一步促进信托业务回归财富管理本源。

2016年更多的信托公司致力于推进家族信托业务规模化和标准化。江苏信托持续纵深推进家族信托业务，通过与民生银行合作，于2016年5月成功签约落地第二单家族信托业务，规模3000万元。山东信托积极布局开展家族信托，截至2016年11月，签约家族信托业务累计达50单，合同总规模24.64亿元。外贸信托家族信托业务持续发展，截至2016年年底，信托生效240余单，实际交付信托财产规模突破50亿元。

（三）PPP（年报关键词频次：14）

得益于国务院及有关部委发布的配套政策的快速跟进，2016年我国PPP取得了快速发展，根据财政部政府和社会资本合作中心对外发布的PPP综合信息平台项目库最新统计数据。截至2016年12月末，全国入库项目11,260个，总投资13.5万亿元。其中，签约落地1,351个，总投资2.2万亿元，全国入库项目落地率升至31.6%。

表6-1　2016年PPP政策梳理

日期	文件	颁发部门
2016年1月25日	《关于印发〈加快城市停车场建设近期工作要点与任务分工〉的通知》	国家发展改革委
2016年2月16日	《关于开展2016年中央财政支持地下综合管廊试点工作的通知》	财政部办公厅、住房城乡建设部办公厅
2016年2月25日	《关于开展2016年中央财政支持海绵城市建设试点工作的通知》	财政部办公厅、住房城乡建设部办公厅、水利部办公厅
2016年7月5日	《关于深化投融资体制改革的意见》	国务院
2016年7月27日	《关于加快推进国家“十三五”规划〈纲要〉重大工程项目实施工作的意见》	国家发展改革委

续表

日期	文件	颁发部门
2016年9月24日	《关于印发〈普惠金融发展专项资金管理办法〉的通知》	财政部
2016年9月24日	《关于印发〈政府和社会资本合作项目财政管理暂行办法〉的通知》	财政部
2016年9月28日	《关于开展重大市政工程领域政府和社会资本合作（PPP）创新工作的通知》	国家发展改革委、住房城乡建设部
2016年10月10日	《关于推进政策性金融支持小城镇建设的通知》	住房城乡建设部、中国农业发展银行
2016年10月11日	《关于在公共服务领域深入推进政府和社会资本合作工作的通知》	财政部
2016年10月24日	《关于征求〈政府和社会资本合作物有所值评价指引（修订版征求意见稿）意见〉的函》	财政部
2016年10月24日	《关于印发〈传统基础设施领域实施政府和社会资本合作项目工作导则〉的通知》	国家发展改革委
2016年10月25日	《关于鼓励社会资本投资建设运营民用机场的意见》	中国民用航空局
2016年10月27日	《关于印发〈"十三五"控制温室气体排放工作方案〉的通知》	国务院
2016年10月27日	《关于联合公布第三批政府和社会资本合作示范项目加快推动示范项目建设的通知》	财政部、教育部、科技部等20部委
2016年10月28日	《关于印发〈产业用地政策实施工作指引〉的通知》	国土资源部
2016年11月11日	《关于印发〈关于深入推进城镇低效用地再开发的指导意见（试行）〉的通知》	国土资源部
2016年11月12日	《关于对真抓实干成效明显地方加大激励支持力度的通知》	国务院办公厅
2016年11月21日	《关于运用政府和社会资本合作模式推进林业建设的指导意见》	国家发展改革委、国家林业局
2016年11月27日	《关于完善产权保护制度依法保护产权的意见》	国务院

2016年信托公司积极参与各类PPP项目。国元信托设立了公司首单类PPP项目——宁波冀和投资管理合伙企业（有限合伙）投资集合资金信托计划，募集信托资金2.5亿元，作为有限合伙人投资有限合伙企业，该合伙

企业资金全部运用于政府基础设施建设。湖南信托与中国PPP基金签署了《中政企湖南省合作绿色发展基金管理合同》，共同发起设立中政企湖南省合作绿色发展基金。该基金成为中国PPP基金省级层面的PPP子基金，已完成基金备案，正在按照中国PPP基金的要求寻找合适的PPP项目。江苏信托设立了PPP业务管理中心，从PPP基金业务着手，提供综合化、全项目周期、全产业链的投融资管理服务，公司稳步推进PPP基金项目运营，积极履行江苏省PPP融资支持基金管理人职责，已投资14.5亿元，完成基金投资总规模的72.5%。兴业信托联合兴业银行与山西省政府、北京首创集团联合启动规模上百亿元人民币的“山西省改善城市人居环境PPP投资引导基金”，主要用于投入城市基础公共设施，该基金的设立，将推动山西省改善城市人居环境领域投融资机制创新。紫金信托与相关承建、运营机构组成社会资本联合体中标淮安养老养生产业园“阳光新城”PPP项目，该项目已纳入《江苏省2016年第一批PPP入库项目名单》，并被认定为江苏省“2016年政府和社会资本合作省级试点项目”，同时该项目被列入淮安市“十三五”规划和淮安市“一区一题”重点项目。

（四）慈善信托/公益信托（年报关键词频次：8）

2016年是“慈善信托元年”，随着9月1日《慈善法》的正式实施，慈善信托项目纷纷落地。中国慈善联合会发布的《2016年中国慈善信托发展报告》显示，截至2016年年底，共有18家信托公司和慈善组织成功备案了22单慈善信托产品，初始规模0.85亿元，合同金额规模30.85亿元，涉及教育、扶贫、留守儿童等多个慈善公益领域。

众多信托公司在《慈善法》生效伊始便备案了慈善信托项目。国投泰康信托于《慈善法》正式生效的9月1日当天成功发行国内首单慈善信托并正式完成北京市民政局备案。平安信托推出“中国平安公益信托产品平台”，建立起完整的“公益+金融”信托产品体系，服务社会公益，树立了慈善信托品牌。山东信托在2016年11月作为顾问单位加入全国首个慈善信托行业联合体“中国慈善联合会慈善信托委员会”，着力发掘慈善信托业务机会，积极开展标准化慈善信托，并落地山东信托·大同系列同心扬梦慈善信托。兴业信托在《慈善法》实施首日向福建省民政厅递交了“兴业信托·幸福一期慈善信托计划”的备案材料，并成功获得备案。“兴业信托·幸福一期慈善信托计划”不设存续期限，善款运用集中在“养老、扶老”

领域，“教育、助学”领域，“扶贫、济困”领域。此次“幸福一期”慈善信托储备了福建省“农村幸福院”项目、青少年助学项目和留守儿童教育等多个公益慈善项目。粤财信托于2016年10月申请并成功备案广州市首宗获批慈善信托——“粤财信托·德睿慈善信托计划”，该信托计划由大成律师事务所作为监察人，邮政储蓄银行广东省分行作为保管人，信托财产将运用于扶贫、济困、扶老、救孤、恤病、助残优抚等符合慈善法规定的其他公益活动。长安信托通过设立慈善信托部、注册成立北京长安信托公益基金会、加入中慈联慈善信托委员会并成为副主任委员单位等，为慈善信托业务开展提供了平台保障。中诚信托发起“中诚信托2016年度博爱助学慈善信托”，信托本金及收益全部用于捐赠，促进贫困地区教育事业发展，该产品获得第六届中国公益节“2016年度责任品牌奖”。中航信托发行国内首单以航空为背景的慈善信托计划“天启977号中航爱飞客公益慈善集合信托计划”，该慈善信托因航空公益而生，重点资助有飞行潜质的贫困青少年实现飞行梦想，资助普及航空基础知识，传播航空文化等。

（五）消费金融/消费信托（年报关键词频次：8）

2016年年初，李克强总理在政府工作报告中提出，全国开展消费金融公司试点，鼓励金融机构创新消费信贷产品。各路资本纷纷涌入，抢筹消费金融市场机遇。当前，消费信托仍为信托公司参与消费金融最主要的方式之一，由于信托有100万元的投资门槛，但消费信托作为财产权信托对接产品消费权，可将门槛降至数万元，甚至一元。

在消费金融领域，各家信托公司的进展参差不齐。外贸信托在个人消费金融领域发展迅速，外贸信托充分发挥信托制度优势和运营管理优势，通过设计风险可控的交易结构，与小微零售服务商合作，提供快速、便捷的普惠金融服务。充分发挥信托公司的资金募集优势，利用大数法则和金融分层技术，形成不同细分市场的客户群，其中集合类信托业务规模和各类创新位于行业领先地位。截至2016年12月底，外贸信托个人消费金融存量规模已突破300亿元，有效提升了金融服务的覆盖面和普及率。云南信托利用信托公司具有的贷款业务资质，开展分散的小微金融业务，通过系统的搭建，在资金方与资产方之间建立起了可信赖的平台，一年业务培育过程中，落地了数十个项目、规模近10亿元，该业务中，云南信托承担了资产管理运营、机构资金引入、股权投资等多重任务，由于收费水平相对较高，随着规模的进一步扩大，将为公司带来长久和持续的收入。重庆信托设立“鑫利保1号消费金融投资集合资金信托计划”，将募集资金用于向有现金分期贷款需求的消费者发放消费贷款，为中低收入阶层客户提供金融服务，有效地解决了该部分消费者的短期资金需求，该产品还首次引入了保险公司进行增信，使得产品的风险控制措施得到加强。紫金信托与狮桥融资租赁合作设立了“狮桥1号集合资金信托计划”。该产品从前端融资到后端资产证券化，为交易对手提供全流程服务支持，打通了公司进入消费金融“蓝海”市场的发展路径。

（六）主动证券投资（年报关键词频次：5）

在转型压力下，一些信托公司已不再拘泥于单纯作为通道，而是尝试发行主动管理证券类信托，或借助私募基金管理人资格成立二级市场契约型基金，提高公司证券市场主动管理能力。

2016年金谷信托在证券投资类业务领域也得到较快发展，在以往开展结构化证券投资通道业务的基础上积极向主动管理类业务转型，业务品种不断丰富，投资团队能力不断得到提升。陆家嘴信托推出多支主动管理的证券投资产品，跑赢同期沪深300指数，为投资者取得良好投资收益。中海信托设立多支主动管理类FOF产品、净值管理类证券投资产品，积极尝试主动管理型业务。山东信托依托私募基金管理人资格，投资于二级市场的首只契约型基金成功落地，还研发设计了首单定增基金项目和新三板优选基金项目。百瑞信托深入开展了量化投资领域的研究，开发了基于机器学习模型和多因子模型的多个量化框架，并积极推进产品化。

（七）境外投资（年报关键词频次：5）

尽管资本项目下人民币可兑换尚未完全放开，但人民币国际化及资本开放的趋势不会改变。在国内投资回报率下行、优质资产匮乏、客户海外投资需求增长的背景下，信托公司布局海外的步伐加速推进。从硬件来讲，加速设立境外子公司，积极申请跨境业务牌照都已不再鲜见。从最初的QDII到后来的QDIE、QDLP，越来越多的信托公司开始拥有发展跨境业务的牌照资质，而暂时未获牌照的信托公司也已开始寻找通道途径，曲线涉足海外业务。

2016年外贸信托将海外资产配置作为核心业务方向之一，并加速进行国际化战略布局。继“全球资产配置一期”平稳运行一年后，外贸信托成立了“全球资产配置三期”，规模2.82亿元，该项目计划在投资中资美元债、中资金融机构优先股两类资产基础上，首次加入量化策略，挂钩三大工业国大类资产，实现风险分散和间接对冲，助力境内委托人实现资产保值。该项目是信托业投资品类最为丰富的主动管理类QDII集合信托产品。新华信托作为国内最早获得QDII资质的信托公司之一，于10月陆续成立两单QDII业务——“星辰5号”、“星辰6号”。中诚信托发布“中诚信托诚信海外增值1号受托境外理财集合资金信托计划”，信托资金投资于香港市场的美元债券，该产品采用“双投顾”模式和“双币种”选择，“双投顾”是由香港子公司中诚国际资本有限公司负责投资策略选择，受托人优选海外投资公司，以弥补公司海外投资标的选择方面的劣势，由受托人对投资标的审核确保受益人利益，“双币种”为境内持有美元和人民币资产的投资者开发了投资海外美元资产的机会。

三、2016年具有典型意义的信托创新产品

根据2016年68家信托公司年报，各家信托公司在提升主动管理能力这一最终目标的指引下，探索转型道路。在2016年，一些转型方向如外贸信托的小微金融业务经过多年实践已被证明切实可行，另一些转型方向如百瑞信托的定制型量化产品、中诚信托的ABN系列产品等正在快速推进以待市场验证。以下介绍这三个2016年具有典型意义的信托创新产品。

（一）外贸信托小微金融系列业务

2016年1月，国务院发布《推进普惠金融发展规划（2016—2020年）》，首次从国家层面确立普惠金融战略，明确指出“到2020年，建立与全面建成小康社会相适应的普惠金融服务和保障体系，有效提高金融服务可得性”，“使我国普惠金融发展水平居于国际中上游水平”。2016—2020年，伴随规划全面实施，作为普惠金融重要构成的小微金融将进入发展的黄金时代。

小微金融是外贸信托充分发挥信托制度优势和运营管理优势，通过设计风险可控的交易结构，为中低收入者提供信托贷款的一种业务模式。外贸信托通过与多家消费金融公司、小额贷款公司、金融信息服务公司、保险公司及其他非银行金融机构紧密合作，以小微金融终端服务商为获客渠道，为其提供专业化的平台管理与综合金融服务。

外贸信托的小微金融业务分为三个系列，“汇金”系列、“菁华”系列和“五行汇金”系列。对于“汇金”系列信用类贷款，借款人凭借个人信用从外贸信托获得消费贷款，笔均贷款金额为3,000元—15万元左右。对于“菁华”系列抵押类贷款，借款人将抵押物抵押至外贸信托以获取抵押贷款，笔均贷款金额为15万—200万元左右。对于“五行汇金”产品，整合了现有“汇金”和“菁华”系列产品，采用TOT形式投资于外贸信托主动管理的小微金融类集合资金信托计划优先级，投资期限多样灵活，能满足不同投资者的投资需求和偏好，并实现与资产一一匹配，为合作伙伴提供稳定、可靠的融资渠道。

分析外贸信托的小微金融产品交易结构（见图6－2）后发现，信托公司开展小微金融业务需要做到以下三个方面。

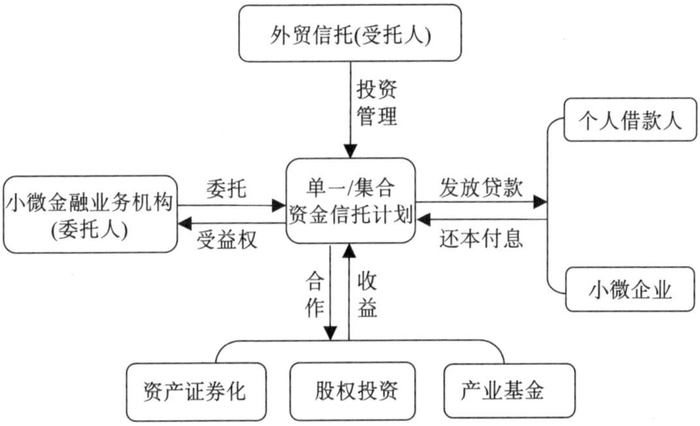

图6－2 信托公司小微金融业务产品交易结构图

资产端：向下扎根，丰富资产主动管理能力。信托公司在资产端主动管理能力主要体现在如何提升资产识别与定价能力，而资产识别与定价的前提在于对资产特点及其内在逻辑的充分认知。小微市场走向细分的趋势愈演愈烈，必将形成针对特定人群、专门用途、不同区域的个性化、专业化经营，信托公司依据不同的维度对基础资产进行分类打包和重新组合，以形成标准化的产品，有效对接不同风险偏好、不同久期类型的资金。

资金端：向上延伸，丰富资金渠道，降低资金成本。信托公司应当主动从单一的“放款人”转变为资金的管理者，充分运用资产证券化、股权、基金等多种工具，向资金端上游不断延伸，探索小微银行等形式，帮助小微金融机构降低资金成本，为其小微资产对接更便宜、高效、成熟的资金渠道，推动普惠金融真正惠及个人。

平台化：打造定制化全流程小微金融服务平台。外贸信托2014年开始打造全流程小微金融服务平台，涵盖融资服务、运营服务、信用服务、品牌联盟、贷后管理等一站式服务体系，不断强化信息系统建设，提高服务效率与质量。并通过加强与小额贷款业协会、自律组织的合作，整合行业资源，梳理品牌力量，吸引行业内优质的小微金融终端服务商，实现收益共享。

（二）百瑞信托定制型量化系列产品

随着国内市场中机构参与者的日渐增多，基于传统技术指标组合的简易量化策略的稳定性逐渐降低，而基于机器学习的量化投资策略正取而代之，且日渐成为主流。百瑞信托主要基于机器学习中的强化学习方法，开发出适合机构投资者的多种量化交易系统。

强化学习这种机器学习方法，从模拟人和动物学习过程出发，其方法论更为本源。在这种学习模式下，输入数据作为对模型的反馈，不像监督模型那样，输入数据仅仅是作为一个检查模型对错的方式。在强化学习下，输入数据直接反馈到模型，模型必须对此立刻作出调整。常见的应用场景包括动态系统以及机器人控制等。常见算法包括Q-Learning以及时间差学习。强化学习在分析和解决局部问题上的表现近乎完美，然而传统的强化学习应用场景很有限，规模大一点的问题就会出现维数爆炸，不过随着并行计算技术和计算机硬件的发展，强化学习的应用空间愈加广泛。

百瑞信托基于强化学习技术，研究开发出百瑞机器学习稳健系列产品。机器学习稳健系列由研发中心开发，基于机器学习技术的稳健一期，根据机器指令进行仓位调整。机器通过对过去十余年市场上股票的交易数据进行分析，并且每天加入当日的交易数据后，机器自动学习交易数据，探索市场情绪，抓住确定性的上涨机会，优化仓位配置，实现资产收益的最大化。

稳健一期从2015年12月开始设计，在众多备选模型和方案中脱颖而出。其原理是将市场股票集合图形化，利用图像识别技术确定买入与持有周期。以图6-4为例，在只购买沪深300ETF的前提下，稳健一期的算法在2012—2016年能够成功避过多轮市场暴跌，上升趋势识别和抗风性能力强，α收益长期稳定。

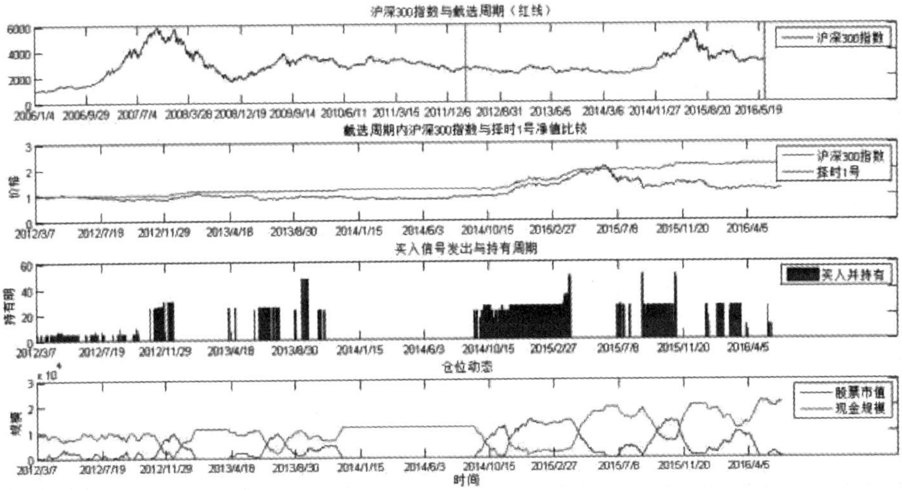

图 6－4　稳健一期长期表现

在金融市场中，一个能稳定产生 α 收益的策略意义重大，这是由于一个策略稳定的风险收益结构能为金融产品设计者提供广阔的想象空间，基于稳健一期，可充分发挥想象力，设计出适合不同交易对手的不同风险收益结构的定制型金融产品。这类定制型产品也是一些信托公司的主要转型方向，例如杭工商信托在公司发展战略里提到过“发挥自身的专业优势，积极开发具有不同风险收益特征的信托产品，为客户提供人性化、个性化的服务，满足其多样化需求”。

（三）中诚信托 ABN 系列产品

2016 年 6 月 29 日，九州通医药集团股份有限公司（以下简称“九州通”）2016 年度第一期信托资产支持票据（以下简称“九州通 ABN”）成功发行，该产品是银行间市场首批、业内第二单信托型 ABN。九州通 ABN 由兴业银行担任主承销商，中诚信托担任受托人。该项目引入信托公司作为资产支持票据的发行载体，做到资产真实隔离，为信托项目的发展提供有益探索，交易结构可见图 6－5。

九州通 ABN 的基础资产为九州通对公立二级以上医院享有的应收账款债权，项目注册金额 10 亿元，三年期，按年付息，到期还本。中诚信国际评级公司给予九州通主体评级 AA＋，本期资产支持票据优先级评级 AAA，次级没有评级。截至 2015 年年底，九州通总资产 325.85 亿元，净资产

98.46亿元。2015年九州通的主营业务收入为495.89亿元，同比增长20.75%。2016年1—3月的主营业务收入为154.46亿元，同比增加29.31%。九州通ABN项目注册金额为10亿元，三年期，按年付息，到期还本。项目内部采用结构化设计，优先级资产支持票据比例为77.7%，次级比例为22.3%。①

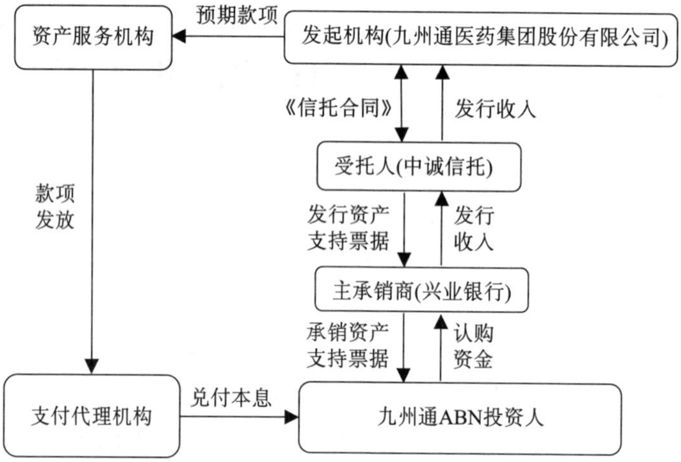

图6-5　中诚信托ABN项目产品交易结构图

九州通ABN产品具有以下特点：

第一，在结构设计上，九州通ABN产品首先引入了特定目的信托（Special Purpose Trust，SPT）作为发行载体，实现基础资产出表和破产隔离。其次，传统ABN的发起机构多是城投类企业，信托型ABN的发起机构类别更为广泛。

第二，在资产隔离上，九州通ABN产品的发行，对资产支持票据业务的发展带来示范意义。资产支持票据引入信托公司作为受托人，利用信托法律结构做到资产出表，实现产品的破产风险隔离，在一定程度上实现了从传统借款人向资产信用的转移，在发起机构信用基础上进一步实现了以基础资产作为偿债的保障。

第三，在加强增信上，九州通ABN产品在《信托合同》及《差额补足

① 根据市场公开数据整理。

协议》中约定，当作为发行人的差额补足方未履行差额补足义务，受托人应及时采取追偿、提起诉讼等方式保证投资者权益，为资产支持票据加强增信。

九州通ABN产品的出现，对信托公司开展资产证券化类业务具有重要的借鉴意义。

第一，ABN有效实现资产出表和破产隔离。传统资产支持票据用账户隔离来实现对基础资产现金流的管控，而信托型ABN因借助于信托法律结构财产隔离的特性，有效实现了基础资产出表和破产隔离，对投资者的保护力度更强，可以有效增加投资者的认购积极性。

第二，ABN推动了银行间债券市场发展。在“资产荒”背景下，伴随着经济下行和债券违约的不断发生，信托型资产支持票据在银行间市场公开发行，为银行间债券市场带来新的活力，推动银行间债券市场的发展。

第三，开展ABN业务有利于增强信托公司在资产证券化中的话语权。在信托公司作为通道的信贷资产证券化中，信托公司收费非常低。作为不可或缺的资产隔离主体，信托公司将在资产支持票据发行以及管理中发挥重要的作用。信托ABN业务作为一项创新业务，可以增强信托公司竞争优势，增强信托公司创新业务的开展。信托公司在监管过渡期拓展信托型ABN业务，便于抢占市场先机。

四、2016年行业理论研究与技术创新

2016年在中国信托业协会（以下简称“协会”）和多家信托公司的共同努力下，信托行业基础研究登上了一个新的台阶。7月百瑞信托联合协会、全行业26家信托公司及外部智库机构等设立了百瑞安鑫·信托金融理论研究集合资金信托计划。该信托计划由百瑞信托作为受托人，协会、全行业26家信托公司以及致力于提升信托行业金融理论研究水平的相关智库机构出资作为委托人和受益人，百瑞信托通过对上述资金的专业运作以实现信托资金的保值增值，信托收益将专项用于行业金融理论研究以及相关领域。9月由协会主办，百瑞信托有限责任公司承办的“搭建我国信托金融理论体系”主题沙龙活动在郑州举办。来自中国人民大学信托与基金研究所、西南财经大学信托与理财研究所、复旦大学信托研究中心、上海锦天城律师事务所、中国金融出版社等单位的专业人士，河南银监局相关领导、近30家

信托公司的高管和研发人员、中国信托业保障基金有限责任公司相关领导、协会领导共计六十余人参加了本次活动。信托金融理论研究集合资金信托计划的设立和沙龙活动的成功举办，有助于推动整个信托行业的金融理论研究水平迈上一个新台阶，并成为行业基础设施建设进程中的一个里程碑事件。

2016年多家信托公司加强信托业理论研究工作，并积极参与由中国信托业协会等组织的多项重点研究课题。中诚信托加强创新研究工作，开展了互联网信托、信托参与消费金融、供应链金融、慈善信托等创新业务专题研究，《信托公司消费金融领域展业体系设计》、《香港的信托制度及信托业务与启示》两篇报告入选协会年度自主研究课题，积极探索信托公司创新体制、机制建设和业务创新研究。吉林信托为提升对行业趋势、公司发展、业务指导的前瞻性和可操作性，全面重构了研发报告体系，包括探讨创新业务和创新领域的《创新业务研究报告》、聚焦监管新政与业内法务案例的《信托法务研究报告》、聚焦信托业动态的《信托市场报告》，编辑出版刊物《吉林信托》（季刊）并适时编写《吉信内参》。百瑞信托重点围绕慈善信托主持多项省部级课题，包括民政部2016年慈善事业创新和发展理论研究部级课题《慈善信托终止研究》、中国信托业协会2016年行业发展专题研究重点课题《〈慈善法〉背景下的公益信托研究》、2016年度河南金融重点课题《慈善信托的法理与实践》。

值得一提的是，部分信托公司继续推进技术创新，开发全新业务系统为业务创新铺平道路。北京信托重构CRM系统、架设新的基础数据平台，提高数据质量、增强服务功能、优化业务流程，以迎接科技金融新模式的挑战，并成功获得了股指期货交易业务资格，瞄准未来新的利润增长点。华润信托多项系统取得实质性进展，TOS交易运营服务平台完成产品管理、权限管理、消息服务等基础功能，开发涵盖股票、期货、港股通等业务的风险监控报表，建立结构化产品从风险监控到交易平仓的全自动化或半自动化流程，支持运营核算模块实时估值及公允价估值，CTS算法交易平台完成了业务网关、算法服务器、CTS客户端的研发工作，ABS资产证券化系统于年内正式上线，成为信托行业内第一家落地实施的ABS管理系统，实现了从基础资产管理、产品方案设计、产品测算分析到存续期管理、受托服务报告产出的全生命周期的系统化管理。

附　　表

2016 年年末信托公司注册资本排名 / 180
2016 年年末信托公司净资产排名 / 181
2016 年信托公司总收入排名 / 182
2016 年信托公司信托业务收入排名 / 183
2016 年信托公司净利润排名 / 184
2016 年信托公司资本利润率排名 / 185
2016 年信托公司信托报酬率排名 / 186
2016 年信托公司人均净利润排名 / 187
2016 年年末信托公司信托资产规模排名 / 188
2016 年年末信托公司集合类信托资产规模排名 / 189
2016 年年末信托公司单一类信托资产规模排名 / 190
2016 年信托公司已清算集合类信托项目收益率排名 / 191
2016 年信托公司已清算单一类信托项目收益率排名 / 192
2016 年信托公司新增信托资产规模排名 / 193
2016 年信托公司新增集合类信托资产规模排名 / 194
2016 年信托公司新增主动管理型信托资产规模排名 / 195

附　表

2016年年末信托公司注册资本排名

排名	信托公司	注册资本	排名	信托公司	注册资本
1	重庆信托	128	35	华融信托	23.68
2	平安信托	120	36	厦门信托	23
3	中信信托	100	37	中粮信托	23
4	民生信托	70	38	北京信托	22
5	华信信托	66	39	华鑫信托	22
6	华润信托	60	40	金谷信托	22
7	新时代信托	60	41	外贸信托	22
8	中融信托	60	42	国投泰康信托	21.90
9	上海信托	50	43	安信信托	20.71
10	兴业信托	50	44	山东信托	20
11	华能信托	42	45	五矿信托	20
12	新华信托	42	46	天津信托	17
13	中航信托	40.22	47	中建投信托	16.65
14	百瑞信托	40	48	吉林信托	15.96
15	交银信托	37.64	49	建信信托	15.27
16	华宝信托	37.44	50	杭工商信托	15
17	中原信托	36.5	51	西部信托	15
18	四川信托	35	52	山西信托	13.57
19	光大兴陇信托	34.18	53	万向信托	13.39
20	长安信托	33.3	54	国联信托	12.3
21	中铁信托	32	55	东莞信托	12
22	陕国投信托	30.90	56	方正信托	12
23	英大信托	30.21	57	湖南信托	12
24	中江信托	30.05	58	苏州信托	12
25	爱建信托	30	59	北方信托	10
26	国元信托	30	60	大业信托	10
27	昆仑信托	30	61	国民信托	10
28	陆家嘴信托	30	62	西藏信托	10
29	粤财信托	28	63	云南信托	10
30	江苏信托	26.83	64	华澳信托	6
31	渤海信托	26.4	65	华宸信托	5.72
32	中海信托	25	66	中泰信托	5.16
33	中诚信托	24.56	67	浙金信托	5
34	紫金信托	24.53	68	长城新盛信托	3

附 表

2016年年末信托公司净资产排名

单位：万元

排名	信托公司	净资产	排名	信托公司	净资产
1	平安信托	2,251,071.40	35	长安信托	561,316.91
2	中信信托	2,008,098.84	36	英大信托	556,975.15
3	重庆信托	1,845,195.57	37	国联信托	508,882.00
4	华润信托	1,644,345.90	38	昆仑信托	497,428.20
5	中诚信托	1,530,727.73	39	国投泰康信托	493,944.82
6	安信信托	1,371,816.66	40	粤财信托	469,252.37
7	兴业信托	1,336,499.18	41	光大兴陇	459,351.04
8	中融信托	1,281,047.52	42	中海信托	444,741.94
9	华信信托	1,197,106.24	43	方正信托	433,080.49
10	华能信托	1,092,864.65	44	苏州信托	430,905.20
11	上海信托	1,067,469.83	45	陆家嘴信托	423,309.69
12	民生信托	993,239.08	46	爱建信托	403,255.61
13	江苏信托	988,147.31	47	天津信托	401,509.16
14	建信信托	975,272.28	48	北方信托	401,370.38
15	中江信托	875,048.86	49	中泰信托	397,594.62
16	陕国投	772,836.06	50	中粮信托	391,392.62
17	外贸信托	769,635.32	51	华鑫信托	390,094.37
18	北京信托	763,413.75	52	吉林信托	383,729.78
19	新时代信托	737,492.82	53	东莞信托	381,051.36
20	中原信托	728,413.55	54	厦门信托	374,065.00
21	交银信托	708,984.02	55	金谷信托	356,427.67
22	渤海信托	704,624.13	56	紫金信托	341,351.66
23	西部信托	698,439.62	57	杭工商信托	332,522.00
24	华融信托	677,606.18	58	湖南信托	311,971.00
25	华宝信托	657,355.82	59	国民信托	232,826.91
26	中铁信托	652,486.01	60	云南信托	207,630.86
27	山东信托	633,663.02	61	山西信托	195,832.02
28	中航信托	630,774.41	62	万向信托	194,528.53
29	百瑞信托	608,698.95	63	西藏信托	191,381.00
30	国元信托	599,689.59	64	大业信托	149,598.42
31	四川信托	598,615.35	65	华宸信托	123,013.35
32	中建投信托	577,885.71	66	华澳信托	121,275.25
33	新华信托	577,868.00	67	浙金信托	80,622.62
34	五矿信托	571,139.76	68	长城新盛信托	49,402.07

附　表

2016 年信托公司总收入排名

单位：万元

排名	信托公司	总收入	排名	信托公司	总收入
1	中融信托	695,425.00	35	昆仑信托	123,911.17
2	平安信托	678,866.23	36	西部信托	120,136.74
3	中信信托	583,459.60	37	天津信托	112,331.86
4	安信信托	554,529.00	38	华鑫信托	107,104.18
5	重庆信托	463,030.87	39	英大信托	105,661.77
6	中江信托	361,571.39	40	万向信托	105,391.36
7	华润信托	320,624.76	41	粤财信托	104,550.14
8	华能信托	303,330.40	42	国投泰康信托	103,902.00
9	中铁信托	290,376.00	43	陕国投信托	101460.36
10	四川信托	279,330.16	44	厦门信托	101,205.00
11	上海信托	257,026.45	45	北方信托	100,557.12
12	中航信托	249,061.88	46	杭工商信托	97,680.00
13	华信信托	231,159.10	47	苏州信托	91,934.00
14	建信信托	220,687.88	48	湖南信托	89,800.00
15	兴业信托	219,805.00	49	新华信托	88,159.69
16	五矿信托	207,449.89	50	国元信托	87,722.16
17	外贸信托	199,999.41	51	新时代信托	80,830.83
18	华融信托	196,526.50	52	光大兴陇信托	80,136.26
19	北京信托	194,979.00	53	东莞信托	78,136.85
20	民生信托	192,877.60	54	紫金信托	75,038.63
21	中诚信托	191,918.47	55	中粮信托	73,927.37
22	长安信托	176,492.15	56	西藏信托	68,804.18
23	中建投信托	172,275.99	57	国民信托	65,455.04
24	百瑞信托	164,574.27	58	大业信托	62,873.39
25	华宝信托	164,509.76	59	中泰信托	62,786.21
26	江苏信托	160,812.58	60	金谷信托	50,215.16
27	中原信托	151,792.99	61	吉林信托	45,665.89
28	中海信托	140,559.74	62	云南信托	45,026.98
29	陆家嘴信托	140,157.00	63	华澳信托	38,724.00
30	渤海信托	139,340.41	64	国联信托	38,386.00
31	交银信托	137,367.54	65	山西信托	36,077.00
32	山东信托	136,478.51	66	长城新盛信托	24,896.23
33	爱建信托	124,678.86	67	浙金信托	19,981.27
34	方正信托	124,634.52	68	华宸信托	9,750.76

附　表

2016年信托公司信托业务收入排名

单位：万元

排名	信托公司	信托业务收入	排名	信托公司	信托业务收入
1	中融信托	481, 680. 00	35	北方信托	100, 557. 12
2	安信信托	439, 342. 00	36	中海信托	140, 559. 74
3	中信信托	427, 175. 76	37	杭工商信托	97, 680. 00
4	平安信托	338, 244. 85	38	中诚信托	191, 918. 47
5	重庆信托	257, 431. 52	39	华鑫信托	107, 104. 18
6	华能信托	235, 840. 08	40	江苏信托	160, 812. 58
7	上海信托	212, 762. 64	41	苏州信托	91, 934. 00
8	中航信托	212, 711. 69	42	东莞信托	78, 136. 85
9	中铁信托	208, 860. 00	43	天津信托	112, 331. 86
10	四川信托	189, 393. 05	44	湖南信托	89, 800. 00
11	建信信托	180, 421. 91	45	新华信托	88, 159. 69
12	五矿信托	171, 925. 46	46	紫金信托	75, 038. 63
13	长安信托	169, 776. 68	47	西藏信托	68, 804. 18
14	华融信托	158, 242. 08	48	国民信托	65, 455. 04
15	兴业信托	152, 479. 00	49	陕国投信托	101， 460. 36
16	民生信托	147, 126. 33	50	厦门信托	101, 205. 00
17	中建投信托	130, 448. 00	51	大业信托	62, 873. 39
18	外贸信托	128, 215. 73	52	光大兴陇信托	80, 136. 26
19	北京信托	126, 631. 00	53	新时代信托	80, 830. 83
20	渤海信托	118, 053. 83	54	国投泰康信托	103, 902. 00
21	百瑞信托	117, 733. 50	55	中泰信托	62, 786. 21
22	华宝信托	108, 376. 19	56	粤财信托	104, 550. 14
23	中原信托	107, 920. 03	57	国元信托	87, 722. 16
24	交银信托	106, 592. 89	58	中粮信托	73, 927. 37
25	陆家嘴信托	104, 941. 00	59	云南信托	45, 026. 98
26	方正信托	101, 481. 03	60	金谷信托	50, 215. 16
27	昆仑信托	95, 872. 51	61	西部信托	120, 136. 74
28	山东信托	94, 279. 89	62	华澳信托	38, 724. 00
29	万向信托	91, 067. 63	63	山西信托	36, 077. 00
30	爱建信托	90, 177. 39	64	国联信托	38, 386. 00
31	中江信托	88, 390. 48	65	浙金信托	19, 981. 27
32	华润信托	87, 365. 49	66	吉林信托	45, 665. 89
33	英大信托	84, 991. 90	67	华宸信托	9, 750. 76
34	华信信托	83, 953. 53	68	长城新盛信托	24, 896. 23

附　表

2016年信托公司净利润排名

单位：万元

排名	信托公司	净利润	排名	信托公司	净利润
1	平安信托	379,710.10	35	渤海信托	67,416.05
2	重庆信托	365,361.71	36	英大信托	63,475.55
3	中信信托	304,164.52	37	厦门信托	63,015.00
4	安信信托	303,394.75	38	方正信托	60,225.82
5	中融信托	236,471.54	39	爱建信托	60,019.84
6	中江信托	192,458.74	40	国元信托	58,377.28
7	华能信托	172,875.92	41	湖南信托	55,407.00
8	华润信托	169,227.88	42	苏州信托	54,155.18
9	华信信托	160,632.55	43	陆家嘴信托	52,400.60
10	上海信托	150,563.26	44	杭工商信托	51,707.00
11	中铁信托	147,258.11	45	万向信托	51,609.43
12	建信信托	133,579.94	46	陕国投	51,523.76
13	江苏信托	132,898.49	47	华鑫信托	45,402.14
14	中航信托	130,167.02	48	紫金信托	41,338.66
15	四川信托	127,017.43	49	天津信托	41,258.85
16	兴业信托	121,514.52	50	新时代信托	41,206.74
17	中诚信托	111,799.42	51	西藏信托	40,920.94
18	外贸信托	109,817.21	52	北方信托	40,547.84
19	中海信托	104,174.38	53	东莞信托	39,800.80
20	华宝信托	98,282.06	54	中粮信托	37,866.32
21	五矿信托	98,014.56	55	光大兴陇	35,868.06
22	北京信托	97,514.17	56	吉林信托	30,900.71
23	民生信托	95,145.43	57	大业信托	29,382.00
24	长安信托	95,101.18	58	国联信托	28,985.00
25	华融信托	92,925.09	59	中泰信托	28,887.29
26	百瑞信托	92,257.45	60	云南信托	20,444.44
27	山东信托	88,378.27	61	国民信托	19,583.76
28	中建投信托	85,156.27	62	金谷信托	16,267.94
29	粤财信托	84,224.23	63	山西信托	12,226.67
30	交银信托	83,776.69	64	长城新盛信托	10,950.81
31	西部信托	75,931.76	65	华澳信托	6,901.81
32	中原信托	74,888.23	66	浙金信托	6,042.08
33	昆仑信托	73,097.04	67	新华信托	4,600.49
34	国投泰康信托	68,186.35	68	华宸信托	3,686.70

附　表

2016年信托公司资本利润率排名

单位：%

排名	信托公司	资本利润率	排名	信托公司	资本利润率
1	安信信托	41.15	35	江苏信托	14.26
2	万向信托	28.70	36	苏州信托	14.00
3	中江信托	28.11	37	国投泰康信托	13.96
4	长城新盛信托	24.93	38	北京信托	13.50
5	中铁信托	24.87	39	昆仑信托	13.50
6	中海信托	23.98	40	陆家嘴信托	13.29
7	四川信托	23.75	41	民生信托	13.08
8	西藏信托	23.21	42	交银信托	12.57
9	中航信托	22.62	43	华鑫信托	12.33
10	大业信托	21.47	44	英大信托	11.99
11	重庆信托	21.33	45	渤海信托	11.95
12	华能信托	21.32	46	东莞信托	10.84
13	中融信托	21.08	47	天津信托	10.59
14	上海信托	19.50	48	北方信托	10.49
15	长安信托	19.08	49	云南信托	10.36
16	粤财信托	18.78	50	华润信托	10.17
17	湖南信托	18.18	51	国元信托	9.90
18	五矿信托	17.16	52	中粮信托	9.88
19	紫金信托	17.02	53	兴业信托	9.49
20	杭工商信托	17.01	54	西部信托	9.26
21	厦门信托	16.79	55	国民信托	8.78
22	平安信托	16.77	56	新时代信托	8.17
23	华信信托	16.19	57	光大兴陇信托	8.05
24	百瑞信托	16.01	58	浙金信托	7.79
25	华宝信托	16.00	59	吉林信托	7.66
26	中信信托	15.99	60	中诚信托	7.60
27	中建投信托	15.83	61	中泰信托	7.49
28	华融信托	15.6	62	陕国投信托	6.79
29	中原信托	15.57	63	国联信托	6.60
30	爱建信托	15.28	64	山西信托	6.30
31	方正信托	14.95	65	华澳信托	6.00
32	建信信托	14.79	66	金谷信托	4.67
33	外贸信托	14.52	67	华宸信托	2.88
34	山东信托	14.40	68	新华信托	0.80

附　表

2016 年信托公司信托报酬率排名

单位：%

排名	信托公司	信托报酬率	排名	信托公司	信托报酬率
1	东莞信托	3.16	35	中泰信托	0.51
2	杭工商信托	2.38	36	新华信托	0.47
3	长城新盛信托	2.01	37	上海信托	0.4685
4	华宸信托	1.83	38	厦门信托	0.46
5	安信信托	1.55	39	方正信托	0.46
6	华信信托	1.45	40	天津信托	0.44
7	湖南信托	1.39	41	山东信托	0.39
8	重庆信托	1.24	42	华能信托	0.38
9	中建投信托	1.21	43	中信信托	0.35
10	紫金信托	1.15	44	国元信托	0.35
11	爱建信托	1.12	45	中诚信托	0.35
12	百瑞信托	0.99	46	外贸信托	0.33
13	陆家嘴信托	0.99	47	渤海信托	0.33
14	平安信托	0.95	48	吉林信托	0.33
15	中原信托	0.92	49	交银信托	0.29
16	民生信托	0.91	50	金谷信托	0.28
17	山西信托	0.91	51	中粮信托	0.26
18	昆仑信托	0.84	52	西部信托	0.26
19	浙金信托	0.83	53	陕国投信托	0.26
20	华澳信托	0.79	54	华鑫信托	0.24
21	中铁信托	0.77	55	北方信托	0.2331
22	万向信托	0.74	56	江苏信托	0.23
23	中航信托	0.73	57	苏州信托	0.23
24	中融信托	0.71	58	国投泰康信托	0.23
25	华融信托	0.70	59	云南信托	0.23
26	中江信托	0.61	60	新时代信托	0.23
27	长安信托	0.59	61	光大兴陇信托	0.23
28	国联信托	0.58	62	粤财信托	0.22
29	四川信托	0.54	63	中海信托	0.20
30	北京信托	0.54	64	华宝信托	0.20
31	五矿信托	0.53	65	兴业信托	0.17
32	大业信托	0.52	66	建信信托	0.15
33	英大信托	0.52	67	西藏信托	0.14
34	国民信托	0.52	68	华润信托	0.11

附 表

2016年信托公司人均净利润排名

单位：万元

排名	信托公司	人均利润率	排名	信托公司	人均利润率
1	重庆信托	2,519.74	35	渤海信托	309.25
2	江苏信托	1,601.19	36	北京信托	306.00
3	安信信托	1,536.00	37	华融信托	295.94
4	中江信托	866.93	38	杭工商信托	295.00
5	华信信托	863.62	39	天津信托	294.71
6	粤财信托	813.76	40	昆仑信托	290.64
7	中铁信托	698.00	41	华鑫信托	264.00
8	中海信托	694.50	42	万向信托	258.69
9	中航信托	595.45	43	北方信托	255.02
10	中信信托	582.13	44	紫金信托	252.07
11	华能信托	566.34	45	中建投信托	243.48
12	华润信托	558.51	46	东莞信托	242.69
13	西藏信托	552.99	47	兴业信托	231.90
14	百瑞信托	490.73	48	方正信托	225.56
15	山东信托	455.56	49	中粮信托	221.44
16	五矿信托	452.60	50	大业信托	212.91
17	上海信托	448.77	51	四川信托	178.40
18	国投泰康信托	437.09	52	陆家嘴信托	177.63
19	建信信托	435.11	53	新时代信托	167.51
20	中诚信托	435.05	54	陕国投信托	155.66
21	交银信托	431.00	55	长安信托	154.35
22	西部信托	430.21	56	长城新盛信托	150.01
23	苏州信托	430.20	57	吉林信托	143.72
24	英大信托	423.17	58	中融信托	140.10
25	外贸信托	410.36	59	光大兴陇信托	132.84
26	湖南信托	387.00	60	中泰信托	128.96
27	国联信托	376.43	61	金谷信托	120.50
28	国元信托	371.83	62	云南信托	95.53
29	民生信托	369.68	63	国民信托	85.52
30	平安信托	363.01	64	山西信托	67.93
31	中原信托	346.50	65	浙金信托	52.09
32	华宝信托	346.06	66	华宸信托	37.62
33	爱建信托	335.31	67	华澳信托	35.00
34	厦门信托	316.66	68	新华信托	22.17

附　表

2016年年末信托公司信托资产规模排名

单位：万元

排名	信托公司	信托资产规模	排名	信托公司	信托资产规模
1	中信信托	142,488,879.20	35	云南信托	21,554,035.63
2	建信信托	130,619,640.08	36	方正信托	20,275,280.51
3	兴业信托	94,462,051.00	37	粤财信托	20,196,897.90
4	上海信托	82,579,375.78	38	爱建信托	19,907,546.61
5	华润信托	80,823,042.82	39	中诚信托	19,749,966.08
6	交银信托	71,396,121.15	40	重庆信托	17,269,495.34
7	华能信托	70,938,996.28	41	中江信托	16,683,077.89
8	中融信托	68,296,726.89	42	百瑞信托	16,503,224.30
9	平安信托	67,722,093.68	43	天津信托	15,305,245.44
10	华宝信托	52,698,548.77	44	万向信托	15,214,099.00
11	西藏信托	52,404,787.46	45	民生信托	14,340,473.53
12	外贸信托	47,625,707.10	46	昆仑信托	14,250,121.56
13	中航信托	47,478,942.76	47	中粮信托	14,177,710.72
14	江苏信托	46,772,056.24	48	西部信托	13,804,599.04
15	五矿信托	41,167,009.53	49	中原信托	13,391,726.34
16	长安信托	36,812,744.77	50	大业信托	13,147,958.55
17	四川信托	36,054,983.02	51	新华信托	12,935,098.26
18	新时代信托	34,977,199.20	52	紫金信托	12,541,414.53
19	渤海信托	34,637,657.66	53	金谷信托	12,452,636.30
20	中海信托	34,534,308.00	54	华信信托	12,210,864.56
21	光大兴陇信托	30,746,261.00	55	国元信托	12,096,385.67
22	中铁信托	30,420,515.00	56	中建投信托	11,600,348.95
23	北方信托	26,437,296.70	57	苏州信托	9,818,957.74
24	国投泰康信托	26,426,644.50	58	吉林信托	5,402,900.76
25	山东信托	26,157,347.83	59	中泰信托	5,310,004.48
26	北京信托	25,862,068.98	60	浙金信托	4,906,773.06
27	华鑫信托	25,770,815.14	61	华澳信托	4,817,764.00
28	陕国投信托	25,381,102.42	62	湖南信托	4,779,990.00
29	国民信托	24,747,529.17	63	国联信托	4,541,468.00
30	华融信托	24,259,265.60	64	东莞信托	4,158,276.05
31	厦门信托	23,654,123.00	65	杭工商信托	3,372,904.00
32	安信信托	23,495,167.40	66	山西信托	3,108,514.11
33	英大信托	22,189,988.96	67	长城新盛信托	2,040,099.13
34	陆家嘴信托	21,637,814.73	68	华宸信托	971,110.75

附 表

2016年年末信托公司集合类信托资产规模排名

单位：万元

排名	信托公司	集合类信托资产规模	排名	信托公司	集合类信托资产规模
1	中融信托	45, 436, 914. 85	35	中江信托	7, 117, 538. 59
2	建信信托	40, 456, 028. 83	36	山东信托	7, 073, 361. 46
3	中信信托	37, 356, 391. 86	37	华信信托	6, 586, 596. 13
4	上海信托	33, 009, 734. 50	38	昆仑信托	6, 127, 132. 32
5	平安信托	32, 160, 415. 31	39	万向信托	5, 706, 189. 13
6	外贸信托	31, 029, 693. 14	40	中粮信托	5, 177, 211. 21
7	华能信托	25, 480, 613. 00	41	紫金信托	4, 918, 369. 92
8	中航信托	24, 844, 335. 67	42	大业信托	4, 615, 929. 84
9	五矿信托	21, 257, 901. 71	43	金谷信托	4, 576, 604. 70
10	中海信托	20, 365, 869. 00	44	云南信托	4, 496, 444. 98
11	兴业信托	17, 973, 808. 00	45	中诚信托	4, 388, 702. 45
12	长安信托	17, 575, 362. 70	46	苏州信托	4, 292, 416. 10
13	华融信托	15, 633, 515. 97	47	国民信托	4, 201, 401. 76
14	方正信托	15, 102, 530. 13	48	国投泰康信托	4, 074, 468. 92
15	新时代信托	14, 955, 652. 17	49	江苏信托	3, 891, 000. 45
16	四川信托	14, 447, 914. 25	50	北方信托	3, 699, 789. 12
17	华鑫信托	14, 294, 719. 37	51	英大信托	3, 245, 066. 54
18	交银信托	14, 106, 059. 81	52	杭工商信托	3, 048, 404. 00
19	中铁信托	13, 725, 403. 00	53	湖南信托	3, 039, 391. 00
20	陆家嘴信托	13, 467, 724. 53	54	西部信托	3, 023, 417. 26
21	重庆信托	13, 341, 807. 35	55	东莞信托	2, 746, 991. 99
22	华宝信托	12, 899, 540. 32	56	粤财信托	2, 701, 016. 11
23	北京信托	12, 450, 370. 85	57	中泰信托	2, 691, 027. 72
24	爱建信托	12, 181, 334. 41	58	国元信托	2, 629, 947. 69
25	安信信托	11, 169, 888. 31	59	天津信托	2, 484, 592. 08
26	陕国投信托	10, 414, 552. 55	60	新华信托	2, 125, 343. 56
27	光大兴陇信托	9, 851, 361. 83	61	华澳信托	1, 908, 912. 00
28	西藏信托	9, 632, 127. 60	62	华润信托	1, 889, 742. 86
29	百瑞信托	9, 354, 606. 39	63	国联信托	1, 789, 554. 00
30	厦门信托	8, 002, 635. 00	64	浙金信托	1, 475, 433. 16
31	渤海信托	7, 859, 691. 98	65	山西信托	1, 064, 560. 44
32	民生信托	7, 757, 335. 20	66	吉林信托	266, 689. 55
33	中原信托	7, 640, 412. 42	67	华宸信托	25, 287. 96
34	中建投信托	7, 355, 889. 81	68	长城新盛信托	15, 033. 97

附 表

2016年年末信托公司单一类信托资产规模排名

单位：万元

排名	信托公司	单一类信托资产规模	排名	信托公司	单一类信托资产规模
1	建信信托	82,553,998.75	35	外贸信托	9,223,519.44
2	兴业信托	62,056,634.00	36	中海信托	9,029,678.00
3	中信信托	59,710,378.43	37	昆仑信托	7,538,959.17
4	交银信托	56,563,645.42	38	英大信托	7,309,147.31
5	华润信托	55,027,584.27	39	陆家嘴信托	7,217,933.59
6	江苏信托	42,213,555.79	40	百瑞信托	6,936,579.03
7	华宝信托	39,108,971.70	41	国元信托	6,886,243.58
8	上海信托	36,362,444.34	42	大业信托	6,860,839.52
9	平安信托	27,711,574.64	43	万向信托	6,637,951.61
10	渤海信托	24,964,363.38	44	华融信托	6,283,747.33
11	华能信托	24,059,494.60	45	北京信托	5,977,832.60
12	中航信托	21,139,427.57	46	爱建信托	5,828,823.42
13	四川信托	20,885,071.71	47	民生信托	5,625,556.93
14	国民信托	20,008,433.81	48	苏州信托	5,230,672.57
15	北方信托	19,826,397.17	49	中原信托	5,219,898.85
16	国投泰康信托	18,915,229.27	50	方正信托	4,965,904.15
17	山东信托	17,459,197.82	51	中粮信托	4,910,982.34
18	光大兴陇信托	17,433,011.93	52	吉林信托	4,775,712.63
19	中融信托	17,355,405.09	53	紫金信托	4,695,662.95
20	长安信托	16,702,564.12	54	华信信托	4,481,930.69
21	厦门信托	15,368,738.00	55	中建投信托	3,785,630.56
22	陕国投信托	14,937,367.97	56	新时代信托	3,687,860.88
23	西藏信托	14,468,794.46	57	浙金信托	3,350,539.90
24	五矿信托	14,090,792.71	58	重庆信托	3,086,038.49
25	粤财信托	13,345,440.59	59	国联信托	2,751,914.00
26	中铁信托	13,201,221.00	60	金谷信托	2,658,849.04
27	中诚信托	13,189,999.03	61	中泰信托	2,532,352.59
28	安信信托	11,746,916.40	62	华澳信托	2,456,634.00
29	云南信托	11,733,657.52	63	山西信托	1,860,157.14
30	天津信托	10,999,860.35	64	湖南信托	1,718,511.00
31	华鑫信托	10,603,750.19	65	长城新盛信托	1,477,667.87
32	新华信托	10,557,163.58	66	东莞信托	1,410,783.39
33	西部信托	10,495,258.06	67	华宸信托	712,822.79
34	中江信托	9,469,698.79	68	杭工商信托	324,500.00

附 表

2016年信托公司已清算集合类信托项目收益率排名

单位：%

排名	信托公司	已清算集合类信托项目收益率	排名	信托公司	已清算集合类信托项目收益率
1	西部信托	14.29	35	天津信托	8.61
2	平安信托	12.70	36	山西信托	8.55
3	华融信托	12.68	37	中粮信托	8.54
4	重庆信托	11.00	38	中建投信托	8.54
5	华鑫信托	10.65	39	粤财信托	8.51
6	新华信托	10.22	40	云南信托	8.46
7	杭工商信托	10.19	41	国联信托	8.39
8	安信信托	10.17	42	江苏信托	8.38
9	东莞信托	10.05	43	昆仑信托	8.26
10	光大兴陇信托	10.02	44	大业信托	8.22
11	民生信托	9.9581	45	陆家嘴信托	8.13
12	国投泰康信托	9.74	46	中诚信托	8.02
13	英大信托	9.72	47	中信信托	8.00
14	百瑞信托	9.67	48	华润信托	7.92
15	国民信托	9.65	49	四川信托	7.86
16	五矿信托	9.58	50	新时代信托	7.8
17	西藏信托	9.39	51	长安信托	7.78
18	华澳信托	9.34	52	交银信托	7.74
19	中泰信托	9.28	53	国元信托	7.71
20	华宸信托	9.28	54	华能信托	7.7
21	苏州信托	9.18	55	建信信托	7.6579
22	华信信托	9.17	56	金谷信托	7.42
23	浙金信托	9.06	57	山东信托	7.10
24	紫金信托	9.0121	58	长城新盛信托	7.04
25	中原信托	9.00	59	吉林信托	6.77
26	湖南信托	9.00	60	北方信托	6.61
27	北京信托	8.99	61	兴业信托	5.91
28	中航信托	8.96	62	万向信托	5.79
29	中海信托	8.8471	63	中融信托	5.77
30	中铁信托	8.82	64	方正信托	4.92
31	渤海信托	8.80	65	陕国投信托	4.90
32	爱建信托	8.79	66	厦门信托	4.88
33	上海信托	8.69	67	中江信托	4.08
34	外贸信托	8.64	68	华宝信托	-1.59

附 表

2016 年信托公司已清算单一类信托项目收益率排名

单位:%

排名	信托公司	已清算单一类信托项目收益率排名	排名	信托公司	已清算单一类信托项目收益率排名
1	长城新盛信托	14.28	35	方正信托	7.30
2	国联信托	11.39	36	华能信托	7.27
3	平安信托	9.61	37	北京信托	7.22
4	山西信托	8.87	38	国元信托	7.17
5	民生信托	8.8271	39	国投泰康信托	7.16
6	安信信托	8.74	40	渤海信托	7.15
7	中航信托	8.68	41	四川信托	7.15
8	新时代信托	8.62	42	大业信托	7.14
9	吉林信托	8.56	43	苏州信托	7.09
10	新华信托	8.30	44	华信信托	7.05
11	西藏信托	8.24	45	中江信托	7.04
12	金谷信托	8.23	46	重庆信托	7.00
13	国民信托	8.22	47	云南信托	6.94
14	浙金信托	8.13	48	华融信托	6.89
15	中原信托	8.00	49	陕国投信托	6.86
16	湖南信托	8.00	50	华润信托	6.74
17	杭工商信托	7.99	51	西部信托	6.69
18	长安信托	7.90	52	中海信托	6.625
19	中融信托	7.83	53	华宸信托	6.55
20	上海信托	7.82	54	兴业信托	6.54
21	英大信托	7.8	55	厦门信托	6.54
22	五矿信托	7.74	56	建信信托	6.4198
23	爱建信托	7.69	57	华澳信托	6.34
24	紫金信托	7.6755	58	东莞信托	6.23
25	光大兴陇信托	7.66	59	中建投信托	6.03
26	中铁信托	7.63	60	华鑫信托	6.00
27	北方信托	7.62	61	中信信托	6.00
28	万向信托	7.62	62	江苏信托	5.76
29	山东信托	7.6	63	交银信托	5.59
30	粤财信托	7.55	64	中粮信托	5.36
31	陆家嘴信托	7.48	65	中诚信托	4.88
32	百瑞信托	7.45	66	华宝信托	4.76
33	中泰信托	7.42	67	天津信托	4.67
34	外贸信托	7.30	68	昆仑信托	4.48

附　表

2016年信托公司新增信托资产规模排名

单位：万元

排名	信托公司	新增信托资产规模	排名	信托公司	新增信托资产规模
1	江苏信托	111,100,653.70	35	西部信托	11,982,496.72
2	华能信托	84,512,531.24	36	山东信托	11,972,419.00
3	中信信托	78,664,056.60	37	万向信托	11,011,658.42
4	兴业信托	49,664,009.00	38	大业信托	10,140,800.00
5	上海信托	48,116,966.85	39	中粮信托	10,096,516.86
6	五矿信托	36,177,753.29	40	紫金信托	9,350,087.35
7	交银信托	35,852,709.19	41	中江信托	9,308,839.50
8	平安信托	34,133,782.11	42	北方信托	9,233,982.05
9	新时代信托	33,144,576.52	43	国元信托	8,729,836.33
10	西藏信托	33,015,491.35	44	百瑞信托	8,550,856.10
11	四川信托	32,772,353.21	45	新华信托	8,390,648.06
12	渤海信托	29,505,018.50	46	中海信托	8,340,478.32
13	中航信托	26,254,769.20	47	中建投信托	8,002,945.13
14	长安信托	25,811,977.30	48	中原信托	7,909,746.06
15	光大兴陇信托	25,404,227.33	49	金谷信托	7,589,332.52
16	中铁信托	24,116,354.00	50	华宝信托	7,518,029.57
17	国投泰康信托	23,856,035.77	51	重庆信托	7,514,578.06
18	厦门信托	22,271,908.00	52	昆仑信托	7,398,724.60
19	华润信托	21,387,704.00	53	中诚信托	6,919,492.22
20	华融信托	21,049,863.82	54	华信信托	6,496,123.59
21	国民信托	20,272,035.15	55	苏州信托	6,450,302.34
22	中融信托	19,850,924.49	56	华澳信托	6,401,843.00
23	华鑫信托	18,792,439.15	57	天津信托	6,301,153.53
24	建信信托	18,694,429.66	58	英大信托	5,808,459.96
25	方正信托	17,580,317.88	59	浙金信托	4,935,967.45
26	陆家嘴信托	16,422,446.42	60	吉林信托	4,128,700.55
27	外贸信托	16,120,472.98	61	湖南信托	3,624,957.00
28	爱建信托	15,111,880.41	62	中泰信托	2,351,496.85
29	北京信托	13,954,839.03	63	国联信托	2,271,358.00
30	陕国投信托	13,851,180.94	64	山西信托	1,910,524.00
31	民生信托	13,796,642.11	65	杭工商信托	1,741,475.00
32	粤财信托	13,618,902.40	66	东莞信托	1,202,403.00
33	云南信托	13,366,885.94	67	长城新盛信托	1,150,694.29
34	安信信托	12,358,683.50	68	华宸信托	436,870.00

附 表

2016 年信托公司新增集合类信托资产规模排名

单位：万元

排名	信托公司	新增集合类信托资产规模	排名	信托公司	新增集合类信托资产规模
1	华能信托	39,790,024.08	35	山东信托	4,169,939.00
2	中信信托	23,230,656.40	36	西藏信托	4,052,388.30
3	五矿信托	21,178,989.51	37	万向信托	3,868,255.94
4	四川信托	17,669,214.46	38	中粮信托	3,845,141.15
5	平安信托	16,128,750.66	39	紫金信托	3,697,446.58
6	中航信托	14,235,244.48	40	大业信托	3,530,900.00
7	方正信托	14,184,534.73	41	华宝信托	3,347,162.48
8	中铁信托	13,875,748.00	42	昆仑信托	3,336,205.91
9	新时代信托	12,915,786.00	43	云南信托	3,247,934.64
10	陆家嘴信托	12,149,427.75	44	国投泰康信托	3,230,992.00
11	长安信托	12,127,613.62	45	粤财信托	3,154,649.77
12	华鑫信托	11,020,617.67	46	金谷信托	3,107,389.00
13	中融信托	10,732,271.56	47	中海信托	3,106,911.98
14	交银信托	10,219,366.01	48	国元信托	3,031,489.04
15	华融信托	10,179,801.40	49	国民信托	3,011,433.65
16	光大兴陇信托	9,916,437.85	50	苏州信托	2,911,103.27
17	上海信托	9,701,321.44	51	西部信托	2,881,240.00
18	爱建信托	9,193,167.93	52	湖南信托	2,743,685.00
19	华润信托	9,172,355.00	53	华信信托	2,598,431.40
20	民生信托	8,905,406.42	54	华澳信托	2,344,980.00
21	陕国投信托	8,736,890.94	55	英大信托	2,120,832.70
22	厦门信托	8,380,276.00	56	北方信托	1,884,263.00
23	兴业信托	8,252,594.00	57	中诚信托	1,780,407.84
24	渤海信托	7,251,611.30	58	杭工商信托	1,599,500.00
25	外贸信托	6,767,761.22	59	天津信托	1,560,387.82
26	重庆信托	5,795,509.58	60	浙金信托	1,402,786.00
27	安信信托	5,659,468.80	61	东莞信托	1,009,853.00
28	百瑞信托	5,469,166.77	62	国联信托	1,000,495.00
29	中建投信托	5,008,413.09	63	中泰信托	689,870.00
30	江苏信托	5,000,334.61	64	山西信托	480,739.00
31	中原信托	4,924,653.26	65	吉林信托	108,640.00
32	中江信托	4,479,945.00	66	华宸信托	28,920.00
33	建信信托	4,359,288.00	67	新华信托	0.00
34	北京信托	4,196,283.24	68	长城新盛信托	0.00

附　表

2016年信托公司新增主动管理型信托资产规模排名

单位：万元

排名	信托公司	新增主动管理型信托资产规模	排名	信托公司	新增主动管理型信托资产规模
1	华能信托	46,788,637.39	35	中铁信托	3,067,727.00
2	中融信托	13,658,618.33	36	湖南信托	2,800,185.00
3	中航信托	13,129,029.80	37	华宝信托	2,722,147.32
4	四川信托	12,356,391.20	38	华信信托	2,521,814.40
5	新时代信托	11,757,182.00	39	苏州信托	2,507,343.00
6	华润信托	10,705,144.00	40	兴业信托	2,467,861.00
7	民生信托	10,677,652.60	41	交银信托	2,328,340.00
8	中信信托	9,986,576.13	42	西部信托	2,285,095.00
9	华融信托	9,505,007.29	43	外贸信托	2,276,460.78
10	平安信托	9,144,453.21	44	天津信托	2,228,500.32
11	安信信托	8,705,708.80	45	厦门信托	2,178,548.00
12	陕国投信托	8,029,766.94	46	中海信托	2,135,817.03
13	长安信托	7,662,059.79	47	万向信托	1,962,903.00
14	五矿信托	7,616,953.91	48	中诚信托	1,947,369.51
15	陆家嘴信托	6,707,933.86	49	国投泰康信托	1,560,736.70
16	中粮信托	6,348,227.81	50	英大信托	1,449,631.82
17	百瑞信托	6,005,461.77	51	国元信托	1,386,553.04
18	中江信托	5,924,088.50	52	国民信托	1,197,609.77
19	光大兴陇信托	5,904,318.98	53	东莞信托	1,116,900.00
20	重庆信托	5,777,649.58	54	华澳信托	998,050.00
21	中建投信托	5,608,695.09	55	长城新盛信托	948,021.90
22	建信信托	5,596,854.30	56	浙金信托	877,376.00
23	昆仑信托	5,341,406.24	57	吉林信托	778,510.00
24	方正信托	5,240,734.73	58	渤海信托	674,910.00
25	金谷信托	5,162,319.52	59	山西信托	530,814.00
26	云南信托	5,150,575.49	60	中泰信托	448,520.00
27	江苏信托	5,048,334.61	61	国联信托	260,830.00
28	爱建信托	4,197,423.69	62	新华信托	220,026.48
29	山东信托	4,169,939.00	63	华宸信托	213,870.00
30	上海信托	3,853,212.79	64	中原信托	3,744.41
31	北京信托	3,380,230.65	65	大业信托	214.29
32	华鑫信托	3,369,993.18	66	北方信托	0.00
33	紫金信托	3,368,574.68	67	杭工商信托	—
34	粤财信托	3,290,317.79	68	西藏信托	—

第二部分

信托研究

慈善信托之近似原则的逻辑结构与法律适用

一、慈善信托中近似原则的概念与源起

根据中国《慈善法》及《信托法》相关规定，慈善信托中的近似原则就是慈善信托终止时，没有信托财产的权利归属人或者信托财产归属人是不特定的社会公众的，受托人应将信托财产用于与原来的慈善目的相近似的公益事业，该公益事业可以是目的近似的慈善组织或者慈善信托。

近似原则是慈善信托独有的原则。与私益信托终止截然不同，在私益信托终止时，如果没有规定信托财产的最终权利归属人，则信托财产应当归属于受益人、委托人或其继承人，根本没有近似原则的适用可能。慈善信托终止时的近似原则是英美法系国家的学术称谓，大陆法系国家如日本、韩国等一般称之为“公益信托的继承性”。中国《信托法》第七十二条则明确规定为“近似原则”，即：“公益信托终止，没有信托财产权利归属人或者信托财产权利归属人是不特定的社会公众的，经公益事业管理机构批准，受托人应当将信托财产用于与原公益目的相近似的目的，或者将信托财产转移给具有近似目的的公益组织或者其他公益信托。”由于《慈善法》对慈善信托终止以及近似原则的适用没有明文规定，则根据《慈善法》第五十条，《信托法》第七十二条规定的近似原则对于慈善信托当然适用。

事实上由于公益慈善事业的本质属性使然，近似原则不仅仅是慈善信托终止时的重要原则，而且是整个公益慈善事业法中的一个重要原则，例如《公益事业捐赠法》第二十八条规定：“受赠人未征得捐赠人的许可，擅自改变捐赠财产的性质、用途的，由县级以上人民政府有关部门责令改正，给

予警告。拒不改正的，经征求捐赠人的意见，由县级以上人民政府将捐赠财产交由与其宗旨相同或者相似的公益性社会团体或者公益性非营利的事业单位管理”。此外《基金会管理条例》第三十三条也规定：“基金会注销后的剩余财产应当按照章程的规定用于公益目的；无法按照章程规定处理的，由登记管理机关组织捐赠给与该基金会性质、宗旨相同的社会公益组织，并向社会公告。”

二、《慈善法》、《信托法》对近似原则的规定

《慈善法》本身对慈善项目终止时近似原则是有明文规定的，即该法的第五十七条规定：“慈善项目终止后捐赠财产有剩余的，按照募捐方案或者捐赠协议处理；募捐方案未规定或者捐赠协议未约定的，慈善组织应当将剩余财产用于目的相同或者相似的其他慈善项目，并向社会公开。”从体系解释上看，该条规定于《慈善法》第六章慈善财产，而不是规定于第五章慈善信托，且从该条的文义表达来看，其仅仅适用于“捐赠财产”，适用的前提是“募捐方案”或“捐赠协议”没有约定，而适用的主体是“慈善组织”，可见该条并不是适用于慈善信托终止的情形，因为后者的财产为信托财产而不是捐赠财产，该财产来源于慈善信托行为，而不是来源于慈善捐赠或慈善募捐，相关的适用主体有可能是信托公司而不是慈善组织。可见《慈善法》第五十七条规定的近似原则只能适用于慈善组织接受慈善募捐或者慈善捐赠而成立的慈善项目终止的情形，而不适用于慈善信托终止的情形。

而《慈善法》第五章慈善信托则对于慈善信托终止时近似原则的适用没有明确规定，仅于第五十条规定慈善信托的终止和清算，如果《慈善法》没有规定的，则适用《信托法》的有关规定，即《信托法》第七十二条。

根据第七十二条的规定，公益信托终止时近似原则的适用要满足一个基本前提，即必须是在公益信托终止后，剩余财产没有财产归属人，或者剩余财产的财产归属人是不特定的社会公众的场合才有近似原则的适用可能，此时法律推定委托人具有将信托财产永久用于公益事业的意思表示，适用“近似原则”符合委托人的意思。如果信托文件本身具体规定了特定的信托财产权利归属人，则公益信托终止后，应当遵循委托人的意思，将信托财产分配给该权利归属人，不能适用“近似原则”。

三、近似原则的适用条件

根据《信托法》第七十二条规定，慈善信托终止时需满足以下条件才能适用近似原则。

（一）慈善信托发生终止事由

慈善信托因信托文件规定的终止事由发生、信托的存续违反信托目的、信托目的已经实现或者不能实现、信托被撤销四种事由而终止。在慈善信托没有发生上述终止事由而正常存续期间，受托人应当充分尊重委托人的意愿，将信托财产运用于信托文件规定的慈善目的，而不能利用近似原则，不能随意改变公益信托设立时所定的目的。但是如果慈善信托因为欺诈债权人被撤销而终止的，信托财产应当首先用于清偿申请撤销该信托的委托人的债券，只有对清偿后剩余的信托财产，才可能适用近似原则。

（二）没有信托财产权利归属人或信托财产权利归属人是不特定的社会公众

慈善信托终止时，如果信托文件没有规定信托财产的权利归属人，或者信托文件所规定的信托财产权利归属人本身就是不特定的社会公众时，才能适用近似原则。在公益信托中，当信托文件没有规定信托财产的权利归属人或者信托文件所规定的信托财产的权利归属人是不特定的社会公众时，法律上推定委托人具有将信托财产永久用于公益事业的意思表示，适用近似原则就符合委托人的意愿。如果信托文件本身规定了特定信托财产权利归属人，则公益信托终止后，应当遵循委托人的意愿，将信托财产分配给信托文件确定的权利归属人，不能适用近似原则。

（三）信托财产只能用于与原慈善目的近似的慈善事业

适用近似原则时，信托财产必须用于与原慈善目的相近似的公益事业，不能将信托财产用于与原公益目的不相关联的公益事业。法律之所以如此处理，是为了最大限度地遵循委托人的意愿。所谓“原慈善目的”，是指慈善信托设立时信托文件规定的慈善目的；所谓“相近似”，是指与原慈善目的相同或者尽可能与原慈善目的相近似。具体是将信托财产用于与原慈善目的相同的慈善事业，还是相近似的慈善事业，应当根据慈善信托终止时的情形来确定。当慈善信托是因为信托文件规定的终止事由发生或者信托被撤销而终止的，此时，原慈善目的仍然具有可实施性，应当将信托财产用于与原慈善目的相同的事业。当慈善信托是因为信托的存续违反信托目的，或者原信托目的已经实现，或者已经注定不能实现而终止时，原慈善目的已不具有可实施性，应当将信托财产用于与原慈善目的相近似的慈善事业。

四、比较法的视角

（一）英国信托法上的近似原则

英国《1960年慈善法》实施前，只有慈善信托目的变得不可能或行不通，法院才能适用近似原则。如果信托仅仅是被认为不能有效地实现慈善目的，或者随着经济的变化，某种慈善目的被认为不能适应不断变化的社会需要，都不允许法院适用近似原则。

为避免出现僵化的不公平结果，长期以来，法院不断放宽对“不可能或者行不通”的检验标准的要求和解释。尽管如此，法院仍然不能在必要时改变信托目的，况且，法院的解释必须遵循法律解释规则。结果，一些案件仍然出现僵化甚至有些荒谬的结果。

对此，英国议会制定了综合性慈善法律《1960年慈善法》。为了比较彻底地解决上述问题，该法第十三条规定，在一定情况下，法院可以改变慈善赠与的最初目的，从而运用近似原则。第十四条规定，赠与特定慈善目的的款项，如果初始慈善目的变得不能实现，同时又难以找到捐赠者，该款项可以适用近似原则，用于类似的慈善目的。1993年通过的新慈善法取代《1960年慈善法》，但保留了第十三条和第十四条的规定。[①]

根据第十三条的规定，下列情况下可以改变慈善赠与的最初目的：（1）最初的慈善目的已经全部或部分地得以实现；（2）最初的慈善目的已不能实现，或者不能按照赠与人的指示或精神实现；（3）最初的慈善目的只运用赠与财产的一部分；（4）赠与的财产与其他可用于类似目的的财产放在一起运用肯定更有效，考虑到赠与的精神，一起运用于共同的目的也是适当的；（5）最初目的是使一个地区受益，但由于某些原因，该地区后来不再作为一个行政或教区单位；（6）最初目的是使一群人或者一个地区受益，但由于某些原因，考虑到赠与精神，受益对象已不适宜，或者已不能有效地管理赠与财产；（7）最初目的已经全部或部分地通过其他手段得到适当的

① 何宝玉．信托法原理与判例［M］．北京：中国法制出版社，2013：374.

满足；（8）最初目的由于没有什么作用或对社会有害，或者由于其他原因，在法律上已不是慈善性的；（9）考虑到赠与的精神，最初目的已经不能通过其他途径提供适当和有效的方法，来运用赠与的财产。下面的判例就运用了这一规定。

基本案情是1716年立遗嘱人将一笔资金设立信托，从信托收入中拿出3英镑给牧师，其余收入赠给当地穷人和老年人。当年信托的年收入是5英镑，到1967年已达791英镑，但牧师仍然只得3英镑。受托人向法院提出申请，将支付给牧师的款项提高到每年100英镑。

主审本案的Pennycuick VC指出：根据《1960年慈善法》第十三条第（2）项，原始的信托目的已经不能根据赠与的精神实现了；根据第（9）项，已经不能按照赠与的精神提供适当的方法运用信托财产了。信托的收入要在两个目的人之间分配，所谓的原始目的是把信托作为一个整体而言的。立遗嘱人的意图是将大部分收入赠与牧师，其余部分才赠给另一个目的。在1716年牧师取得的3英镑，占信托收入的五分之三，在现代条件下，信托的年收入已经增到791英镑，仍然只给牧师3英镑，显然没有很好地实现立遗嘱人的意图。根据本案具体情况，法院将依据《1960年慈善法》，将赠给牧师的部分提高到受托人所要求的100英镑。[①]

初始慈善目的不能实现，信托财产需要适用近似原则的，必须满足规定的条件。需要注意，不能把这种要求与信托财产形式的变化混为一谈，初始慈善目的并不依附于特定的财产形式，因此，只要信托财产本身不是慈善性的，比如不是历史文物，慈善组织就有权改变信托财产的形式，用于实现同一信托目的，这样做并非适用近似原则。在Oldhan Borough Council v AG（1993）案中，某人签署赠与契约将一处运动场设立慈善信托，指示该地只能作为运动场地或者为当地人的利益而使用。原告是信托的受托人，也是一个自治市的地方政府，计划将该处土地出售，用售地收入建立一个装备更好的运动场。双方对该计划是否合法产生争议。上诉法院判决：慈善目的不一定依附于财产本身，只要信托财产不具有与初始慈善目的联系在一起的内在慈善价值（比如说是一处历史文物），那么，信托财产就可以出售，并将所得收入用于初始目的。据此，法院运用它的固有管辖权，授权许可原告的

① 何宝玉．信托法原理与判例［M］．北京：中国法制出版社，2013：375.

计划。

当然，能否适用近似原则，关键取决于信托目的已经实现或者无法实现，最终还在于法院如何认定和解释。如 Dean v Burne（2009）案[①]，1962年伦敦的俄罗斯人居住区建立了一个东正教教区，Anthony Bloom 担任主教，改革了礼拜仪式和教会管理，不同于其他莫斯科主教。1991 年苏联解体后大批俄罗斯人涌入该社区，他们得到莫斯科支持，希望教区采用更传统的方式，因此与原居民的关系趋于紧张。2003 年长期领导教区的 Bloom 主教去世，其继任者在 2006 年决定从原来遵从莫斯科大主教转向君士坦丁堡普世牧首，并创造一个新的东正教区，带走了许多原居民。2007 年 6 月新教区居民主张，因教区分立，信托目的已不能实现，要求适用近似原则分割教区财产，遭到老教区居民反对，并诉至法院。高等法院审理认为，按照信托契据的解释，信托目的是为了俄罗斯东正教社区的利益，既然教区继续存在，就不能适用近似原则，据此拒绝发布命令分割教区财产。

但在 Kings v Bultitude（2010）案，某天主教堂是慈善组织，其主教去世后，他的寡妇作为教堂的最后一位牧师立下遗嘱，将遗产赠与教堂，法院认为，既然她去世后没有牧师，不再聚会，教堂也不复存在，教堂的财产可以适用原则，用于其他类似的慈善活动。

《1960 年慈善法》实施前，经常遇到这样的问题：有人为特定慈善目的筹集一笔款项，但事实证明该慈善目的无法实现，这笔款项该怎么办？按道理应该退还给捐赠者，但这些款项通常是向不特定社会公众募集的，无法或者很难找到捐献者，因此无法一一退还。例如 Re Ulverston and New Hospital Building Trusts（1956）案，有人从不同来源凑集款项准备建一家医院，但后来事实证明这个目的不能实现。同时该项赠与显然不具有普遍的慈善意图，因而不能适用近似原则，只能退还捐款人。由于许多捐款者都是不知名的社会大众，因而，上诉法院判决：该款项纳入归复信托，等待归还捐款者。[②]

《1960 年慈善法》第十四条就是要解决这个问题，根据该条规定：第一，一笔财产赠与特定慈善目的后，如果该财产属于一个不能确认的捐献

① 何宝玉．信托法原理与判例［M］．北京：中国法制出版社，2013：376.
② 何宝玉．信托法原理与判例［M］．北京：中国法制出版社，2013：377.

者，或者属于经过合理的广告、查询后仍不能找到捐献者，或者属于书面表示放弃的捐献者，那么，该财产可以适用近似原则，就像它具有普遍的慈善意图一样；第二，如果上述财产是募捐盒、捐款箱的收入，属于从社会公众那里募集的不可辨认属于谁的捐款；或者是任何博彩、比赛或类似集资活动筹集的款项扣除费用后的收入，那么，该财产被排他性地假定是属于不可辨认的捐献者，而不需要进行广告、查询；第三，考虑到应退还的捐款的数额以及将捐款退还捐献者所需要的费用，法院如果认为将捐款退还捐献者是不合理的；或者，考虑到捐款的性质、当时的情况、捐款的数额以及捐款后的时间长短，法院如果认为捐献者预期会将捐款返还给他是不合理的，那么法院可以发布命令，决定将货币或者财产看成属于不能确认的捐款。

因此，在 Re Ulverston and New Hospital Building Trusts（1956）这类案件中，[①] 捐款者是不能确认的社会大众，退还捐款非常困难，只要经过合理的广告或查询仍不能找到捐款人，就可以适用近似原则。如果是博彩等类似收入，甚至不需要进行广告、查询，就可以适用近似原则。而且，如果退还捐款的费用过高或者捐款额小、捐款已经过去很长时间，因而，退还捐款是不合理的，那么，法院还可以直接发布命令，将捐款看成是不能确认捐款人的财产，从而适用近似原则。

（二）美国信托法上的近似原则

传统的英美信托法中将信托条款变更和信托财产处分是截然分开的。在变更信托的管理方法的相关信托条款（Administrative Terms）的情形，限于达到信托目的的必要情形，法院随时可以对此进行变更。该法理被称为“衡平的信托条款变更法理（Doctrine of Equitable Deviation）”，该法理同时适用于私益信托和公益信托，中国《信托法》第二十一条、第六十九条有对应性的规定。而关于受益人和信托财产的处分的信托条款（Dispositive Terms）的变更，一般的私益信托和公益信托是不同的。私益信托中，违反在信托目的中客观化的委托人的意思是违法的。而在公益信托中，在继续追求原来的公益目的变得不适当的时候，能够变更信托的目的，即传统的最近似原则（Cy Pres）。

美国《统一信托法典》对传统的信托法理进行了局部修改，在第 412

① 何宝玉．信托法原理与判例［M］．北京：中国法制出版社，2013：378.

条、413 条中涉及了信托变更以及最近似原则。[①] 其第 412 条规定，在以无法预见的事由作为变更的原因且变更成为必要的时候，并不区分管理方法的条款和关于信托财产处分的条款，法院可以对此进行变更。这是把“信托条款变更的法理”的适用范围扩张至“关于信托财产的处分条款”。而且，第 413 条规定了最近似原则，在公益信托中信托目的构成违法、无法实现和非效率的情形下，限于不违反委托人设立公益信托的意图，法院可以命令变更或者终了该公益信托。和传统的最近似原则相比，其适用要件得以缓和。也就是说，在传统的最近似原则之中，对变更后的信托目的是否包含了委托人“当初的信托设立的意思”作了比较严格的解释，而《统一信托法典》第 413 条是根据是否存在“一般的公益信托设立的意思”进行判断。但是为了扩大“信托条款变更法理”的适用范围，和“最近似原则”的区别就变得不清晰了，适用于最近似原则的“信托目的违法、信托目的不能实现

① 美国《统一信托法典》第 412 条、第 413 条的条文表述如下：

Section 564 - B：4 - 412. Modifcation or Teamination Because of Unaticipated Circumstances Inabilitity to Administer Trust Effectively.

（a） The court may modify the administrative or dispositive terms of a trust or terminate the trust if, because ofcircumstances not anticipated by the settlor, modification or termination will further the purposes of the trust. To the extent practicable, the modification must be made in accordance with the settlor's probable intention.

（b） The court may modify the administrative terms of a trust if continuation of the trust on its existing terms would be impracticable or wasteful or impair the trust's administration.

（c） Upon termination of a trust under this section, the trustee shall distribute the trust property in a manner consistent with the purposes of the trust.

564 - B：4 - 413 Cy Pres.

（a） Except as otherwise provided in subsection （b）, if a particular charitable purpose becomes impossible, impracticable, illegal, obsolete, ineffective or prejudicial to the public interest to achieve：

（1） the trust does not fail, in whole or in part;

（2） the trust property does not revert to the settlor or the settlor's successors in interest; and

（3） upon petition by the trustee or trustees, the director of charitable trusts or an interested party other than the settlor, the court may apply cy pres to modify or terminate the trust by directing that the trust property be applied or distributed, in whole or in part, to a charitable purpose which is useful to the community and which fulfills as nearly as possible the general charitable intent of the settlor.

（b） A provision in the terms of a charitable trust that would result in distribution of the trust property to a noncharitable beneficiary prevails over the power of the court under subsection （a） to apply cy pres to modify or terminate the trust only if, when the provision takes effect：

（1） the trust property is to vevert to the settlor and the settlor is still living; or

（2） fewer than 21 years have elapsed since the date of the trust' s creation.

以及非实效性和非效率性”，包含在适用于“信托条款变更法理”的不能预见的事由的变更中。无论如何，美国信托法对信托变更和终了相关的原则采取缓和的倾向，特别是公益信托是长期存在的，由于发生不能预知的情况无法使原来的信托继续下去，或者，长期存在下去欠妥的情形很容易发生。《统一信托法典》第412条、413条就是应对这类问题的规定。[①]

（三）日本信托法上的近似原则

日本《信托法》第七十三条规定：“公益信托终了的时候，其信托财产如无归属权利人时，主管官厅可以按照其信托本旨，运用于类似目的，使信托继续下去。”

本条是关于信托终了情形的规定。该规定认可了在信托原本应该终了的时候，为了能让信托“以类似的目的继续下去”的特别处理方法，一般把这一条理解为和英美中的近似原则类似的规定。日本《信托法》第七十条也规定了“公益信托中，发生信托行为当时未能预见的特别情况，只要不违反信托本旨，主管官厅得改变信托条款。”在信托变更这一点上和第七十三条基本类似，但是适用第七十条的情形并非就存在信托终了事由，仅仅是置之不理的话，会出现不利于妥善执行信托事务的情形。学说上也有学者认为第七十条也是对近似原则的规定。围绕第七十三条有几个问题在实践中十分重要。

第一是应当如何理解“使信托继续下去”的含义。首先从第七十三条的文义来看，当出现信托目的不能达成等信托终了原因之时，原来存在的信托本应终了，这是把信托目的变更为类似的目的，使得信托得以继续存在。在此场合，适用第七十三条，最终使得信托得以存续，目的变更之前的信托和目的变更之后的类似目的的信托作为同一个信托继续存在，受托人并不变化，也无须进行信托的清算。但是在这个类似目的下重新开始的公益信托中，需要决定适当的信托条款和信托管理人等，因此也有必要变更之前存在的信托条款，即需要同时适用第七十条和第七十三条方可圆满。其次，学者认为当初的公益信托将其信托财产转让给类似目的的公益信托或者公益法人，从而自行终了。就公益法人解散之时剩余信托财产的处分，其采用的就是这种方法《日本民法典》第七十二条)。第七十三条并没有采取“信托财

---

① 能见善久．现代信托法［M］．赵廉慧，译．北京：中国法制出版社，2011：321.

产以类似目的进行了处分从而使公益信托终了”这样的方法。作为立法论，学者认为应该认可把信托财产以类似目的进行处分，作为信托得以终了的方法的可行性。

第二如何理解“公益信托终了”。对此，严格来说，即使在信托终了原因发生之前，若发生了难以使信托继续下去的状况，也会出现包括必须变更信托目的在内的重大变更的情况。第七十三条对这种终了的原因发生之前的重大变更没有规定。从立法论来说，这样的规定过于狭窄了。信托终了原因虽然没有发生，但是在不能使信托存续的场合，似乎应该修改所适用的条文。

第三如何理解“没有权利归属人”。第七十三条是在信托条款中没有规定信托终了时剩余财产的处分方法之时所适用的规定。如果信托条款中对剩余信托财产的处分方法做出了规定，即可根据此规定处理。不过，公益信托设立之际的主管官厅的许可之中，和公益法人的情形相同，并不允许约定把剩余信托财产归属于私人。例如，据说很多的信托条款中都写入了这样的内容：“受托人自信托终了之际，若有信托财产，取得信托管理人的认可，且取得主管大臣的许可，可以采取下列措施：（1）作为类似目的的公益信托继续存在下去；（2）向国家、地方公共团体或者有类似目的的其他公益信托进行捐献。”这是在信托条款中采用了和《信托法》第七十三条相同的内容，不过第七十三条并没有就剩余财产的处分作出规定。从第七十三条并不能推导出此信托条款，因此信托条款在确定以类似的目的处分这一点上是有意义的。英美所谓的最近似原则，认可这种方式信托财产处分，通过信托条款的约定可以接近这一原则。

（四）小结

英美法系国家信托法对类似原则在公益信托中的适用态度非常明确肯定，法律赋予法院在公益信托领域适用类似原则的权利。而大陆法系国家信托法的规定则有所不同，如日本、韩国等国的信托法只是部分承认了近似原则。只有当公益信托终止，且无信托财产权利归属人时，才允许公益信托事业主管机关适用近似原则，使公益信托为类似目的而继续存在。中国《信托法》第七十二条与日本的作法相似，规定只有在信托终止，且剩余信托财产无权利归属人的前提下，才能经公益事业管理机构批准，由受托人运用近似目的的原则，将信托财产用于与原公益目的相近似的目的，或者将信托财产转移给具有近似目的的公益组织或者其他公益信托，使得公益信托继续发挥促进社会公共利益的作用。①

五、是否近似的判断标准

从前述日本《信托法》第七十三条可知，适用近似原则必须“依照该信托的本旨”且“为了类似目的的信托”。这是因为，以违反最初的信托目的使信托继续存在，违反了捐出财产的委托人的意思。这也是在适用美国信托法中的最近似原则时经常引起争论的一个要件。在美国，也有很多以委托人的意思并没有包含这种用途而否认最近似原则的例子，但是如果过于严格地考虑委托人的意思也是有问题的。若过分严格地考虑类似目的的公益信托，就往往不容易找到类似的目的，其结果很可能是只能把剩余财产向国家或者地方公共团体捐献这一条路了。如果考虑到公益信托这一法律制度不受行政干预，而是作为自律的从事公益活动的工具这样的性质，这种作法明显是不合适的。②

学者也认为法律之所以规定近似原则，是为了尽可能遵循委托人的意愿。所谓“原公益目的”，指公益信托设立时信托文件规定的公益目的；所谓“相近似”是指应与原公益目的相同或者尽可能与原公益目的相类似。具体是将信托财产用于与原公益目的相同的公益事业还是相近似的公益事业，应当根据公益信托终止的情形来确定。当公益信托是因为信托文件规定的终止事由发生或者信托被撤销而终止的，此时，原公益目的仍然具有可实施性，应当将信托财产用于与公益目的相同的公益事业。当公益信托是因为信托的存续违反信托目的，或者信托目的已实现，或不能实现的原因而终止的，此时，原公益目的已不具有可实施性，应当将信托财产用于与公益目的相近似的公益事业。③

六、近似原则的适用程序和法律效果

根据中国《信托法》规定，慈善信托适用“近似原则”的具体方案，

① 徐孟洲．信托法［M］．北京：法律出版社，2015：221－222.

② 能见善久．现代信托法［M］．赵廉慧，译．北京：中国法制出版社，2011：318.

③ 周小明．信托制度：法理与实务［M］．北京：中国法制出版社，2012：378－389.

即如何确定“相近似”的慈善事业，由受托人确定，但应报公益事业管理机构批准。解释论上，公益事业管理机构可以对受托人确定的方案提出异议，甚至直接决定“相近似”的公益事业。如果公益事业管理机构没有正当理由不予批准，或者受托人对公益事业管理机构就方案提出的异议或者作出的决定不认同，委托人、受托人均有权依据中国《信托法》第七十三条的规定，向人民法院起诉，请求人民法院予以裁定。

慈善信托近似原则的适用方案经公益事业管理机构批准后，由委托人加以实施。实施的法理后果依据方案的内容而有所不同。根据中国《信托法》第七十二条，近似原则的适用方案可以确定将信托财产用于与原公益目的相近似的目的，也可以确定将信托财产转移给具有近似目的的公益组织或者其他公益信托。在第一种情况下，原慈善信托终止，同时成立一项新的法定慈善信托，该项信托仍由原受托人担任受托人，信托条款依据经过公益事业管理机构批准的方案确定；在第二种情况下，原慈善信托终止，但并不同时成立新的法定慈善信托，此时信托财产在法律上是对方案确定的具有近似目的的慈善组织或其他慈善信托的赠与，并由受托人据此进行信托财产的转移。

七、慈善信托财产的归属人

如上所述，在决定能否适用近似原则时，一个重要问题是如何理解中国《信托法》第七十二条中所说的“信托财产权利归属人”的概念。根据第五十四条，这里的权利归属人应当是信托文件规定的人、受益人及其继承人、委托人及其继承人。若对第七十二条予以反面解释，则应当允许公益信托在终止的时候通过约定的方式把信托财产留给委托人或其他的私人。

作为比较，日本《信托法》的条文本身也并不禁止把剩余的信托财产归属于委托人等私人，只是其公益信托监管当局在实务中还不允许这样操作，即尽管日本《信托法》第七十三条规定没有明确，主管官厅也不允许把私人确定为公益信托财产的权利归属人，所以公益信托的设立人和信托利益的权利归属人不会产生对立关系。[①] 不允许把剩余信托财产归属于委托人等私人主体的担心之一似乎是委托人可能会利用公益信托取得税收优惠，之后又通过终止信托取得信托财产。而且从法理上看，一旦设立了公益信托，

---

① 能见善久．现代信托法［M］．赵廉慧，译．北京：中国法制出版社，2011：314.

信托财产即脱离委托人成为“社会财产”，只能用于社会公益，委托人丧失所有权。此时不能通过约定的方式保留把信托财产“反弹”回委托人的可能。

但是从信托实践来看，如果法律允许在信托被清算之后能够把信托财产返还给委托人，或许可以鼓励更多的人去为公共利益提供更多的财产。从鼓励公益信托发展繁荣的角度来看，应当允许委托人在公益信托文件中明确约定在信托终止时信托财产归属于委托人等私人，所需要做的不过是分割公益和私益，并确立不尽相同的税收规则而已。因此，起码从中国《信托法》第七十二条的文字解释来看，委托人设立所谓的“公益先行信托”在我国制定法上是有合法根据的。禁止此类信托，并迫使委托人不得不设立所谓的“准公益信托”或“类公益信托”并不能享受任何税收优惠，这样的作法似乎违背了第七十二条的立法政策，剥夺了公益信托的委托人在信托文件中自由约定“信托财产权利归属人”的权利。如果非要在我国禁止“公益先行信托”，则必须对第七十二条的“信托财产权利归属人”进行目的性限缩，即此类公益信托财产权利归属人只能是公益组织或者其他的公益信托，而不能是委托人指定的私人，但这样处理则和《信托法》第五十四条出现了背离，出现了同一法律中相同法律术语却有不同解释的问题。

慈善信托合同中虽然没有明确信托财产权利归属人，也没有规定信托财产归属于不特定的社会公众，即有可能适用《信托法》第七十二条来处理，但是如果原慈善目的非常狭窄以至于很难找到近似目的或者相同目的，此时如何确定该慈善信托财产的归属就成为问题。在解释论上似乎可以回归一般信托终止时信托财产的处理方式，即根据《信托法》第五十九条的指引适用该法第五十四条来处理。实际上日本公益信托实践中也出现过类似的争论，即对公益信托能否适用日本《信托法》第六十二条（相当于中国《信托法》第五十四条），根据该条，在私益信托终了之际没有归属权利人的情况下，把信托财产归属于委托人。就公益信托，信托条款中没有规定归属权利人，而且根据日本《信托法》第七十三条（相当于中国《信托法》第七十二条）使信托继续下去有困难的情况下，就该剩余财产如何处理日本信托法没有规定。学者认为可以考虑适用或者类推适用日本《信托法》第六十二条来处理，把财产返还给委托人。在委托人所确定的公益信托的目的过分狭窄而很难找到类似目的的场合中，也有学者认为应当适用日本《信托法》第六十二条把信托财产返还给委托人。但如果信托合同中有“受托人自信托终了之际，若有剩余信托财产的时候，取得信托管理人的认可，且取得主管大臣的许可，可以采取下列任何措施：（1）作为类似目的的信托继续存在下去；（2）向国家、地方公共团体或者有类似目的的其他公益信托进行捐赠”这样的表述，则主管官厅认为此时绝对不能向委托人归还财产。①

从立法论讲，无条件地认可把公益信托的财产向作为权利归属人的委托人归还的合理性可能存疑，因为委托人及其继承人享受预想外的利益是不妥当的。例如，以某种理由终止原本预定要存续很长时间的某个公益信托，然后把财产归还给委托人，对此，委托人事实上并没有合理期待。在这种情况下，向委托人归还财产显然并不恰当。但是如果委托人在最初约定了自己限于一定的年数把财产作为公益信托财产捐出，然后在一定的年数经过后再把财产归还自己这样的条款的时候，由于这并不是使委托人取得预想外的利益，似乎并没有理由予以禁止。也就是说承认前述的“公益先行信托”在法理上完全没有问题。当然除了最初已经明确约定在经过一定的年数之后把信托财产归还委托人及其继承人的情形之外，在一般的公益信托中，把信托财产归还给委托人及其继承人并不恰当，即在慈善信托中，此种情况不应适用中国《信托法》第五十四条，而应尽量适用第七十二条来处理。

从比较法上看英美信托法上均认可公益和私益相结合的信托。

第一种是所谓的“剩余公益信托”（Charitable Reminder Trust），在美国这种形态的公益信托非常盛行，该信托首先是私益信托先行，作为受益人的个人死亡之后或者经过一定的期间之后，把剩余的财产作为为了预定的公益目的的信托而继续存在。② 有学者认为，在信托的一般理论上，毫无疑问应该承认这种类型的信托，可能的问题是在税法上该如何对待这种信托类型。基本的考虑方法是在当初设立私益信托的时候，可以把将来为公益信托而支出的部分从委托人的所得中扣除。详细的条件在税法中明确规定即可。而这些满足一定条件就能得到税收的优惠待遇的信托类型其实包括两种。第一种

---

① 能见善久．现代信托法［M］．赵廉慧，译．北京：中国法制出版社，2011：320.

② Kalpan, Amournt deductible for property contributed to charity under § 170 of IRC of 1954（§ 26 U. S. S. 170）as affected by nature of form of contribution——current cases, 40 A. L. R. Fed.

是 Charitable Reminder Unitrust（CRUT）中，信托设立者在其生存期间或者是一定期间，把信托财产的一定比例（如 10%）作为收益受领（委托人即受益人），其受益人死后或经过一段期间，把剩余的财产用于事前决定的公益目的（如支持某困难群体），而使这一信托存续。第二种是 Charitable Remainder Annuity Trust（CRAT），信托的设立人在其活着期间或一定的期间内接受固定数额的给付（如每年 5 万美元），之后就和 CRUT 相同了。在我国信托法下存在认可这种剩余公益信托的可能吗？如果不考虑课税的问题，这种信托在信托法上是没有异议的。在当初设立私益信托时就事先决定，在一定的条件成就时，信托的目的就变更为特定的公益目的，在向公益信托转换的时候，受托人可向原备案的民政部门申请许可其作为公益信托继续存在。这样私益信托和公益信托被作为同一个信托连续存在，在私益信托终了之后可以不进行最终的清算，而是转化为公益信托这一点上，剩余公益信托无疑具有明显的优点。

第二种是所谓“公益先行信托”（Charitable Lead Trust），即设立人先设立公益信托，在一定期间把信托财产中的一定比例或者一定数额以公益目的支付给选定的受益人，在公益信托存续期间终了之后，由委托人或者委托人指定的个人受领剩余的信托财产，这种类型的信托在美国能享受到税收优惠，是常见的公益信托形态。在我国信托法上，在信托终止的时候如果能确定作为权利归属人的私人，也能确定公益信托终止之时作为财产处分对象的私人的，这种公益先行信托在信托法理上是没有任何障碍的。

但基于《信托法》、《慈善法》对公益信托、慈善信托的审慎监管态度，尤其是出于税收的考虑，在操作实务上，无论是剩余公益信托还是公益先行信托，估计都很难得到公益事业管理机构的批准或民政部门的备案。但从立法论上讲，在将来已经积累了更多慈善信托管理经验的基础上，有必要放开对剩余公益信托、公益先行信托的严格管制，以鼓励更多的社会力量能够更方便地参与慈善事业。

八、《信托法》第七十二条与《慈善法》的冲突及可能方案

根据中国《信托法》第七十二条规定，近似原则适用的前提是必须要经过公益事业管理机构批准，否则无法将信托财产适用于近似目的。由于

《慈善法》第四十四条明确慈善信托属于公益信托，因此近似原则对于慈善信托有当然的适用性。而《慈善法》本身没有对慈善信托终止时近似原则的适用作出明确规定，则根据《慈善法》第五十条规定，慈善信托的终止和清算事项应当适用《信托法》第七十二条的规定。而《慈善法》第五章关于慈善信托的规定取消了“公益事业管理机构”的概念，且在设立上由事前审批变为事后备案，备案机关为“受托人所在地县级以上人民政府的民政部门”，如此若要严格遵循《信托法》第七十二条的规定，可能会使慈善信托终止时无法满足近似原则的适用条件。对此可能的解决方案有以下三个。

第一个方案是严格坚持《信托法》第七十二条，即在慈善信托终止时，若没有规定信托财产权利归属人或者归属人为不特定社会公众，则必须考虑该慈善信托的慈善目的，经特定的公益事业管理机构批准方可适用近似原则来处理慈善信托财产。如某慈善信托以资助贫困小学生参加体育锻炼为信托目的，根据《慈善法》第四十五条规定该信托成立后由民政部门负责备案，可是在该慈善信托终止时，根据《信托法》第七十二条规定，必须由公益事业管理机构批准方能适用近似原则，那么这里的公益事业管理机构是民政部门、教育部门还是体育部门？且可能出现部门间互相推诿的问题，而且这样处理从本质上与《慈善法》取消公益事业管理机构对慈善信托的监管权力，并以民政部门取而代之的立法政策背道而驰，在立法上站不住脚。

第二个方案是既然《慈善法》以民政部门取代《信托法》中的“公益事业管理机构”的角色，则当然应当由民政部门负责近似原则适用的批准程序，这和民政部门负责慈善信托的备案和监管的角色相符合。随着民政部门对慈善信托的监管工作经验的积累和对慈善信托理解的深入，由民政部门享有该批准权应当在操作上没有任何问题。

第三个方案由委托人来负责审批近似原则的适用，理由是《慈善法》改变了《信托法》的立法政策，赋予了委托人比较大的权利，比如确定受托人（《慈善法》第四十六条）、变更受托人（《慈善法》第四十七条）、是否设置监察人（《慈善法》第四十九条第一款）等权利都完全赋予给了委托人，按照这一立法逻辑，则是否应当适用近似原则来处理信托终止时的慈善信托财产也应当由委托人来决定。从逻辑上讲这种方案没有障碍，但在实操层面面临挑战。一是委托人可能多而分散，并不关心信托的后续管理；二是委托人可能并不具备相关的经验，无从判断某目的是否与原慈善目的相近似；三是若慈善信托为单一信托时，委托人去世且没有继承人，或者继承人不行使该批准权时，甚至继承人没有行为能力，都会影响批准权的行使，进而影响近似原则的适用。

慈善信托的开放式运作探讨

《慈善法》颁布实施已经将近一年的时间，实践中将近三十单慈善信托也已经落地实施，但是关于慈善信托运作中的一些问题，比如慈善信托能否开放式运作、能否公开募集等问题。本文围绕慈善信托与集合资金信托计划的区别、慈善信托与公募、慈善信托设立后的追加加入等问题，探讨慈善信托的开放式运作问题。

一、集合信托、集合资金信托计划与慈善信托

“信托”对于我国的大多数人都属于一个相对陌生的概念，只有作为金融体系一个分支的信托公司在经营信托业务，并且开展的业务也多局限于作为一种理财产品的信托，并不能涵盖信托的全貌。当《慈善法》明确规定了慈善信托，规定慈善组织和信托公司可以作为慈善信托的受托人，民政部门作为慈善信托的备案机关以后，慈善领域的人也开始关注慈善信托，甚至关注信托。但是，慈善信托、信托、集合信托以及信托公司发行的集合资金信托计划究竟是怎么样的一种关系？慈善信托的实施以及监管过程中，究竟应该遵循怎样的规则？而要回到这些问题，还需要从基本的概念入手，并结合其立法目的等因素进行分析。

（一）几组概念的澄清

《信托法》第二条规定：“本法所称信托，是指委托人基于对受托人的信任，将其财产权委托给受托人，由受托人按照委托人的意愿以自己的名

义，为受益人的利益或者特定目的，进行管理或者处分的行为。”①

第三条规定，本法适用于在中国境内进行的民事、营业、公益信托活动。

1. 慈善信托/公益信托与私益信托

公益信托和私益信托是依照信托目的的性质不同进行的区分。公益信托是为了公共利益目的设立的信托；私益信托是为了受益人的私人利益目的而设立的信托。② 私益信托是主要的信托类型，也是信托法主要的调整对象。但是《信托法》也适用于公益信托，基于公益信托的特殊性，于第六章进行了专章规定，明确“公益信托适用本章规定。本章未规定的，适用本法及其他相关法律的规定”。总体上看，公益信托是法律明确的一个概念，而与之对应的私益信托并非特定的法律概念，而只是一种理论上的概括。③ 其原因可能在于公益信托是一种特殊的类型，所以法律予以特殊规定；而公益信托之外的都是私益信托，是信托的主要类型。这可能也是《信托法》第三条将公益信托和民事信托、营业信托放在一起的原因。

《慈善法》第四十四条规定，“本法所称慈善信托属于公益信托，是指委托人基于慈善目的，依法将其财产委托给受托人，由受托人按照委托人意愿以受托人名义进行管理和处分，开展慈善活动的行为。”

基于此，慈善信托属于公益信托，也应当适用《信托法》的相关规定，但根据新法优于旧法的原则，《慈善法》与《信托法》规定不一致的地方，以《慈善法》规定为准。

2. 单一信托与集合信托

单一信托和集合信托是根据委托人数量进行的区分，只有一个委托人的

---

① 我国台湾地区《信托法》第一条规定，“称信托者，谓委托人将财产权移转或为其他处分，使受托人依信托本旨，为受益人之利益或为特定之目的，管理或处分信托财产之关系。”

《日本信托法》第二条规定，本法所称信托，指依本法各条款所载方法，特定人基于一定目的，为财产管理、处分或其他为达成该目的所必要之行为者。

《欧洲信托法原则》第一条信托的主要特征中，对信托的描述是，在一个信托中，一个被称为“受托人”的人拥有预期自有财产相分离的财产，并且必须为了一个被称为“受益人”的人的利益，或为了促进某个目的的实现，而处置那些财产（“信托财产”）。

《海牙信托公约》第二条规定，信托是指委托人为了受益人的利益或特定目的，于其生前或死亡时创设的一种将其财产置于受托人控制之下的法律关系。

② 周小明．信托制度：法理与实务［M］．北京：中国法制出版社，2012：50－51.

③ 周小明．信托制度：法理与实务［M］．北京：中国法制出版社 2012：51.

是单一信托，委托人有两个或以上的就是集合信托。单一信托和集合信托在法律适用上并无太大区别，最主要区别在于集合信托中需要建立委托人行使权利的机制。单一信托和集合信托的区分并不是在法律上，而只是在理论上的总结。

从这个角度看，民事、营业和公益信托均可以采取单一信托或集合信托的形式，即委托人可以是多个人或者仅仅是一个人。

3. 集合资金信托计划

在我国信托业实践中，广泛存在的是一种特殊的信托类型，即集合资金信托计划。根据2007年银监会颁布的《信托公司集合资金信托计划管理办法》，在中国境内设立的集合资金信托计划（以下简称“信托计划”）是指由信托公司担任受托人，按照委托人意愿，为受益人的利益，将两个以上（含两个）委托人交付的资金进行集中管理、运用或处分的资金信托业务活动。可以认为，信托计划在我国信托法律体系中，是一个特定的概念，指的就是按照《信托公司集合资金信托计划管理办法》设立的信托计划。

从这个角度来看，有两点需要注意：

第一，信托计划不等同于集合信托。首先，信托计划是一个法律上的概念；而集合信托只是根据委托人数量从学理上对信托进行分类提出的概念。其次，信托计划适用《信托公司集合资金信托计划管理办法》，该办法未规定时适用《信托法》；集合信托的范围较集合资金信托计划更广。

第二，单一资金信托计划、慈善信托计划、单一信托计划的表述，并不是非常严谨的。信托计划特指的是集合资金信托计划，而单一资金信托、财产权信托等并不应当被称为信托计划。这点从《信托公司集合资金信托计划管理办法》第九章附则的表述中，可以得到印证。其第五十二条使用的是“单一资金信托”而非“单一资金信托计划”，第五十三条提到动产信托、不动产信托和财产权信托，亦未使用“信托计划”的概念。信托分类结构图可见图1。

（二）《集合资金信托计划管理办法》不适用于慈善信托

1.《集合资金信托计划管理办法》的背景与适用范围

现行《信托公司集合资金信托计划管理办法》由银监会令2007年第3号公布，银监会令2009年第1号对其进行修订，修订后的办法于2009年2

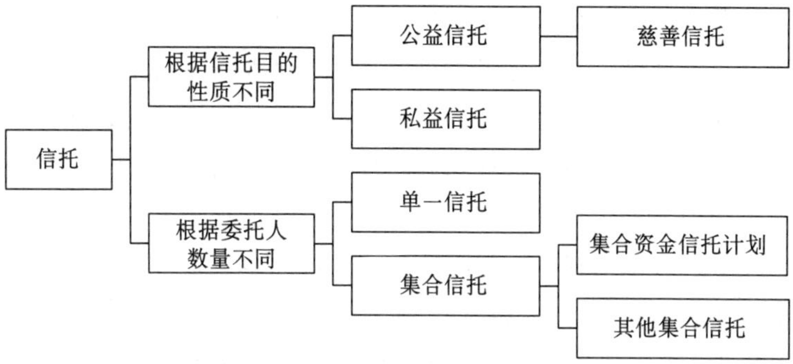

图 1　信托分类结构图

月 4 日起施行。《信托公司集合资金信托计划管理办法》第五十五条规定，本办法自 2007 年 3 月 1 日起施行，原《信托投资公司资金信托管理暂行办法》（中国人民银行令〔2002〕第 7 号）不再适用。

由此可以看出，《信托公司集合资金信托计划管理办法》是对《信托投资公司资金信托管理暂行办法》的延续，但又有明显不同。

首先，新办法去掉了信托投资公司中的“投资”两字，参考了国际上信托机构的一般作法，除了考虑拟新增不履行投资管理人职责的信托公司类型外，更多的是考虑引导信托公司突出信托主业，而不是要限制信托公司的投资功能，新办法限制的实业投资仅限于固有业务范围，并不针对信托业务。其次，随着改革开放和国民经济的发展，社会财富逐渐增多。在当时投资渠道不足的情况下，信托理财为投资者提供了更多可选择的投资工具，并逐渐被广大投资者所认可和接受。自重新登记以来，信托公司的营业信托业务取得了可喜的进展。修改和完善信托法规，进一步规范信托公司经营信托业务，是为了更好地保护信托当事人的合法权益。①

2007 年 2 月 1 日银监会有关负责人就修订颁布《信托公司集合资金信托计划管理办法》答记者问中指出，新的《信托公司集合资金信托计划管理办法》办法借鉴国际通常作法，对集合信托提出一些严格于非营业信托

① 中国银行业监督管理委员会．银监会有关负责人就修订颁布《信托公司管理办法》、《信托公司集合资金信托计划管理办法》等信托监管规章答记者问［EB/OL］．（2007－02－01）［2017－03－11］．http：//www. cbrc. gov. cn/ chinese/ home/docView/20070201F0720A46D553E304FF910 E-1896DF9B00. html.

的要求，如参与集合资金信托计划的委托人必须为唯一受益人、限制受益权拆分转让等。这样做，主要是考虑到营业信托不同于一般民事信托的特性，最大限度地保护委托人、受益人的合法权益。需要强调的是，新的办法只是规范集合信托业务，即属于营业信托范畴的集合资金信托计划。也就是说，新办法规范的内容不包含单一资金信托业务，不能把集合资金信托的限制性要求套用在单一资金信托中，新办法并不要求如单一资金信托、民事信托等信托类型也要遵循集合资金信托的经营规则。①

可以看出，《信托公司集合资金信托计划管理办法》仅适用于信托公司的集合资金信托业务，并不要求单一资金信托、民事信托等信托类型也要相同的经营规则，其规定的集合资金信托业务，只针对本身就必须具有一定的抗风险能力的合格投资者，根本目的是防控风险的扩散和蔓延。

2. 慈善信托的立法目的与社会效果预期

我国慈善事业发展较快，随着慈善事业快速发展，慈善领域也出现了一些新情况、新问题，例如，慈善组织内部治理尚不健全、运作不尽规范，行业自律机制尚未形成，全社会慈善氛围还不够浓厚，有关方面还需要加大支持、促进的力度，等等。从国外慈善活动经验看，慈善信托也是开展慈善活动的重要方式，在我国以基金会为主要慈善活动实施方式的背景下，借鉴国外经验，借《慈善法》出台之机，对慈善信托进行明确规定，以解决《信托法》规定的公益信托较为笼统、实践操作实施难的问题。

慈善法的立法目是发展慈善事业、弘扬慈善文化、规范慈善活动、保护此活动参与者的合法权益，慈善信托作为开展慈善活动的一种行为，应当以鼓励民众参与慈善事业、弘扬慈善文化为目的。从这个角度看，慈善信托的立法目的与《信托公司集合资金信托计划》拟调整的集合资金信托计划有本质上的区别。

3. 慈善信托不适用《信托公司集合资金信托计划管理办法》

通过对《信托公司集合资金信托计划管理办法》制定背景和调整范围以及慈善信托立法目的的分析，可以发现，慈善信托与集合资金信托计划属于完全不同范畴的概念，以信托公司开展的营业信托中的集合资金信托计划

① 中国银行业监督管理委员会．银监会就信托公司管理办法等有关问题答记者问［EB/OL］.（2007－02－01）［2017－03－10］. http：// www. gov. cn/zwhd/2007－02/01/content_ 515142. htm.

为规范和调整对象的《集合资金信托计划管理办法》并不应当适用于慈善信托。第一，慈善信托与集合资金信托计划并非同等范畴的概念，慈善信托是与营业信托并列的信托类型，而集合资金信托计划是营业信托下属的概念，因此，仅仅适用于集合资金信托计划规范和管理的部门规章（从法律位阶上看，《信托公司集合资金信托计划管理办法》属于部门规章）并不适用于慈善信托。其关系可见图2。第二，慈善信托的受托人与集合资金信托计划亦有所不同，根据《慈善法》的规定，信托公司和慈善组织可以担任慈善信托的受托人，而集合资金信托计划只能由信托公司担任，这也从一个侧面说明，慈善信托与集合资金信托计划属于不同的范畴，不应使用一样的监管规则。否则，慈善组织担任受托人时，是否也需要受《信托公司集合资金信托计划管理办法》约束呢？

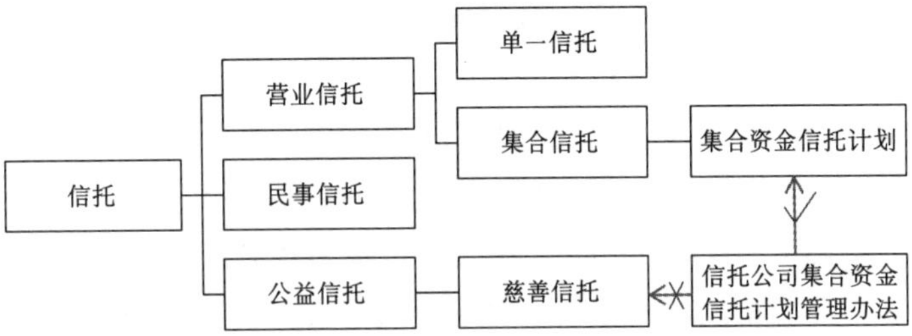

图2 《集合资金信托计划管理办法》适用结构图

（三）慈善信托适用的法律依据

《慈善法》第五十五条规定："慈善信托的设立、信托财产的管理、信托当事人、信托的终止和清算等事项，本章未规定的，适用本法其他有关规定；本法未规定的，适用《中华人民共和国信托法》的有关规定"。由该条可以看出，慈善信托的直接法律依据是《信托法》和《慈善法》；民政部和银监会《关于做好慈善信托备案有关工作的通知》以及各地民政部门出台的《慈善信托管理办法》（例如，北京市民政局出台的《北京市慈善信托管理办法》）也是慈善信托应当遵守的法律文件。此外，信托公司作为受托人时，亦应当遵守《信托公司管理办法》的相关规定。

二、慈善信托的公募和私募

（一）我国法律上关于公募、私募的规定

公募，指公开募集；私募，即非公开募集。我国法律上关于公募和非公募的规定主要如下：

1.《证券投资基金法》

《证券投资基金法》第五章规定了基金的公开募集，第五十条规定，公开募集基金，应当经国务院证券监督管理机构注册。未经注册，不得公开或者变相公开募集基金。公开募集基金，包括向不特定对象募集资金、向特定对象募集资金累计超过二百人，以及法律、行政法规规定的其他情形。本章还规定了公开募集基金的注册流程，基金合同、招募说明书的主要内容以及公开募集基金合同的成立、生效等。

《证券投资基金法》第十章规定了非公开募集基金，非公开募集基金应当向合格投资者募集，合格投资者累计不得超过二百人。合格投资者是指达到规定资产规模或者收入水平，并且具备相应的风险识别能力和风险承担能力、其基金份额认购金额不低于规定限额的单位和个人。合格投资者的具体标准由国务院证券监督管理机构规定。

2.《信托公司集合资金信托计划管理办法》

《信托公司集合资金信托计划管理办法》第五条第（三）项规定，单个信托计划的自然人人数不得超过 50 人，但单笔委托金额在 300 万元以上的自然人投资者和合格的机构投资者数量不受限制。第八条第（二）项规定，信托公司推介信托计划时，不得进行公开营销宣传。

3.《基金会管理条例》

第三条，基金会分为面向公众募捐的基金会（公募基金会）和不得面向公众募捐的基金会（非公募基金会）。公募基金会按照募捐的地域范围，分为全国性公募基金会和地方性公募基金会。

4.《慈善法》

第二十一条，本法所称慈善募捐，是指慈善组织基于慈善宗旨募集财产的活动。

慈善募捐，包括面向社会公众的公开募捐和面向特定对象的定向募捐。

第二十二条，慈善组织开展公开募捐，应当取得公开募捐资格。依法登记满二年的慈善组织，可以向其登记的民政部门申请公开募捐资格。民政部门应当自受理申请之日起二十日内作出决定。慈善组织符合内部治理结构健全、运作规范的条件的，发给公开募捐资格证书；不符合条件的，不发给公开募捐资格证书并书面说明理由。

法律、行政法规规定自登记之日起可以公开募捐的基金会和社会团体，由民政部门直接发给公开募捐资格证书。

（二）信托的公募与私募

按照《信托法》的规定，信托只是一种代他人管理财产的行为，并不存在所谓的公募和私募。然而，银监会发布的《信托公司集合资金信托计划管理办法》第五条规定单个信托计划的自然人人数不得超过 50 人，以及第八条规定信托公司推介信托计划时不得进行公开营销宣传。由此规定可以看出，集合资金信托计划属于私募的范畴。也正是基于此，有观点认为信托属于私募的。但实际上，这仅仅针对的是信托公司发行的集合资金信托计划产品。对于法律限定为“私募”的原因，在该办法的答记者问中有回答。

2007 年 2 月 1 日，银监会有关负责人就修订颁布《信托公司集合资金信托计划管理办法》答记者问中指出，“按照接受委托的方式，集合资金信托业务可分为两种：第一种是社会公众或者社会不特定人群作为委托人，以购买标准的、可流通的、证券化的合同作为委托方式，由受托人集合管理信托资金的业务；第二种是具有风险识别能力、能自我保护并有一定风险承受能力的特定人群或机构作为委托人，以签订信托合同的方式作为委托方式，由受托人集合管理信托资金的业务。由于条件不具备，信托公司还没有开展第一种业务，新办法所规范的主要是第二种资金信托业务。由于这类业务的委托人要具有一定资金实力，能自担风险，因而对委托人的准入门槛相对要高一些。这样规定的目的，是避免把风险识别能力和损失承受能力较弱的普通投资者引入此类业务。为此，新办法引入了合格投资者制度，只允许有一定风险承受和识别能力的投资者参与集合资金信托计划。需要说明的是，对于第一种业务模式，由于它的法律结构、业务运作模式和委托人范围等方面，不同于《信托公司集合资金信托计划管理办法》，我们拟在实践的基础上，根据市场需求，在今后逐步制定颁布相关的管理规定。”

由此可以看出，官方认为，即使是集合资金信托可以亦分为两种，对于第一种集合资金信托基金（公募类），仅仅是“目前由于条件不具备而未开展”，开展的只是针对合格投资者的资金信托业务（非公募类），其根本原因在于营业信托中集合资金信托的高风险性，为了避免风险的扩散，而将委托人局限于特定人数的合格投资者。

基于此，信托是非公募或私募的说法是没有依据的，而只是信托公司经营的业务中集合资金信托计划囿于风险防范的考虑，在目前阶段只能采取非公募的形式发行。

对于慈善信托而言，在目前的法律框架下，并不属于集合资金信托计划，不适用《信托公司集合资金信托计划管理办法》，自然不属于必须私募的范畴。在没有法律规定的情况下，应当适用《信托法》和《慈善法》关于慈善信托的规定。然而，这不等于说，民政部门或其他部门不可以对慈善信托的募集方式进行单独的规定。如果民政部门等通过部门规章的形式明确慈善信托也必须以私募的形式开展，当然是可以的。但需要明确的是，在没有具体的规定出台之前，在目前的法律框架下，慈善信托不能公募是没有法律依据的。

是否应当限制慈善信托的募集方式，以及通过何种方式进行限制，则应当经过系统严密的论证，而不能主观臆断。

（三）慈善组织的公募、私募与信托募集方式的区别

《慈善法》第三章规定，慈善募捐包括面向社会公众的公开募捐和面向特定对象的定向募捐。慈善组织开展公开募捐，应当取得公开募捐资格。

慈善募捐区分为公开募捐和定向募捐（非公募）的原因可能在于：第一，避免借慈善的名义骗取财产；第二，避免因为慈善募捐妨碍公共秩序、企业生产经营和居民活动。部分信托产品限定为私募原因在于，信托投资是一种高风险的行为，应当限定为由一定风险识别和承担能力的人，避免风险传导至普通投资者。可以说，信托产品私募的逻辑和《证券投资基金法》区分公募和私募的逻辑是一致的。

具体到慈善信托的公募和私募，很明显与信托的私募有很大的不同，因为慈善信托虽然同时具有慈善和信托的特性，但是在募集阶段，其慈善的性质是更突出的，也是需要更多关注的。

（四）慈善信托公募的利与弊

慈善组织既可以开展慈善募捐，也可以作为受托人开展慈善信托，信托公司只能开展慈善信托，不能开展慈善募捐。慈善组织可以分为有公募资格和无公募资格，信托公司并无这样的区分，而是不同的信托业务区分为公募或私募。概言之，对于公募和非公募，对慈善组织而言，是从主体资格上进行的区分；对于信托公司，是从业务类型上进行的区分。

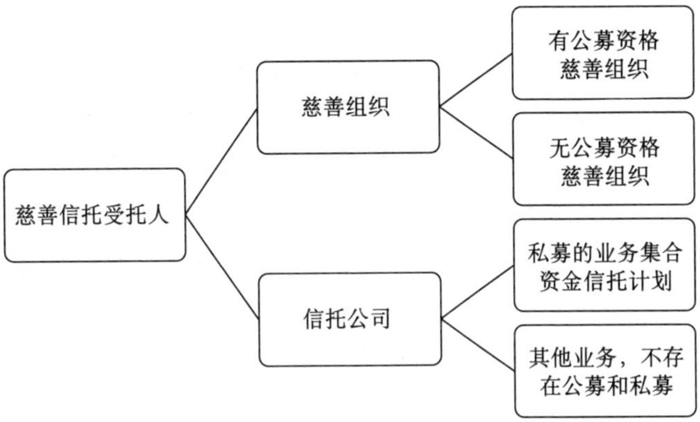

图 3　公募和私募在慈善组织和信托公司中位置图

可以看出，慈善组织可以同时开展慈善募捐和慈善信托，信托公司只可以开展慈善信托，慈善募捐和慈善信托的区别见表1。讨论慈善信托能否公募，绕不开慈善组织和信托公司是否应当适用同样的慈善信托办理办法的问题。

表 1　慈善募捐和慈善信托的区别

	慈善募捐	慈善信托
法律性质	捐赠（无偿赠与）	信托
法律依据	《慈善法》、《合同法》	《慈善法》、《信托法》
法律形式	赠与合同（书面形式或口头形式）	信托合同（书面形式）
原始权利人的角色	赠与人	委托人
财产接收人	受赠人	受托人
是否可以反悔	赠与人不得撤销且受赠人可以请求交付	通常在信托合同中约定，财产交付时信托生效
财产归属	慈善组织	独立的信托财产
原始权利人作用的发挥	对捐赠财产完全失去控制	享有委托人的多项权利，具体可以通过委托人大会的形式实现
财产的适用范围	慈善组织章程或捐赠协议规定的慈善目的	信托合同约定的信托目的

在探讨慈善信托能否公募时，不可避免地面临如下几个问题。

第一，如果慈善信托是不允许公募的，那么具有公募资格的慈善组织担任受托人时能否公募？从法律适用一致性的角度看，答案应当是否定的。其一，因为慈善信托因受托人的不同而运作方式不同没有依据。其二，如果慈善组织担任受托人仍可以公募，那么必然出现有公募资格的慈善组织和信托公司合作或者通过其他方式变相突破；其三，从监管的角度看，不但需要通过明确的部门规章，明确慈善信托不许公募，而且还需要解决具有公募资格的慈善组织担任受托人的问题，要么是严格禁止（即使有公募资格也不许公募慈善信托），要么是需要花费很大的精力去禁止变相公募的问题。对于前者，可能会限制慈善信托的发展，与慈善法关于慈善信托的立法初衷相悖；对于后者，则需要的监管成本很高，而且效果可能并不一定好。

第二，如果对于慈善信托的募集方式没有明确规定，那么慈善信托按照信托的一般原理是可以公募的。涉及的问题是，不具有公募资格的慈善组织担任受托人时，是否可以公募的问题。表面上看，似乎突破了慈善组织募集的权限，但实际上并非如此。首先，慈善信托是不同于慈善募捐的。慈善组织作为受托人时，筹集的财产是完全独立于慈善组织的信托财产，属于慈善组织的表外财产。即使慈善组织不可以公开募捐，但开展慈善信托是不存在法理上的障碍的。并且，对于慈善信托的监督管理，并非只有募集的方式，最重要的是存续过程中的管理以及信托财产如何用于慈善事业的监管。其次，对于慈善组织作为慈善信托的受托人有进入的门槛，如果出于前期规范管理的考虑，可以认为只有具有公募资格的慈善组织才可以担任慈善信托的受托人。这样可以避免出现慈善组织开展慈善募捐和慈善信托面临的政策不一致问题。

考虑到慈善信托是和慈善募捐并列的慈善活动开展的方式，无论是从法律逻辑上，还是实践运作上，都应当遵循统一的标准和逻辑。比较以上两种模式，不对慈善信托的募集模式进行特别的限制，而遵循信托的一般法律和原则，在操作上更为方便。因为对于慈善信托的监管，应当包括事前、事中和事后三部分，目前在设立阶段的备案管理仅仅属于事前的管理。集合资金信托计划由于涉及高风险的投资，因此在募集设立阶段进行了严格的限制。慈善信托不涉及合格投资者的认定等问题，因此，更重要的是信托存续过程中和慈善活动开展的监管。只要事中和事后监管到位，确保所有的信托财产都运用于慈善事业，就可以实现慈善法和慈善信托的立法初衷。

对于慈善信托通过公开的方式募集，最大的问题是有多个委托人时，如何行使权利的问题。对于这个问题，可以通过在信托文件中明确委托人行使权利的机制，确保委托人的权利可以切实得到实现和履行。《慈善法》赋予慈善信托的受托人很多权利，这是委托人不同于捐赠人的地方，如果委托人的权利不能得到体现，那么慈善信托的存在意义将大打折扣。

对于慈善信托是要求必须非公募，还是允许公募，在监管上有以下不同（见表2）：

表2　　慈善信托公募与非公募的监管要求

慈善信托	公募	非公募
事前备案监管	对于慈善组织担任受托人设定条件。有公募资格的受托人可以担任受托人	出台专门的文件进行规定 对于具有公募资格的慈善组织担任受托人的募集形式进行明确。禁止变相公募，对于信托公司和基金会等合作突破公募的模式进行限制
事中监管	对于信托存续过程中资金投向进行管理	对于信托存续过程中资金投向进行管理
事后监管	对于慈善活动开展进行监督管理	对于慈善活动开展进行监督管理

三、慈善信托发起方式和开放式运作

（一）信托发起方式

《信托法》第二条规定，信托是指委托人基于对受托人的信任，将其财产权委托给受托人，由受托人按委托人的意愿以自己的名义，为受益人的利益或者特定目的，进行管理或者处分的行为。第六十条规定，为了公益目的而设立的信托，属于公益信托。《慈善法》第四十四条规定，本法所称慈善信托属于公益信托，是指委托人基于慈善目的，依法将其财产委托给受托人，由受托人按照委托人意愿以受托人名义进行管理和处分，开展慈善活动的行为。

以上分别是我国《信托法》和《慈善法》对信托和慈善信托的定义。对比以上规定可以发现，《慈善法》关于慈善信托的定义，基本上是按照《信托法》关于信托的定义来规定的。这表明，在没有特别规定的情况下，对慈善信托设立以及运作模式的理解应当遵循《信托法》的一般原理和模式。

法条中，委托人基于信托/慈善目的，“委托给受托人”的表述并不代表信托只能由委托人发起，而只是表明信托是委托人和受托人之间达成一致和合意的，是需要委托人和受托人双方参与的行为。采用信托合同的方式设立信托时，信托合同就是双方合意的证明。而对于合同的基本问题，还要适用《合同法》的相关规定，而从合同法的角度看，合同通常是一方提供一个合同的草案，经过双方多次沟通形成定稿，进而签订合同。具体可以分为，合同的双方均为一人时，双方协商；合同的一方为多数人，另一方为一人时，通常是由为一人的一方提出合同的模板，多数人的一方可以对于合同提出自己的意见，最后修订而成。当合同的多数人一方对于合同没有发表意见的机会，这类合同成为格式合同或包含格式条款的合同。对于格式合同和格式条款的效力和具体要求，合同法有明确的规定。[①] 但当事人一方通过认真阅读合同条款，并咨询合同提供方，最终签署合同，就表明该方当事人同意认可合同内容，是符合当事人意愿的行为。类似最典型的买卖合同的表述是：买卖合同是出卖人转移标的物所有权于买受人，买受人支付价款的合同。这也并不表明，必须是出卖人发起和主导整个流程。

基于此，从《信托法》和《慈善法》的法条上看，并未要求慈善信托只能由委托人发起。

（二）我国实践中由受托人发起的信托类型

1. 作为理财的集合资金信托

集合资金信托计划是我国信托实践中，重要的一种信托业务类型，从集合资金信托计划的运行方式看，《集合资金信托计划管理办法》第二章用到的表述都是信托公司设立信托计划、信托公司推介信托计划，可以看出，集合资金信托计划都是由受托人主动发起的。

从集合信托计划的运作上看，可以是开放式的，即委托人可以追加资金，在合格投资者人数的范围内，委托人人数也是可以增加的。许多信托计划通过分期发行的方式实现开放式运作。有的信托计划本身就可以实现申购赎回。

① 参见《中华人民共和国合同法》第三十九至四十一条。

2. 公益信托

银监办发〔2008〕93 号文，也是用的信托公司设立公益信托的要求，可见，公益信托也是可以由受托人发起的。第四条规定，信托公司设立公益信托，可以通过媒体等方式进行推介宣传。公益信托的委托人可以是自然人、机构或者依法成立的其他组织，其数量及交付信托的金额不受限制。信托公司应当在商业银行开立信托财产专户，并可以向社会公布该专户账号。

可以看出，《慈善法》颁布之前，公益信托的设立通常是由受托人进行的，受托人设立以后，向社会公开募集资金。

3. 证券投资基金

《证券投资基金法》规定的证券投资基金，本质上是我国另一种形式的信托。2001 年《信托法》颁布实施后，国务院办公厅关于《中华人民共和国信托法》公布执行后有关问题的通知（国办发〔2001〕101 号）明确规定，人民银行、证监会分别负责对信托投资公司、证券投资基金管理公司等机构从事营业性信托活动的监督管理。可以看出，基金管理公司开展的证券投资基金业务也属于上述规定的营业性信托。

证券投资基金分为公开募集的基金和非公开募集的基金，无论是公开募集的基金还是非公开募集的基金，都分为基金设立之前的投资人的认购，以及基金设立以后的份额申购、赎回和转让。从运作上看，都是基金管理公司主导发起，向投资人进行推介的，投资人认购的流程。可以说，也是由受托人发起的营业信托产品。

（三）慈善信托的开放式运作模式探讨

慈善信托的开放式运作，是指慈善信托设立后，委托人是否可以追加资金，委托人之外的其他人是否可以加入该慈善信托或向慈善信托捐赠资金的问题。后文结合其他国家慈善信托运作经验，从信托设立后原委托人追加加入、其他人追加加入信托、捐赠和我国慈善信托的开放式运作模式选择三个方面分别论述。

1. 慈善信托设立后，原委托人追加加入

原委托人追加加入，是指慈善信托设立后的存续过程中，原委托人又追加信托财产到信托中，使信托财产规模增加。

我国《信托法》第十四条规定，受托人因承诺信托取得的财产是信托财产。受托人因信托财产的管理运用、处分和其他情形而取得的财产，也归入信托财产。从该条规定看，法律上对于委托人追加信托财产并未禁止。从实践情形看，信托存续过程中，委托人追加加入的情形也大量存在，许多信托合同中约定，委托人可以追加加入信托财产，在一些现金管理类信托产品中尤为典型。

从国外经验看，原委托人追加信托财产在日本信托实践中是广泛存在的，并且在信托文件中有明确追加信托财产的条款。例如，日本的集合资金信托（Collective Money Trust）和养老金信托（Pension Trust）中，特别是养老金信托中，出于信托目的需要，信托财产是不断追加的。日本信托学者 Tatsuo Ohta 提到，在信托财产为资金或股权，而非房产等不动产的信托案例中，委托人追加信托财产是非常普遍的。从法律上看，即使信托财产是不动产，只要委托人和受托人达成一致，也是可以追加信托财产的。

基于此，从理论和实践看，慈善信托设立后，原委托人追加加入信托财产是允许的，即便信托文件中没有提及追加信托财产事宜。但是，如果信托文件中明确约定，信托存续过程中不得追加，则原委托人不得追加信托财产。

2. 慈善信托设立后，其他人可否追加加入信托

与前文提到的“慈善信托设立后，设立时的委托人追加加入，使信托财产规模增加”不同。这里要讨论的是，原委托人之外的其他人可否加入信托，使信托财产规模增加。

从经验看，慈善信托设立后，委托人之外的其他人追加加入信托并不常见。根据调研情况，在我国台湾地区，公益信托委托人为公益信托成立当时的情况，无法于日后追加委托人，后续捐赠至公益信托者则纯粹为捐赠人。在英国，委托人被认为是创设（create）信托的人，一个信托只能被创设一次，因此，信托设立以后不可以有新的委托人加入进来。慈善信托可以有许多个委托人，但仅限于成立时，一旦信托设立以后，不可能有委托人加入进来。例如在日本，虽然法律没有禁止后续有委托人加入到信托，但实践中，委托人之外的其他人追加信托财产加入信托并不是很常见，只有在夫妻或母子公司作为委托人时，存在追加委托人的情形。

本文认为，从结果上看，其他人的加入可以使信托财产增加，在没有明确相反约定的情形下，应当允许加入。从法律规定上看，对于信托存续过程中，其他人加入信托，《慈善法》和《信托法》并无明确规定，为当事人的约定留下了空间。本文认为，慈善信托设立后，应当允许其他人向该信托追

加信托财产，除非信托文件明确约定，不允许信托设立时的委托人之外的人向该信托加入信托财产。

3. 慈善信托设立后，其他人可以向慈善信托捐赠

从理论上看，除了委托之外，捐赠也可以使信托财产规模增加。从国外的经验看，信托设立后，其他人通过捐赠的方式参与到慈善信托中，也是非常普遍的作法。

例如，在20世纪70年代初期，慈善信托被引入日本时，对于慈善信托设立后追加信托财产这一行为的性质有不同观点，有政府官员认为，委托人之外的人向慈善信托追加财产通常不应当被认为是赠与，向已成立的慈善信托追加财产的委托人之外的其他人，应当被认为是追加的委托人，与初始委托人享有同样的权利和义务。但是这种观点是非常例外的，在学术上并没有得到支持。Tatsuo Ohta 提到，在日本，虽然法律没有明确规定，向慈善信托进行捐赠在法律上被认为是一种基于合同关系的赠与，并非是追加的委托人，捐赠人并不享有慈善信托委托人的权利，但捐赠人可以享受税收优惠。并且这种向慈善信托捐赠的案例也是比较多的。

4. 我国慈善法上，后续加入的探讨

由以上分析可知，慈善信托设立后，初始委托人之外的其他人可以通过信托或捐赠的方式，使慈善信托规模增加。从法律关系上看，可以有委托和捐赠两种方式，从国外经验看，多倾向于采取捐赠的方式，其理由在于慈善信托是委托人设立的，后续不可能有新的委托人出现，以免影响慈善信托的稳定性。捐赠人由于并不享有委托人的权利和义务，只是使信托财产规模增加，这种增加与投资产生的收益类似。因此，并不影响到慈善信托的稳定性。

本文认为，慈善信托在我国刚刚起步，在借鉴国外经验的基础上，应当结合我国实际情况探讨慈善信托的开放式运作问题，但根本前提是，慈善信托设立后，该信托的规模是可能持续增加的。而对于具体的方式则可以留给信托文件来约定，具体情况如下。

第一，如果是单一委托人设立的慈善信托，信托文件中可以明确约定，委托人之外的任何人不可以向该慈善信托加入信托财产，无论是委托还是捐赠，则该信托财产本金是固定的，除非该委托人自己追加财产，信托财产规模是委托人加入的信托本金和投资产生的收益。信托文件中也可以约定，委托人之外的任何人不可以通过向慈善信托加入信托财产而成为追加的委托

人，但可以向该慈善信托捐赠。如果信托文件中对于该问题未约定，则应当认可向该慈善信托捐赠，因为该行为符合慈善信托开展慈善活动的根本目的；但对于追加委托人则应当予以否认，因为一旦成为委托人，即享有委托人的权利和义务，可能与原委托人设立慈善信托的初衷不符，影响慈善信托运行的稳定性。

第二，如果是多个委托人参与设立的慈善信托，通常是委托人有比较好的慈善项目，找了多个委托人，或者是一个委托人与受托人沟通，然后找到其他不同的委托人，一同设立慈善信托。这类项目中，受托人对于慈善活动开展流程和慈善活动具体运作已经有完整、明确的思路，或者说已经有成熟的作法。为了给该慈善活动募集更多的资金，而由受托人发起的一个慈善信托。这种模式的慈善信托中，慈善信托文件主要由受托人制定，而后向委托人进行推广，委托人认可受托人开展的慈善活动，对其慈善活动开展流程和效果比较认可，同时也认可慈善信托文件的，按照慈善法的规定备案成为慈善信托，并没有什么不良后果，从监管的角度看，自然没有禁止的必要，而是关注如何确保信托财产真正地用于慈善活动。对于此类信托，通常应当设立委托人大会行使委托人的权利。慈善信托设立后，新加入的委托人可以参与到委托人大会中，行使相应的权利，对于慈善信托的运营通常不会产生重大影响，如果信托文件没有约定禁止其他人参加进来，应当是可以追加委托人的；当然也是可以接受捐赠的，因为禁止是与其设立目的违背的。捐赠人和委托人有以下几点差别（见表3）。

表3　　捐赠人与委托人的区别

	赠与人	委托人
法律关系	赠与	信托
表现形式	书面或口头赠与合同	书面信托合同
法律地位	不享有信托委托人的权利	享有委托人的权利
是否加入委托人大会	不加入	加入
对于信托运营参与程度	较弱	较强
操作便利性	较方便	信托加入流程
适用类型	小额的加入	大量资金的加入
税收优惠	享受税收优惠	享受税收优惠
对于信托的影响程度	较小	较大

四、监管政策建议

1. 公募和非公募

允许公募。慈善信托的委托人可以是自然人、法人或者依法成立的其他组织，其数量及交付信托的金额不受限制。慈善信托可以通过媒体等方式公开进行推介宣传，并可以向社会公布慈善信托财产专户。

禁止公募。慈善信托不可以通过媒体等方式公开进行推介宣传，只能向特定的对象进行推介。

2. 慈善信托的开放式运作

慈善信托设立时，委托人交付的财产为设立时的信托财产规模。慈善信托存续过程中，委托人可以追加加入信托财产，委托人之外的其他人可以向慈善信托进行捐赠，因接受捐赠取得的财产，也归入信托财产。但信托文件另有约定的除外。

慈善信托设立时，委托人为多人的，信托文件中应当约定委托人行使权利的规则和程序。

量化投资基础研究——从理论到实践

讲起量化投资，就不得不提华尔街的传奇人物——詹姆斯·西蒙斯（James Simons）。这位慧眼独具的投资巨擘，有着一份足以支撑其赫赫名声的光鲜履历：20 岁时获得学士学位；23 岁时在加州大学伯克利分校博士毕业；24 岁时成为哈佛大学数学系最年轻的教授；37 岁时与中国数学家陈省身联合发表了著名论文《典型群和几何不变式》，并开创了著名的陈－西蒙斯理论；40 岁时运用基本面分析法设立了自己的私人投资基金；43 岁时与普林斯顿大学数学家勒费尔（Henry Laufer）重新开发了交易策略并由此从基本面分析转向数量分析；45 岁时正式成立了文艺复兴科技公司，成为量化投资领域执牛耳的投资霸主。

通过将数学理论巧妙融合到投资的实战之中，西蒙斯从一个天资卓越的数学家摇身一变，成为投资界中首屈一指的“模型先生”。由其运作的大奖章基金（Medallion）在 1989—2009 年的二十年间，平均年收益率为 35%，若算上 44% 的收益提成，则该基金实际的年化收益率可高达 60%，比同期标普 500 指数年均回报率高出 20 多个百分点。最为难能可贵的是，纵然是在次贷危机全面爆发的 2008 年，该基金的投资回报率仍可稳稳保持在 80% 左右的惊人水准。西蒙斯通过将数学模型和投资策略相结合，逐步走上神坛，开创了由他扛旗的量化时代，他的骤富神话更让世人对于量化投资有了最为直观而浅显的认识。

一、解开“量化投资”的神秘面纱

随着大众投资理财需求的持续升温及各类金融衍生品的创新发展，“量化投资”正从一个少有人关注的专业投资名词，逐渐成为许多中高端投资理财客户眼中的重要备选投资标的，一举成为国际投资界兴起的一个新方法，发展势头迅猛。量化投资和基本面分析、技术面分析并称为三大主流方法。由于量化投资交易策略的业绩稳定，其市场规模和份额不断扩大，得到国际上越来越多投资者的追捧。虽然量化投资常常由于其数学模型的复杂性，而被许多普通投资者认为是在“黑箱子”里运行并难以搞懂，但对其进行一番基本的了解，却并不困难。

量化投资是指借助现代统计学和数学的方法，利用计算机技术把投资理念和方法标准化，从选股到选时，以及生成交易指令，都由计算机程序完成的证券投资方式，即“用量化的方法做有把握的事儿”。量化交易从庞大的历史数据和市场环境中海选能带来超额收益的多种“大概率”事件以制定策略，用数量模型验证及固化这些规律和策略，然后严格执行已固化的策略来指导投资，以求获得可以持续的、稳定且高于平均收益的超额回报。

传统的投资方法有基本面分析法和技术分析法两种，与它们不同的是，量化投资主要依靠数据和模型来寻找标的和投资策略。对于量化投资中模型和人的关系类似于病人与医生的关系：中医和西医的诊疗方法不同，中医是望、闻、问、切，然后得出判断，这在很大程度上取决于中医的经验；西医则是先要求病人去拍片子、化验等，依托医疗器械得出相关指标数据，然后得出结论。

医生治疗病人的疾病，投资者“治疗”市场的疾病，也就是错误定价和估值，没病或者病的比较轻，则说明市场是有效或者弱有效的；病的比较重，则说明市场是无效的。投资者可将资金投资于低估的证券，直到它的价格升到合理的水平。但定性投资和量化投资的具体作法有些差异：定性投资更像中医，更多地依靠经验和感觉判断病在哪里：量化投资更像西医，依靠模型进行判断。

可见，与传统定性的投资方法不同，量化投资不是依靠个人的感觉来管理资产，而是将适当的投资思想、投资经验，甚至直觉反映在量化模型中，利用计算机帮助人脑进行处理，建立可以重复使用并反复优化的投资策略，进而指导人们的投资活动。①

① 丁鹏．量化投资——策略与技术［M］．电子工业出版社，2016：2.

二、量化投资的优势

量化投资和传统的定性投资本质上是相同的，二者都是基于市场是非有效或是弱有效的理论基础，基金经理可以通过对个股基本面、估值等方面的研究，建立战胜市场、产生超额收益的投资组合。不同的是，传统定性投资依赖基金经理的个人经验和主观判断，而量化投资则是将定性思想至于所建立的数学模型中，并加以应用。

量化投资的优势在于以下几个方面。①

（一）严格的纪律性

量化交易有着严格的纪律性，这样做可以克服人性的弱点，如贪婪、恐惧、侥幸心理，也可以克服认知偏差。一个好的投资方法应该是一个“透明的盒子”。我们的每一个决策都是有理有据的，特别是有数据支持的。如果有人质问我，某年某月某一天，你为什么购买某支股票的话，我会打开量化交易系统，系统会显示出当时被选择的这只股票与其他的股票相比在成长面上、估值上、资金上、买卖时机上的综合评价情况，而且这个评价是非常全面的，比普通投资者拍脑袋或者简单看某一个指标买卖更具有说服力。

（二）完备的系统性

完备的系统性具体表现为“三多”。首先，表现在多层次，包括在大类资产配置、行业选择、精选个股三个层次上我们都有模型；其次，是多角度，量化交易的核心投资思想包括宏观周期、市场结构、估值、成长、盈利质量、分析师盈利预测、市场情绪等多个角度；最后，就是多数据，就是海量数据的处理。人脑处理信息的能力是有限的，当一个资本市场只有 100 只股票，这对定性投资基金经理是有优势的，他可以深刻分析这 100 家公司。但在一个很大的资本市场，比如有成千上万只股票的时候，强大的定量化交易的信息处理能力能反映它的优势，能捕捉更多的投资机会，拓展更大的投资机会。

（三）妥善运用成熟的思想

量化交易正是在找估值洼地，通过全面、系统性的扫描捕捉错误定价、错误估值带来的机会。定性投资大部分时间在琢磨哪一个企业是伟大的企

① 资料来源：百度百科。

业，哪个股票是可以翻倍的股票；与定性投资不同，量化交易大部分精力花在分析哪里是估值洼地，哪一个品种被低估了，买入低估的，卖出高估的。

（四）分散化

分散化也可以说是靠概率取胜。这主要表现在两个方面：一是量化投资不断地从历史中挖掘有望在未来重复的历史规律并加以利用，这些历史规律都是大概率获胜的策略；二是依靠筛选出的股票进行组合，而不是依靠一只或几只股票来获胜，从投资组合的理念来说也是捕获大概率获胜的机会。

相比定性投资，现阶段A股市场的特点更适合采用客观、理性的量化投资风格。股票市场复杂性的增加已经对传统定性投资基金经理的单兵作战能力提出了更大的挑战。相对于海外成熟市场，A股市场的发展历史较短，有效性偏弱，市场上被错误定价的股票相对较多，留给量化投资策略去开发的潜力（市场的无效性、超额收益）也就更大。事实上，从国内已有的量化投资基金的运作收益来看，尽管量化投资在国内的发展历程较短，但却被证明是适应中国资本市场的有效方法。总之，量化投资在中国前景广阔。

三、量化投资领域的主要策略

量化投资技术几乎覆盖了投资的全过程，包括量化选股、量化择时、股指期货套利、商品期货套利、统计套利、算法交易，资产配置等。①

（一）量化选股

量化选股就是采用数量的方法判断某个公司是否值得买入的行为。根据某个方法，如果该公司满足了该方法的条件，则放入股票池，如果不满足，则从股票池中剔除。量化选股的方法有很多种，总的来说，可以分为公司估值法、趋势法和资金法三大类。

（二）量化择时

股市的可预测性问题与有效市场假说密切相关。如果有效市场理论或有效市场假说成立，股票价格充分反映了所有相关的信息，价格变化服从随机游走，股票价格的预测则毫无意义。众多的研究发现我国股市的指数收益中，存在经典线性相关之外的非线性相关，从而拒绝了随机游走的假设，指出股价的波动不是完全随机的，它貌似随机、杂乱，但在其复杂表面的背

---

① 丁鹏．量化投资——策略与技术［M］．北京：电子工业出版社，2016：2.

后，却隐藏着确定性的机制，因此存在可预测成分。

（三）股指期货套利

股指期货套利是指利用股指期货市场存在的不合理价格，同时参与股指期货与股票现货市场交易，或者同时进行不同期限、不同（但相近）类别股票指数合约交易，以赚取差价的行为，股指期货套利主要分为期现套利和跨期套利两种。股指期货套利的研究主要包括现货构建、套利定价、保证金管理、冲击成本、成分股调整等内容。

（四）商品期货套利

商品期货套利盈利的逻辑原理是基于以下几个方面：第一，相关商品在不同地点、不同时间对应都有一个合理的价格差价；第二，由于价格的波动性，价格差价经常出现不合理；第三，不合理必然要回到合理；第四，不合理回到合理的这部分价格区间就是盈利区间。

（五）统计套利

有别于无风险套利，统计套利是利用证券价格的历史统计规律进行套利，是一种风险套利，其风险在于这种历史统计规律在未来一段时间内是否继续存在。统计套利在方法上可以分为两类：一类是利用股票的收益率序列建模，目标是在组合的 β 值等于零的前提下实现 alpha 收益，我们称之为 β 中性策略；另一类是利用股票的价格序列的协整关系建模，我们称之为协整策略。

（六）期权套利

期权套利交易是指同时买进卖出同一相关期货但不同敲定价格或不同到期月份的看涨或看跌期权合约，希望在日后对冲交易部位或履约时获利的交易。期权套利的交易策略和方式多种多样，是多种相关期权交易的组合，具体包括：水平套利、垂直套利、转换套利、反向转换套利、跨式套利、蝶式套利、飞鹰式套利等。

（七）算法交易

算法交易又被称为自动交易、黑盒交易或者机器交易，它指的是通过使用计算机程序来发出交易指令。在交易中，程序可以决定的范围包括交易时间、交易的价格、甚至可以包括最后需要成交的证券数量。根据各个算法交易中算法的主动程度不同，可以把不同算法交易分为被动型算法交易、主动型算法交易、综合型算法交易三大类。

（八）资产配置

资产配置是指资产类别选择，投资组合中各类资产的适当配置以及对这些混合资产进行实时管理。量化投资管理将传统投资组合理论与量化分析技术的结合，极大地丰富了资产配置的内涵，形成了现代资产配置理论的基本框架。它突破了传统积极型投资和指数型投资的局限，将投资方法建立在对各种资产类股票公开数据的统计分析上，通过比较不同资产类的统计特征，建立数学模型，进而确定组合资产的配置目标和分配比例。

四、典型多因子选股策略理论基础

（一）基本概念原理

多因子模型的基本思想就是找到某些和收益率最相关的指标（股价技术指标和公司基本面数据），并根据该指标构建一个股票组合，期望该组合在未来的一段时间跑赢指数。多因子模型的关键是找到因子与收益率之间的关联性。

因子选股模型想法比较简单，几乎用不到特别复杂的数学模型。如果从数学的角度来看，因子选股模型仅仅是一个从因子到资金曲线的映射：

$$f(factors, parameters) = equity$$

其中 f 表示交易系统（线性或非线性），实际建模时可以用回归法或打分法进行简化处理；Factors 是筛选出来的一些有效因子，如果这些因子有信息重叠，可以采用多元统计中的主成分分析或因子分析进行降维处理；Parameters 是建模时遇到的各种参数，它们包括因子的权重、观察时间长度和持有时间长度等。Equity 是资金曲线，它反映账户随时间的变化情况。通过对资金曲线 equity 的一些再处理，就可以得到一些评价指标（如年化收益率、年化夏普比率和最大回撤等），通过这些指标可以来评价该投资策略的效果。

（二）多因子模型的建立步骤

多因子选股模型的建立过程主要分为候选因子的选取、数据的标准化、选股因子有效性的检验、有效但冗余因子的剔除、综合评分模型的建立和模型的评价及持续改进六个步骤。

1. 候选因子的选取

对于一家上市公司而言，我们能够获取到大量的数据。这些数据中有的能够很好地描述上市公司的特性，通过对这些数据进行分析，就有可能从中找出具有显著超额收益的因子。上市公司的数据多而繁，在对这些数据进行处理之前，需要对数据进行选择，即对因子进行初步的筛选。一般情况下，可以通过选择一个专业的、满足要求的金融数据库来完成因子的初步筛选。

2. 数据的标准化

由于各个因子的量纲不一致，为方便进行比较和回归，需要对因子进行标准化处理。对因子进行标准化处理主要有两种方式：一是直接对因子载荷原始值进行标准化；二是先将因子载荷原始值转换为排序值，然后再进行标准化。第一种方式的好处在于能够更多保留因子载荷之间原始的分布关系，但是进行回归的时候会受到极端值的影响；第二种方式的好处在于标准化之后的分布是标准正态分布，容易看出因子载荷和收益率之间的相关性的方向。

3. 选股因子有效性的检验

在完成了因子的初步筛选之后，我们可以对因子进行进一步的评价。因子评价的整体思路是研究各个股票的超额收益和因子参数之间的关系。我们试图找出这样的因子：对于绝大多数股票而言，当该因子参数越大/越小时，超额收益越大/越小，或者关系恰好相反。总之，我们试图找出那些能够有效预测一只股票未来超额收益的因子，无论两者是正相关还是负相关。

4. 有效但冗余因子的剔除

由于很多因子内在的驱动原因大致相同，所以通过这些因子选出的股票往往很相似。实际运用中，往往会考虑剔除掉一些有效，但是信息冗余的因子，即在同类的因子中，只需要保留收益最好、区分度最高的那一个。

剔除冗余因子的一般方法如下：首先，我们取出各个有效因子在各个时间点上关于分组的序列；其次，计算这些序列的相关性矩阵；再次，得到相关性矩阵关于时间的序列，求其均值；从此，通过这个均值矩阵挑出相关性较大的因子组；最后，对于每个因子组，挑选其中有效性最好或者收益最好的一个因子作为最终的因子。

5. 综合评分模型的建立和选股

综合评分模型选取去除冗余后的有效因子，在模型运行期的某个时间开始，例如每个月初，对市场中正常交易的个股计算每个因子的最新得分，并按照一定的权重求得所有因子的平均分。根据模型所得出的综合平均分对股票进行排序，然后根据需要选择排名靠前的股票。

6. 模型的评价及持续改进

一方面，随着使用多因子选股模型的投资者数量的不断增加，有的因子会逐渐失效，而另一些新的因素可能被验证有效而加入到模型当中；另一方面，一些因子可能在过去的市场环境下比较有效，而随着市场风格的改变，这些因子可能短期内失效，而另外一些以前无效的因子会在当前市场环境下表现较好。

另外，计算综合评分的过程中，各因子得分的权重设计、交易成本考虑和风险控制等都存在进一步改进的空间。因此在综合评分选股模型的使用过程中，会对选用的因子、模型本身做持续的再评价和不断的改进，以适应变化的市场环境。

五、多因子策略案例研究

为了能实现股票的预测，最基本的也是最不可或缺的条件是获得股票的日线数据，包括日期、开盘价、最高价、最低价、收盘价和成交量等变量。本报告使用 MATLAB 来获取上述交易数据。

[w_wsd_data,w_wsd_codes,w_wsd_fields,w_wsd_times] = w.wsd(w_wset_data(i,2),'open,high,low,close,volume','2014 - 08 - 01','2016 - 09 - 29','PriceAdj = F');

获取基本数据之后就需要根据自己的投资理念计算一些指标，以求准确描述这些股票的特征。表 1 只是筛选出的指标（共 20 个指标）的一部分。

表 1　　所选取的部分因子一览表

指标标记	指标名称	计算方法
S_ 1	两日涨幅	(当日收盘价 - 前第 2 日收盘价)/前第 2 日收盘价
S_ 2	10 日跌幅比率 ADR	10 日内股票上涨天数之和/股票下跌天数之和
S_ 3	3 日 K 线	(收盘价 - 3 日前开盘价)/(3 日内最高价 - 3 日内最低价)
S_ 4	6 日乘离线率（BIAS）	(当日收盘价 - 6 日平均价)/6 日平均价
S_ 5	9 日 RSV	(9 日收盘价 - 9 日最低价)/(9 日最高价 9 日最低价)

续表

指标标记	指标名称	计算方法
S_ 6	5 日 OBV 量比	5 日 OBV/5 日 OVB
S_ 7	10 日相对强弱指标 RSI	100 × RS/(1 + RS)，RS 为 10 日的平均上涨点数/10 日平均下跌点数
S_ Y	收益率分类	根据未来 1 日与 3 日涨幅确定 S_ Y 的值

获得初始数据的过程中，需要进行一系列的筛选，如删除成交量过小的股票样本、删除有效天数少的股票样本等。然后还需要对获得的数据进行标准化处理，消除变量间的量纲（单位）影响，使各个指标之间更具可比性（本报告选择使用均值标准差法进行归一化）。

```
if   SS_X(j,k) > xm2 + 2 * std2;
         S_X_T(j,k) = 1;
elseif SS_X(j,k) < xm2 - 2 * std2
         S_X_T(j,k) = -1;
else
         S_X_T(j,k) = (SS_X(j,k) - (xm2 - 2 * std2))/(4 * std2);
end
```

数据归一化之后，可以直接用于模型建立，但并不确定这些变量是否有效，是否与该只股票的收益之间存在较强的相关关系。如果有效性差，不仅程序运行较慢，还会影响模型的准确性。因此，需要对指标变量进行进一步的筛选。

此处将用数据之间的相关性分析来确定变量之间的相关性（见图 1），并定义一个系数阈值来筛选出效果显著的变量。

```
covmat = corrcoef(A);
figure;
imagesc(covmat);
```

至此，已经将所获取的数据进行了较为充分的处理，接下来就需要根据处理后的数据，利用分类的思想对股票进行预测。本报告采用神经网络来训练分类器，使其对样本达到最大的区分度，训练得到的模型就可以用来预测。图 2 是神经网络的训练过程。

```
net = feedforwardnet(20);
```

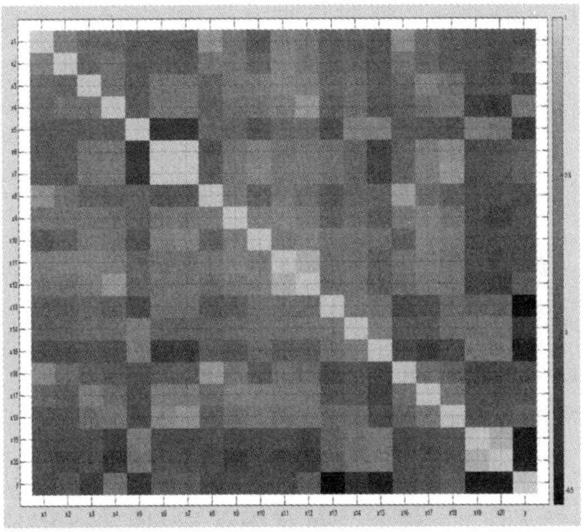

图 1　变量相关系数图

net = train(net, p_net, t_net) ;

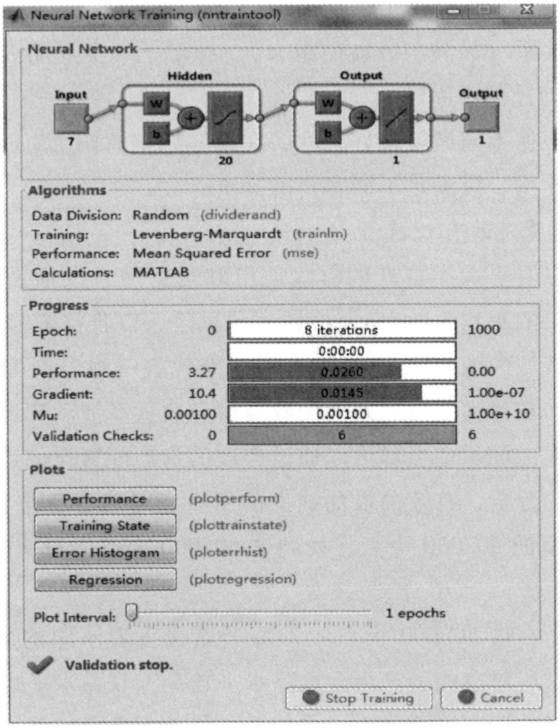

图 2　神经网络训练结果示意图

得到训练之后的模型后，将各只股票的相关指标数据输入到该模型中，就能预测这些股票可能走势及可能性。未来，可以根据这些预测结果进行各种股票的买卖操作。

六、基于均值——方差理论的资产配置策略案例研究

资产配置的一般定义包括计算各种资产的收益率、收益率的波动率及不同资产收益率之间的相关性，运用这些数据进行均值-方差最优化，从而选择不同风险、收益率的资产组合，并根据不同投资者的风险收益偏好、限制等做出不同的资产配置方案。

本报告中所投向的大类资产分别为A股（综指ETF）、H股（H股ETF）、美股（纳指ETF）、黄金（黄金ETF）、债券（国债ETF）、大宗商品（资源ETF）六大类；期限为2013年8月1日至2017年3月1日（之前数据较难获得），设定一个月（22个交易日）为一个资产配置比例的调整周期。具体来说，根据前一个调整周期内上述六类资产的收益率及收益率的波动率之间的关系（风险与收益的组合），确定下一个周期内各类资产的配置比例（即轮动比例不固定）。

可以随时根据不同风险偏好程度，在每一调整周期结束时，调整不同的大类资产配置比例，以满足不同客户的需求。

（一）六类资产的有效前沿

从图3可以看出六类资产的有线前沿和可行域。纵轴表示收益率（计算期间内每一天的平均收益率），横轴表示风险，以收益率的波动率度量。

红点为可行域内的50,000个点，每个点代表一组资产配置比例。蓝线是根据六类资产在过去一段时间内的收益率和收益率波动率计算得到的有线前沿曲线，曲线上的每个点都可以通过合理的资产配置比例达到。

通过图3的分析，有效前沿曲线上的所有点对应着各类资产配置比例。可取有效前沿上的50,000个点，找到这50,000个点所对应的50,000组资产配置比例。

不难看出，在这50,000个点中，每个点代表着不同的风险收益水平：偏向右上方的点所对应的资产组合风险水平较高，收益水平也较高；偏向左下方得点所对应的资产组合风险水平较低，收益水平也较低。可根据客户的风险偏好，确定适宜的资产配置比例。

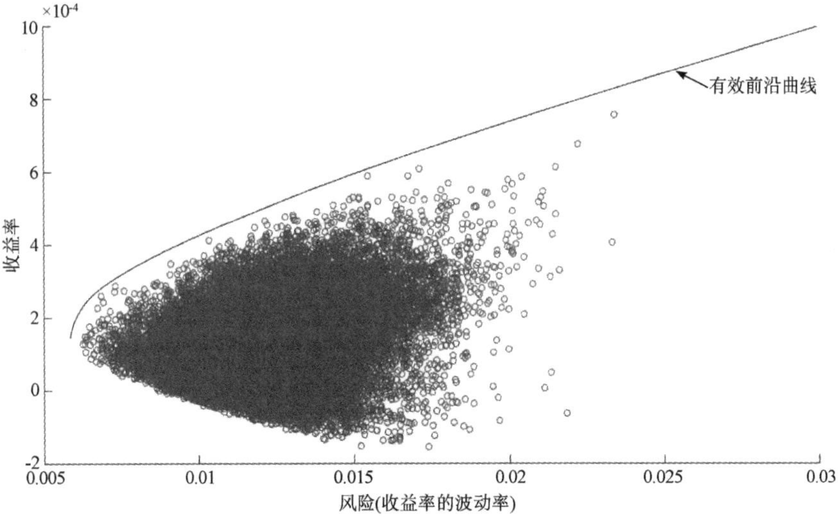

图 3　可行域及有效前沿曲线

（二）可采取的资产配置模型

可在每一期确定资产配置选择收益率的适当波动率的资产配置组合。通过之前一个调整周期的数据可得到一条有效前沿曲线（由 50,000 个点构成），如图 3 所示，这 50,000 个点每个点都对应着不同的风险水平（以收益率的波动率衡量），在本策略中可取这 50,000 个风险水平的第三四分位数所对应的资产配置比例，这一资产配置比例的特征是承担较高风险，当然也会带来较高收益（如果适当调低目标收益率波动率，能够会进一步降低最大回撤水平）。

运用 2013 年 8 月 1 日至 2017 年 3 月 1 日的相关数据进行模拟，每一个月（一个调整周期）调整一次资产配置比例（资产配置比例不固定，需要根据前一个调整周期的数据进行计算），最终得到的资产变动曲线如图 4 所示：

通过计算，可得这种轮动策略下，资产变动的最大回撤为 6%；最终市值为 1,600,622.78 元（初始资金 1,000,000 元）；2013—2016 年三年间的年化收益率为 17%。

通过图 5 可以直观的呈现出六类资产配置比例的变动：

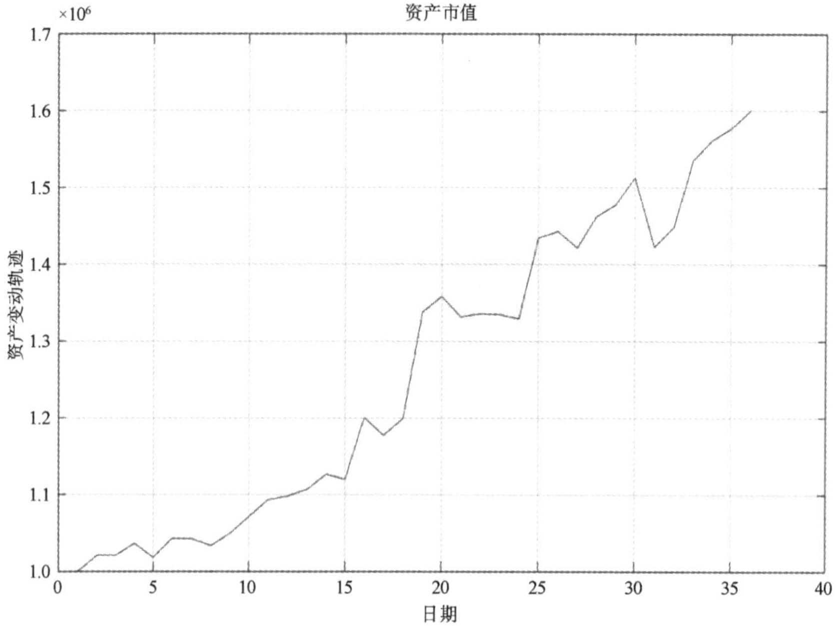

图 4　资产变动轨迹

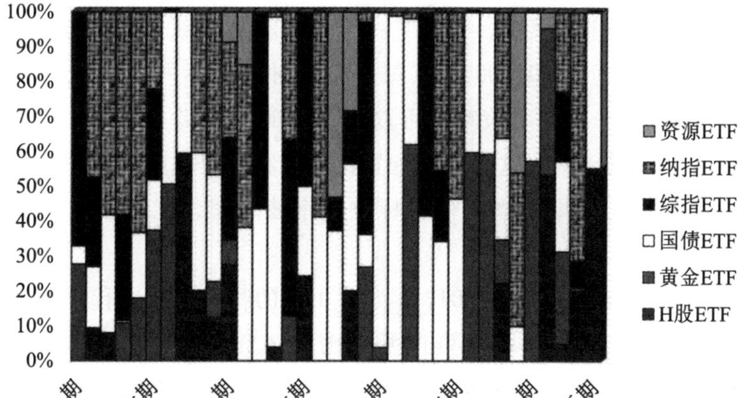

图 5　风险规避型策略所形成的资产配置比例变动示意图

注：共 36 期，即资产配置比例共计调整 35 次（每期一个月，22 个交易日）

(三) 关于投资绩效表现的修正

1. 冲击成本

上述模型中所选取的大类资产分别为H股ETF(510900)、黄金ETF(518880)、国债ETF(511010)、综指ETF(510210)、纳指ETF(513100)、资源ETF(510410)共六中ETF基金。ETF基金即为交易型开放式指数基金,是可以上市交易的跟踪某一指数、进行指数化投资的基金。上述六类ETF基金的交易规模较大,数百万的资金不会对这些基金的价格产生明显影响,换句话说,买卖时的冲击成本很小,可忽略不计。

2. 交易费用

ETF基金可以在二级市场进行买卖,投资这类基金无需申购费和赎回费,只需要万分之三的交易佣金(与买卖股票无异)。假设最极端的情况:每一个调整周期结束后,所有资产全部出售,然后再根据一定比例进行重新配置,所产生的交易费用约为100万×万分之三×2=600元。从2013年8月1日至2017年3月1日共调整35次资产配置比例,共计产生21,000元(此数据的计算存在较小的疏漏),但交易佣金一定会是在2万元左右,对投资业绩的影响不大。

FOF 基金一号优选策略分析报告

基金优选策略基本思路是评价过去一段时间各只基金的表现，依赖主动型基金评价体系，对于样本内的基金综合评分排序，选取不同风险类别中前期表现最好的几只基金构成投资组合，进行主动型投资。当既有组合里的某只基金的当期表现不再满足选择标准时，则在下一期更新组合将其剔除，并补充进新的投资基金。本策略需要有基金评价体系，更多的依赖于数据，更加客观。这种方法其实就是在过去一段时间内，从收益和风险调整收益较高的基金中选择出稳定性较高的基金，认为这些基金在下一期大概率会优于其他基金。

一、基金优选策略的具体步骤

首先，计算基金库中的各只基金在过去一段时间内的收益率、夏普比率、胜率、詹森 ALPHA、特雷诺指数、信息比率等各项指标，并采用主成分分析法计算各只基金在收益方面的综合得分（收益综合得分）。

其次，计算基金库中的各只基金在过去一段时间内上述各项指标的稳定性和持续性，并采用主成分分析法计算各只基金在持续性方面的综合得分（稳定性综合得分）。

再次，取收益综合得分排名在前 12.5% 的各只基金，获取这些基金的稳定性得分再进行排名，找到稳定性排名前 8 位的基金，并根据各只基金的收益综合得分确定资金配置权重，进行主动型投资。

最后，每过一段时间，重复上述计算，根据计算结果调整投资组合中的基金及其权重。

二、基金投资范围

1. 股票型基金

投资范围包括普通股票型基金和偏股混合型基金。这里市场组合的选取标准为只承担 1 单位的系统性风险，可近似采用沪深 300 指数代替。

考虑到对回测数据的要求，本策略选择成立期限在三年以上的所有普通股票型和偏股混合型基金，共计 447 只（wind 数据）。

2. 纯债型基金

投资范围包括中长期纯债型基金，选择原因为：这一类基金的基准较为一致，能够较为客观准确地进行比较和测算；这里市场组合的选取标准为只承担 1 单位的系统性风险，可近似采用中国债券综合全价指数代替。

考虑到对回测数据的要求，本策略选择成立期限在三年以上的所有长期纯债型基金，共计 114 只（wind 数据）。

三、基金业绩评价指标

（一）基础理论知识

1. 资本市场线

资本市场线将资产组合看成无风险资产和市场组合的组合。构造一个由市场组合和无风险资产构成的资产组合，其期望收益率可表示为：

$$E(R_P)=R_f+\frac{E(R_M)-R_f}{\sigma_M}\times\sigma_P$$

其中，R_M 和 σ_M 分别为市场组合的期望收益率和风险；R_f 为无风险收益率；R_P 和 σ_P 分别为资产组合的期望收益和所承担的风险。

2. 证券市场线

无风险利率存在的情况下，单个资产的预期收益率与风险之间的关系如下：

$$E(R_i)=R_f+[E(R_M)-R_f]\times\beta_i$$

其中，β_i 度量系统性风险，即某资产收益率与市场组合收益率的协方差/市场组合收益率方差，$\beta_i=\rho\frac{\sigma_i\sigma_M}{\sigma_M^2}=\rho\frac{\sigma_i}{\sigma_M}$，$\rho$ 为某资产收益率与市场组合收益率之间的相关系数；σ_i 为某资产收益率的标准差；σ_M 为市场组合的收益率的标准差。

（二）综合绩效评价

在实际基金绩效评价中，可以采用收益率作为评价绩效投资组合的标准，但只能说明基金在一定时期内的增值程度，并不能真正评价基金业绩。基金计算出基金的收益率是不够的，必须根据风险大小来对收益率进行调整，即计算风险调整的收益率，如夏普比率（Sharpe Ratio）、信息比率（Information Ratio）特雷诺指数（Treynor Ratio）等。

基金收益率、收益率波动率的极端应该采用基金的复权净值（即分红再投资净值）。

以下是用于绘制各只基金净值变动情况的 MATLAB 程序，绘制结果如图 1 所示。

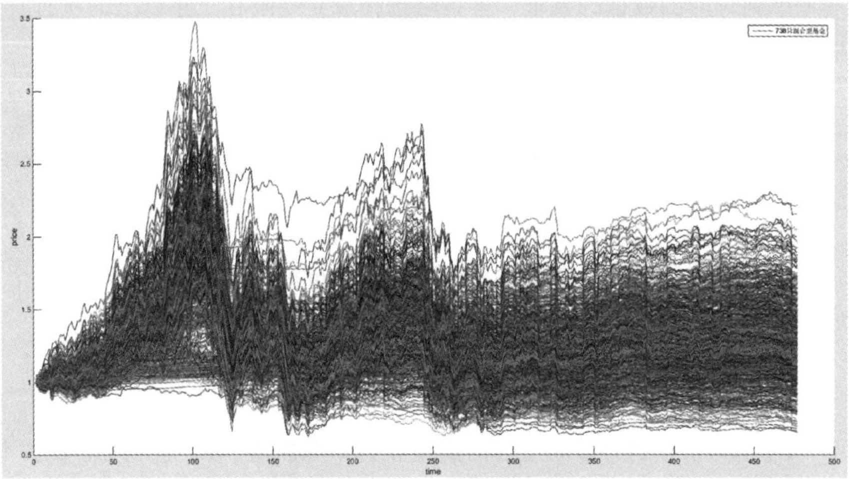

图 1　各只基金资产变动轨迹

```
% 数据列为成立起在两年以上的 738 只混合型基金
load funddata;
% 生成一个空白图，并保持住
figure;hold on
funddata( :,1)/ funddata(1,1)
% 能够做到标准化，使得各条线的起点对齐，即初始价格为 1.00 元
plot(funddata( :,1)/ funddata(1,1),'k')
```

plot(funddata(:,2)/ funddata(1,2),'r-.')

plot(funddata(:,3)/ funddata(1,3),'bo')

plot(funddata(:,4)/ funddata(1,4),'g--')

% X 轴为时间

xlabel('time')

% Y 轴为价格

ylabel('price')

计算各只基金的业绩评价指标。常用的基金业绩评价指标如下：

1. 收益率

基金的区间收益率是最重要的业绩指标。

2. Beta 值

在证券市场线中，beta 的计算公式为：

$$\beta_i = \frac{cov(R_i, R_M)}{\sigma_M^2}$$

在 MATLAL 中，没有内嵌的 beta 计算函数，因此可尝试编写一个 beta 的计算函数。

函数语法：

beta = fundbeta(fundReturn, marketReturn)

% fundReturn 为基金收益率序列

% marketReturn 为市场组合收益率序列

% beta 为基于证券市场线的 beta 值

M 函数 fundbeta. m 如下：

```
function beta = fundbeta(fundReturn, marketReturn)
%协方差矩阵计算
temp_cov = cov(fundReturn, marketReturn);
%基金收益率与市场组合收益率的协方差/市场组合收益率的方差
beta = temp_cov(1,2)/ temp_cov(2,2);
```

3. Alpha 值

在证券市场线衡量单个资产的预期收益率与风险之间的关系，公式如下：

$$E(R_i) = R_f + [E(R_M) - R_f] \times \beta_i$$

定义 alpha 为实际收益率与预期收益率（位于证券市场线上的期望收益率之差），表示基金实际收益与应得收益的差值，即为：

$\alpha = R_P - [R_f + [E(R_M) - R_f] \times \beta_i]$

MATIAB 中内嵌计算 alpha 的函数：

```
alpha = portalpha(Asset, MarketReturn, Cash, Choice)
% Asset 为基金收益率序列
% MarketReturn 为市场组合收益率序列
% Cash 为无风险收益率序列（每日可不同）
% Choice 计算模型选择
% alpha 为超额收益
```

若数据中有时间数据，则可以使用 year 函数判断每个时间的年份，再进行计算（这样更加准确）。

```
% 载入时间数据
[funddata,Date] = xlsread('funddata. xls');
Date = datenum(Date);
% 显示数据 Date(1)
datestr(Date(1))
% 数据归类
% 使用 find 函数查找年份为 2014 的数据，返回 2014 年日期所在的位置
Dateindex2014 = find(year(Date) = =2014);
% 返回 2014 年的日期
Date2014 = Date(Dateindex2014);
length(Date2014)
% 使用 find 函数查找年份为 2015 的数据，返回 2015 年日期所在的位置
Dateindex2015 = find(year(Date) = =2015);
% 返回 2015 年的日期
Date2014 = Date(Dateindex2015);
length(Date2015)
```

接下来可以使用获得的数据计算 2014 年、2015 年的 daynum 及 alpha 值。

4. 夏普比率

夏普比率（Sharpe Ratio）反映基金的承担 1 单位的总风险所带来的风险补偿（收益）。

$$\text{Sharpe Ratio} = \frac{R_P - R_f}{\sigma_P}$$

MATIAB 中有内嵌的 Sharpe Ratio 的计算函数：

Ratio = sharpe(Asset,Cash)

% Asset 为基金收益率序列

% Cash 为无风险收益率序列

% Ratio 为夏普比率

5. 特雷诺指数

特雷诺指数（Treynor Ratio，TR）用于衡量单位系统性风险带来的超额收益率，公式为：

$$\text{Treynor Ratio} = \frac{R_P - R_f}{\beta_P}$$

如果，TR 值超过 $R_M - R_f$，则说明该基金的 TR 超过了市场组合的 TR；反之，则低于市场组合的 TR。

在 MATIAB 中，没有内嵌的 Treynor Ratio 的计算函数，因此可尝试编写一个 Treynor Ratio 的计算函数。

函数语法：

Treynor = fundTreynor(fundReturn, marketReturn, Cash)

% fundReturn 为基金收益率序列

% marketReturn 为市场组合收益率序列

% Cash 为无风险收益率序列

% Treynor 为基金的 Treynor Ratio 值

M 函数 fundTreynor. m 如下：

functionTreynor = fundTreynor(fundReturn, marketReturn, Cash)

% 协方差矩阵计算

temp_cov = cov(fundReturn, marketReturn);

% 基金收益率与市场组合收益率的协方差/市场组合收益率的方差

beta = temp_cov(1,2)/ temp_cov(2,2);

% sharpe 比率 * 基金收益率的标准差 = $R_P - R_f$；再除以 β_P，得到 Treynor Ratio

Treynor = sharpe(fundReturn, Cash) * std(fundReturn)/beta;

6. 信息比率

信息比率（Information Ratio）用于衡量超额风险带来的超额收益，表示主动承担单位超额风险所带来的超额收益。

$$\text{InfoRtio} = \frac{Mean\ (R_P - R_B)}{Std\ (R_P - R_B)}$$

其中，R_P 为基金收益率序列；R_B 为基金业绩比较基准收益率序列（有时候可以用市场组合收益率代替，但事实上不是市场组合收益率，可以是 5% × 同业存款利息率 +95% ×沪深 300 指数）；$Mean\ (R_P - R_B)$ 为资产跟踪偏离度的样本均值；$Std\ (R_P - R_B)$ 为资产的跟踪误差。

业绩比较基准（Benchmark）：市场组合或者类似基金（一组投资风格相似的基金的平均业绩表现）。

MATIAB 中信息比率和跟踪误差的计算函数为：

[Ratio, TE] = inforatio(Asset, Benchmark)

% Asset 为基金收益率序列

% Benchmark 为业绩比较基准收益率序列

% Ratio 为信息比率

% TE 为跟踪误差

7. 最大回撤

T 日组合的最大回撤（Maximum Drawdown）的公式为：

$$\text{Max Draw} = \min_{T>x>y} (R(x) - R(y))$$

在 MATLAB 中内嵌了最大回撤的计算函数，其语法为：

[MaxDD, MaxDDindex] = maxdrawdown(Data, Format)

% Data 为基金每日总收益率序列（累计收益率序列）

% Format 为模型类别（'return'为收益率序列（默认）、'arithmetic'为算数布朗

% 运动,'geometric'为几何布朗运动）。

8. 胜率

计算基金在过去一段时间，战胜业绩基准的周期占比。

9. 构造基金稳定性评价指标

这里主要考察收益率、詹森指数、夏普比率、信息比率、特雷诺指数的稳定性。基金业绩稳定性指标构造步骤如下。

第一步：将被考察的基金的业绩分为 n 档；

第二部：如基金在下一个考察期内的业绩归档与上一个考察期内的业绩归档相同，或者归档上升（业绩变好），则认为基金业绩是“持续性”的，赋值 20 分；

第三部：若归档下降，则下降几档，相应的赋值从 20 分中减去 n 档，如基金业绩从第三档降到第五档，则赋值为 20 - 2 = 18（以此类推）；

第四部：每个考察期样本基金赋值之和作为该基金在整个考察期中业绩持续性的综合评分。

（三）各个指标的使用说明

第一，alpha 值和特雷诺指数都是假定非系统性风险已经完全分散；

第二，特雷诺指数假定非系统性风险已经完全分散，适用于基金的非系统性风险分散掉之后；

第三，夏普比率适用于全部情况（风险中考虑全部风险）；

第四，如果特雷诺指数和夏普比率排名不一致，推断各只基金分散非系统性风险的能力；

第五，常用的业绩比较基准有：大盘指数（即及市场组合，缺点在于未考虑基金经理的风格）、5% ×同业存款利息率 + 95% ×沪深 300 指数等等；

第六，如果特雷诺指数和夏普比率的排名一致，说明各只基金的非系统性风险已经完全分散；如果某基金的特雷诺指数靠前而夏普比率的排名靠后，说明该只基金相对其他基金承担较大的非系统性风险；如果某基金的特雷诺指数靠后而夏普比率的排名靠前，说明该只基金相对其他基金承担更小的非系统性风险；

第七，在实际应用中，如果两个排名一致，则选择排名靠前的基金；如果排名不一致，则倾向于选择特雷诺指数靠后而夏普比率的排名靠前的基金。

四、基金选择及权重分配规则

基金选择：选择主成分分析法，对各只基金的收益率和风险调整收益率

（夏普比率、胜率、alpha 值、特雷诺指数、信息比率）进行降维处理并得到收益综合评分；取收益综合排名前 12.5% 的所有基金，获取这些基金的稳定性得分进行排名，找到稳定性排名前 8 位的基金，并根据各只基金的收益综合得分确定资金配置权重，进行主动型投资。即在收益综合评分高的备选基金中挑选稳定性强的基金，实现所找出的基金收益综合评分和稳定性综合评分都表现优秀。

权重分配：按照各只基金在收益综合评分，分配各只基金的资金配置权重。

五、持有成本和换仓成本

1. 股票型基金

（1）持有成本分析。一般的普通股票型基金和偏股混合型基金的管理费率为 1.5%（每年），托管费率为 0.25%（每年），销售服务费率为 0。但这些都不需要考虑，因为管理费和托管费从基金资产中每日计提。每个工作日公告的基金净值已扣除管理费和托管费，无须投资者在每笔交易中另行支付。

（2）换仓成本分析。不考虑基金申购费，只计算赎回费。这里统一按照赎回费 0.5% 处理。申购费一般大额申购为固定 100 元、1000 元等，可以忽略不计。赎回费一般根据持有基金时间不同而不同，这里统一按照 0.5% 来处理，如果每季度（63 个交易日）调整一次，则每年会产生 2% 的赎回费。

2. 纯债型基金

（1）持有成本分析。长期纯债型基金的管理费率为年化 0.7%，托管费率为年化 0.2%，每一只基金可能不一样，但这些都不需要考虑，因为管理费和托管费从基金资产中每日计提。每个工作日公告的基金净值已扣除管理费和托管费，无须投资者在每笔交易中另行支付。

（2）换仓成本分析。长期纯债型基金的申购费率为 0.08%（金额较大还能降低），赎回费率一般根据持有基金时间不同而不同，这里统一按照 0.1% 来处理。可见，长期纯债型基金的换仓曾本很低。可通过天天基金网或者陆金所申购这些基金。无论申购还是赎回，都是以当日收盘净值结算，不存在任何冲击成本和交易滑点。

六、参数设定

在上述基金筛选的过程中，有两个极为重要的参数：用于基金筛选的考察数据时间长度、持仓调整周期。考虑到这两个参数的重要性，我们可通过参数扫描找出最好参数组合。选择标准：第一，能够带来较高的相对年化收益率（相对于基准的年化收益率，年化收益率减去基准的年化收益率），即不考虑过程的稳定性，只求获得好的结果；第二，每一期基金组合的收益率能够排在所有基金收益率中前 40% 的概率，即基金组合每一期的收益率都能表现较为优秀，并超过 60% 备选基金的概率，可说明基金收益率的稳定性。

1. 股票型基金

选择 2014 年 3 月 1 日至 2017 年 2 月 22 日内 447 只基金的复权净值，按照上面的策略进行回测，对上述两个参数进行扫描。根据已经确定的参数组合的选择标准，我们设定所有参数组合相对收益率及稳定性的 0. 80 分位数为最低值，找出在相对收益率及稳定性方面同时大于这个最低值的参数组合，如图 2 所示：

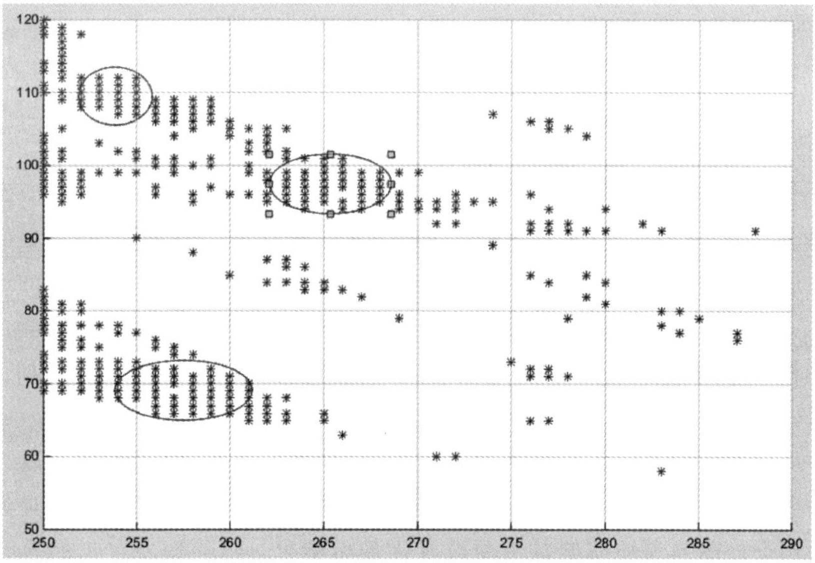

图 2　股票型基金参数寻优初步结果

可以看出，第一，图 2 中有三块区域较为集中，潜在的参数组合就在这三个区域内进行选择。第二，可通过提高参数组合的选择标准，确定最终的参数组合。图 3 为股票型基金参数寻优最终结果，最终选择三组的参数组合，分别是（255，70）、（258，68）、（259，68）。

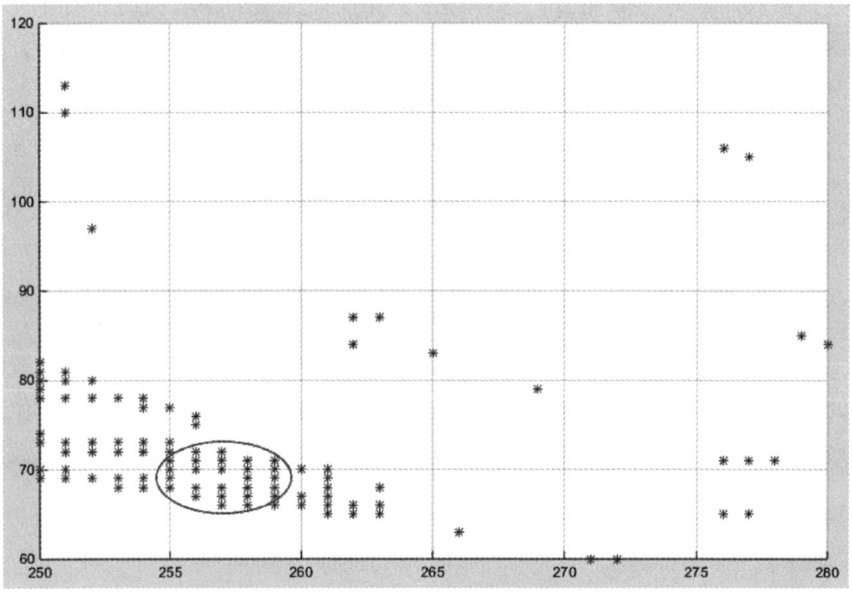

图 3　股票型基金参数寻优最终结果

2. 纯债型基金

参数选择的标准与股票型基金和偏股型基金的参数选择标准一致。选择 2014 年 3 月 18 日至 2017 年 3 月 1 日内 114 只基金的复权净值，按照上面的策略进行回测，对上述两个参数进行扫描。根据已经确定的参数组合的选择标准，设定所有参数组合相对收益率及稳定性的 0.80 分位数为最低值，找出在相对收益率及稳定性方面同时大于这个最低值的参数组合，如图 4 所示。

可以看出，第一，图 4 中有三块区域较为集中，潜在的参数组合就在这三个区域内进行选择。第二，可通过提高参数组合的选择标准，确定最终的参数组合。图 5 为纯债型基金参数寻优最终结果，最终选择三组的参数组合，分别是（151，85）、（153，85）、（155，85）。

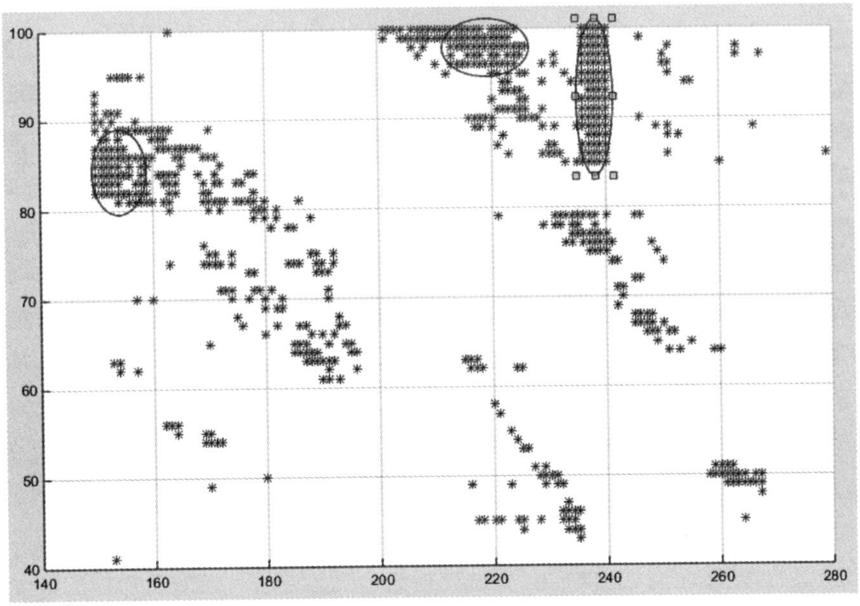

图4　纯债型基金参数寻优初步结果

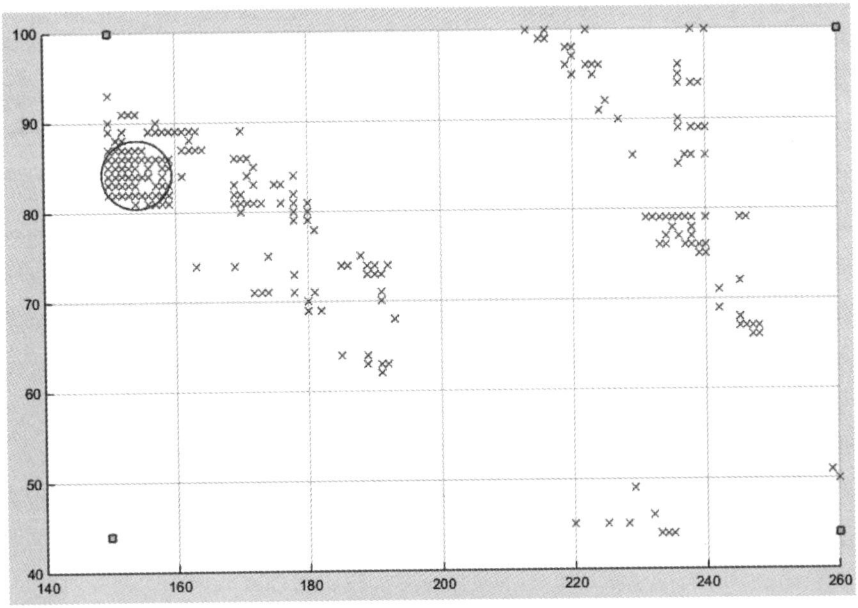

图5　纯债型基金参数寻优最终结果

七、绩效分析

1. 股票型基金

参数组合（255，70）的稳定性为0.8333（满分为1），年化收益率为22.98%，市场组合的收益率为-5.12%，如图6所示：

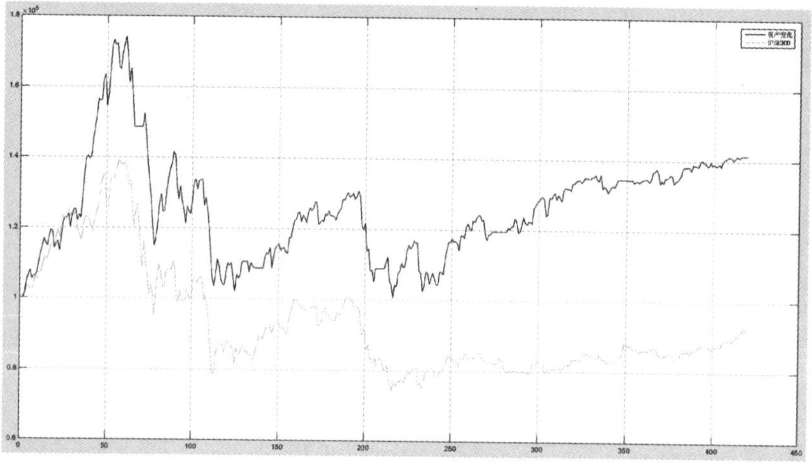

图6　参数组合（255，70）与市场基准对应的资产变化轨迹

参数组合（258，68）的稳定性为0.8333（满分为1），年化收益率为21.21%，市场组合的收益率为-8.59%，如图7所示：

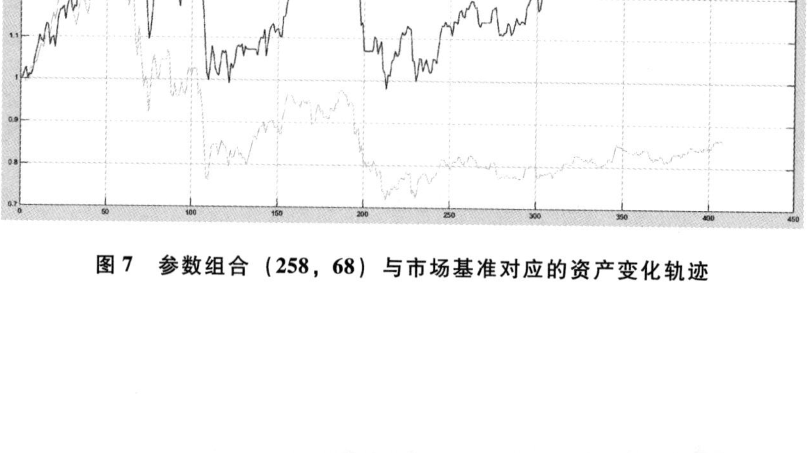

图7　参数组合（258，68）与市场基准对应的资产变化轨迹

参数组合（259，68）的稳定性为0.8333（满分为1），年化收益率为19.82%，市场组合的收益率为-8.61%，如图8所示：

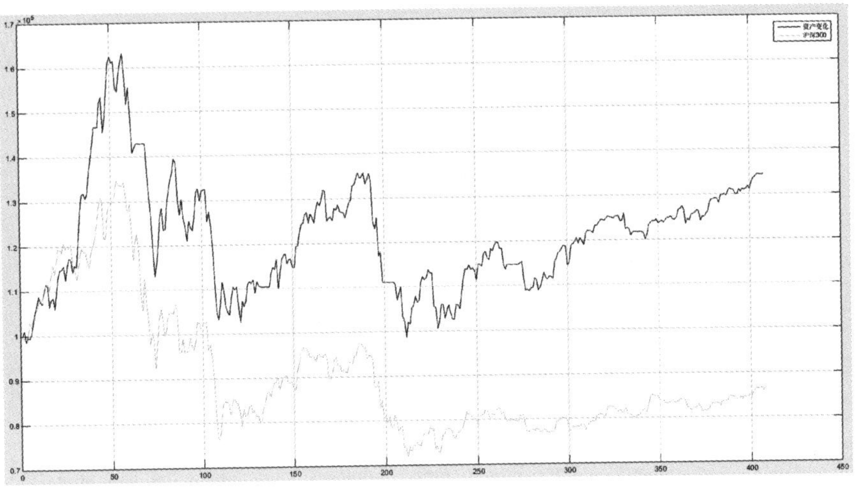

图8　参数组合（259，68）与市场基准对应的资产变化轨迹

2. 纯债型基金

参数组合（151，85）的稳定性为0.8333（满分为1），年化收益率为7.38%，市场组合的收益率为2.18%，如图9所示：

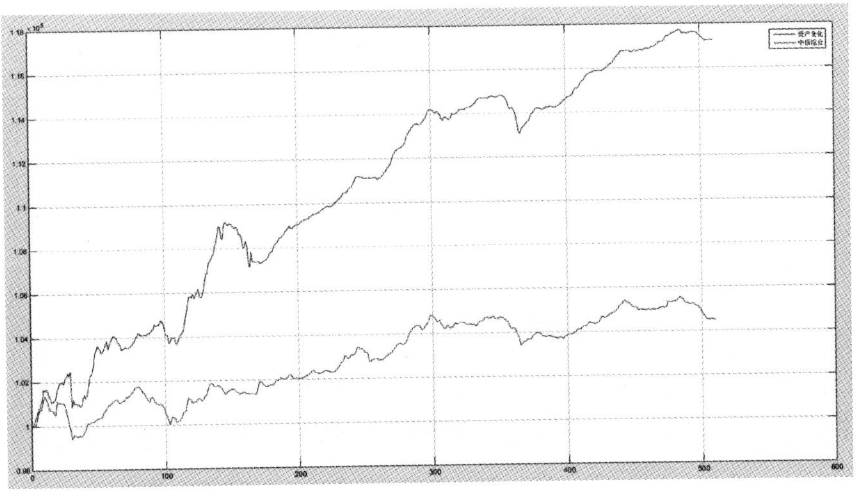

图9　参数组合（151，85）与市场基准对应的资产变化轨迹

参数组合（153，85）的稳定性为 1（满分为 1），年化收益率为 7.23%，市场组合的收益率为 2.17%，如图 10 所示：

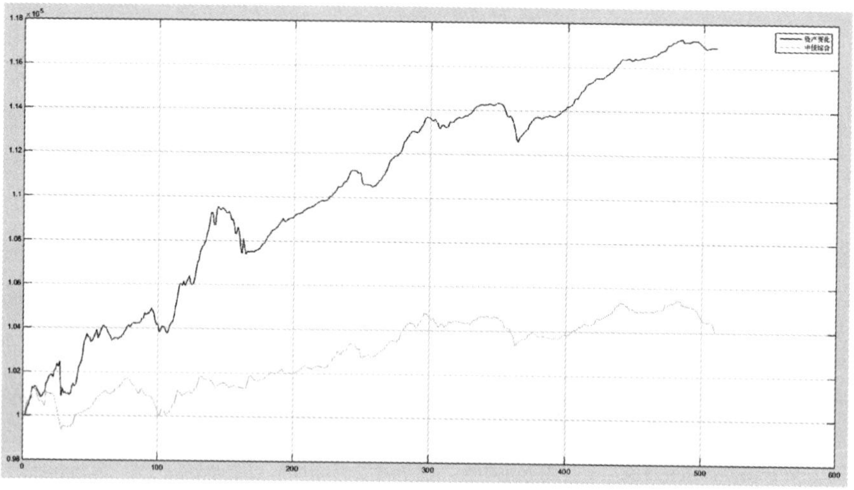

图 10　参数组合（153，85）与市场基准对应的资产变化轨迹

参数组合（155，85）的稳定性为 0.6667（满分为 1），年化收益率为 6.83%，市场组合的收益率为 1.88%，如图 11 所示。

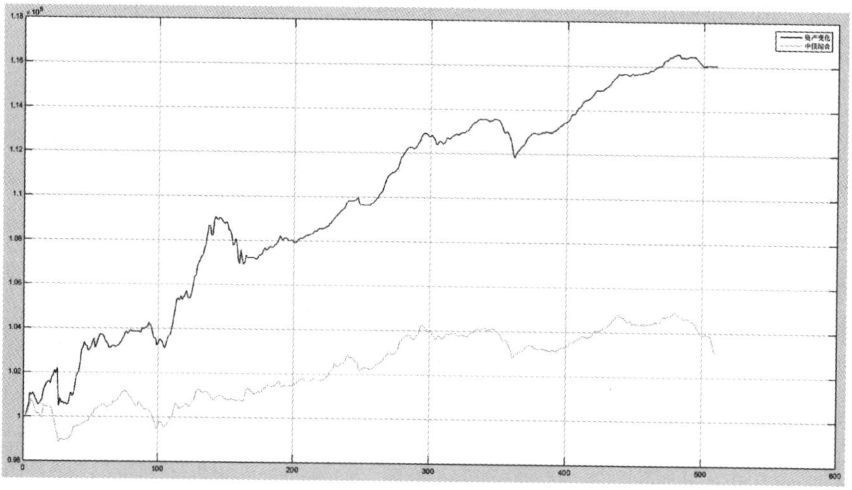

图 11　参数组合（155，85）与市场基准对应的资产变化轨迹

八、策略设计总结

从前文的分析不难看出，股票型基金中的优选基金组合通过筛选条件、参数设定等技术手段已经在很大程度上降低了非系统性风险，在一定程度上降低了系统性风险，但考虑到本策略不涉及择时，始终满仓（不含换仓的时间），因此会承担较多的系统性风险，出现一定程度的回撤。为了降低最大回撤，可以考虑配置一定比例的债券型基金。在收益率和最大回撤方面寻找平衡，满足不同风险偏好的投资者的需求。

选取的时间维度为2015年3月23日到2016年11月18日之间，共408个交易日，这一行时间段涵盖2015年6月的暴跌行情、2016年年初的熔断行情等市场极端情况，能够有效验证基金优选策略的有效性和鲁棒性。可以考虑的几种资产组成类型为：100%股票型基金、80%股票型基金+20%纯债型基金、50%股票型基金+50%纯债型基金、20%股票型基金+80%纯债型基金、100%纯债型基金，再加上沪深300指数和中债综合全价指数。各种资产组合的资产变动轨迹如图12和表1所示：

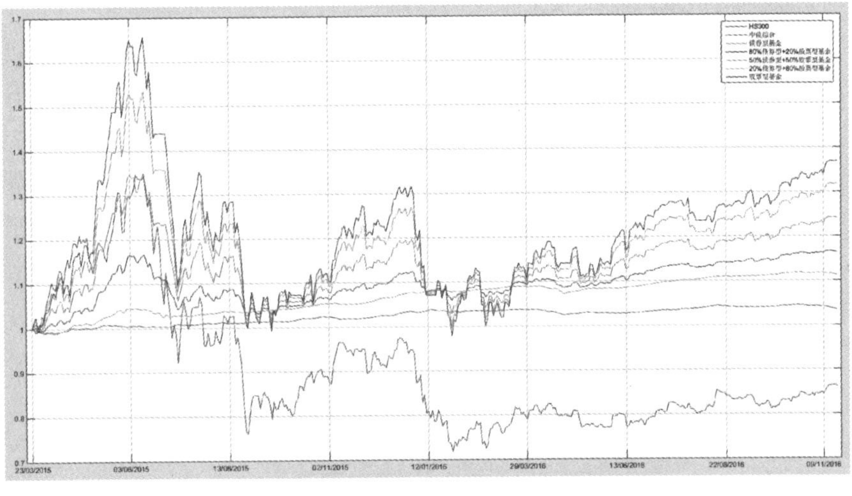

图12　各种资产组成的资产变动轨迹

表 1　　各种资产组成的年化收益及最大回撤

资产组成	年化收益	最大回撤	年化收益/最大回撤	夏普比率
HS300 指数	-8.80%	62.94%	-0.14	-0.0231
100% 股票型基金	21.21%	67.62%	0.31	0.0310
80% 股票型基金+20% 纯债型基金	18.41%	53.41%	0.35	0.0323
50% 股票型基金+50% 纯债型基金	14.13%	33.42%	0.42	0.0362
20% 股票型基金+80% 纯债型基金	9.75%	13.81%	0.71	0.0504
100% 纯债型基金	6.77%	2.02%	3.35	0.1251
中债综合全价指数	2.15%	1.41%	1.52	-0.0435

不难发现，股票型基金占比越大，最大回撤就越大，原因在于：股票型基金的基准选择是 HS300 指数，而在 2015 年 3 月 23 日到 2016 年 11 月 18 日间，HS300 指数出现了较大幅度的回撤。

回撤的大与小是个相对的概念。可以拿 447 只股票型基金在相同时间段的最大回撤数据进行对比。447 指基金中仅有 10 只基金的最大回撤小于 67.62%，分别是浙商聚潮产业成长（0.4660）、易方达资源行业（0.5120）、广发大盘成长（0.5440）、光大优势（0.6247）、易方达消费行业（0.6410）、华宝兴业资源优选（0.6430）、金元顺安核心动力（0.6570）、景顺长城能源基建（0.6615）、鹏华优质治理（0.6637）、长城品牌优选（0.6645），其他 437 只基金的最大回撤均大于 67.62%。可以看出，股票型基金优选策略在 2015 年 3 月 23 日到 2016 年 11 月 18 日间 67.62% 的最大回撤已经战胜（小于）了 97.76% 的备选基金。